A PROMESSA DA POLÍTICA

Da Autora:

O QUE É POLÍTICA?
Fragmentos das Obras Póstumas

Hannah Arendt

A PROMESSA ◈ DA ◈ POLÍTICA

Organização e introdução
de Jerome Kohn

8ª edição

Tradução
Pedro Jorgensen Jr.

Revisão técnica
Eduardo Jardim

2022

Copyright © 2005 by the Literary Trust of Hannah Arendt and Jerome Kohn

Copyright © da Introdução © 2005 by Jerome Kohn

Título original: The promise of politics

Capa: Simone Villas-Boas
Foto de capa: Tyrone Dukes/New York Times Co./GETTY Images

Editoração: DFL

2022
Impresso no Brasil
Printed in Brazil

CIP-Brasil. Catalogação na fonte
Sindicato Nacional dos Editores de Livros, RJ.

A727p 8ª ed.	Arendt, Hannah, 1906-1975 A promessa da política/Hannah Arendt; organização e introdução de Jerome Kohn; tradução Pedro Jorgensen Jr. — 8ª ed. — Rio de Janeiro: DIFEL, 2022. 288p. Tradução de: The promise of politics Inclui bibliografia ISBN 978-85-7432-086-1 1. Marx, Karl, 1818-1883 – Influência. 2. Ciência política – Filosofia. 3. Totalitarismo. I, Kohn, Jerome. II. Título.
08-1549	CDD – 320.5 CDU – 32

Todos os direitos reservados pela:
DIFEL – selo editorial da
EDITORA BERTRAND BRASIL LTDA.
Rua Argentina, 171 – 3º andar – São Cristóvão
20921-380 – Rio de Janeiro – RJ
Tel.: (21) 2585-2000

Não é permitida a reprodução total ou parcial desta obra, por quaisquer meios, sem a prévia autorização por escrito da Editora.

Atendimento e venda direta ao leitor:
sac@record.com.br

SUMÁRIO

Introdução, por Jerome Kohn 7

Sócrates 45

A Tradição do Pensamento Político 85

A Revisão da Tradição em Montesquieu 110

De Hegel a Marx 118

O Fim da Tradição 131

Introdução *na* Política 144

Epílogo 266

Índice 271

INTRODUÇÃO

Hannah Arendt não escrevia livros por encomenda, nem dela mesma. Prova suficiente é o conteúdo do presente volume, cujas principais fontes são dois livros que Arendt planejou com considerável grau de detalhe na década de 1950 e depois abandonou. O primeiro projeto era uma derivação direta de *Origens do Totalitarismo*, publicado em 1951, que deveria se chamar "Elementos Totalitários no Marxismo", tema não discutido em *Origens*. No começo dos anos 1950, Arendt preparou uma imensa quantidade de materiais – conferências, ensaios, discursos e notas de seu diário filosófico – que tratavam não apenas de Marx, mas também, e cada vez mais, da posição chave que ele ocupa na tradição do pensamento político e filosófico. Seu principal achado, eu creio, é a idéia de que a tradição foi consumada, e sua autoridade derruída, ao retornar às suas origens no pensamento de Marx. Para Arendt, isto significava duas coisas inteiramente diferentes: a razão pela qual o marxismo poderia ser usado para moldar uma ideologia totalitária e a libertação de seu próprio

HANNAH ARENDT

pensamento da tradição, que se tornou a verdadeira *raison d'être* do primeiro dos dois livros planejados.[1]

A idéia para o segundo livro, que Arendt planejou escrever em alemão, veio à luz em 1955 durante uma visita ao seu mentor e amigo Karl Jaspers, em Basiléia. Ele deveria chamar-se *Einführung in die Politik*, "Introdução *na* Política",[2] título que indica não um preâmbulo ao estudo da ciência ou teoria política, mas, ao contrário, um *fazer entrar (intro-ducere)* em autênticas experiências políticas.[3] A mais importante dessas experiências é a ação, aqui classificada por Arendt como um termo "batido" freqüentemente usado para obscurecer justamente o que ela tem intenção de revelar. A análise do que Arendt entende por ação — vir a público em palavras e atos na companhia de seus pares, iniciar algo novo cujo resultado não pode ser conhecido de antemão, fundar uma esfera pública (*res publica* ou república), comprometer-se com e perdoar os outros — desempenha um papel de primeira ordem nestes textos. Nenhuma dessas ações pode ser

---

[1] Entre as fontes da primeira metade do presente volume estão "Karl Marx e a Tradição do Pensamento Político Ocidental"; seis conferências em duas séries ministradas a professores da Universidade Princeton e do Institute for Advanced Studies em 1953; um discurso radiofônico em alemão, "Von Hegel zu Marx", que foi ao ar em 1953; "Filosofia e Política: O Problema da Ação e do Pensamento após a Revolução Francesa", três conferências ministradas na Universidade Notre Dame em 1954; e alguns verbetes contemporâneos de *Denktagebuch 1950 bis 1973*, dois volumes, org. U. Ludz e I. Nordmann (Munique: Piper Verlag, 2002).

[2] Foi assim que Arendt se referiu ao segundo livro em inglês, embora sem o itálico, que foi acrescentado aqui para fins de esclarecimento.

[3] O segundo livro pretendia complementar o popular *Einführung in die Philosophie* (1950), de Jaspers, que conduzia seus leitores *na* experiência de comunicar o pensamento filosófico, questão não valorizada na lista de prioridades dos filósofos modernos, com a exceção de Kant.

A Promessa da Política ◈ *Introdução*

levada a cabo no isolamento, mas sempre e somente pelos indivíduos em sua pluralidade, o que para Arendt significa em sua condição de seres humanos absolutamente distintos. Homens e mulheres plurais têm por vezes, ainda que raramente, se associado para agir *politicamente* e logrado mudar o mundo que se forma entre eles. Mas os pensadores, que em sua atividade solitária se afastam do mundo, tendem a considerar *o homem* no singular, ou, o que dá no mesmo, *os homens* como múltiplos de uma única espécie, e a ignorar, a interpretar erroneamente no caso de Marx, a experiência da liberdade política que Arendt vê como o maior potencial da ação. Daí que a ação, tal como entendida por Arendt, esteja amplamente ausente da tradição do pensamento político e filosófico estabelecido e transmitido por esses pensadores. Neste sentido, o segundo livro projetado é a continuação do primeiro.

A origem, o desenvolvimento e a culminação histórica da tradição são discutidos na primeira metade do presente volume, ao passo que nossos tradicionais preconceitos contra a política em geral e nossos prejulgamentos da ação política em particular são abordados no começo da segunda metade. Cabe notar que esses preconceitos e prejulgamentos que unem as duas metades do livro são enfaticamente considerados por Arendt como originários da autêntica experiência filosófica. Além disso, no mundo moderno,[4] com seus meios de destruição sem precedentes, o perigo que está sempre à espreita na própria imprevisibilidade

---

[4] Cujo início político, para Arendt, data das "primeiras explosões atômicas". *The Human Condition* (Chicago: University of Chicago Press, 1958), 6. (Edição brasileira: *A Condição Humana*. Prefácio de Celso Lafer. Trad. Roberto Raposo. 10. ed. Rio de Janeiro: Forense Universitária, 2000.)

HANNAH ARENDT

da ação nunca foi maior nem mais iminente. Não seria melhor, em benefício da paz e da própria vida, livrarmo-nos da política e da ação política e as substituirmos pela mera "administração das coisas", o resultado final da revolução proletária previsto por Marx? Ou será que assim estaríamos, ao contrário, jogando a criança fora junto com a água do banho? Nas últimas seções de "Introdução *na* Política", Arendt nos ajuda a responder a essas perguntas, esclarecendo o *significado* da experiência política. Se a coragem, a dignidade e a liberdade humanas integram esse significado, podemos então concluir que não é da política em si mesma, mas de seus preconceitos e prejulgamentos, que devemos nos livrar. Depois de tantos séculos, porém, essa liberdade provavelmente só pode ser alcançada renovando-se o julgamento de cada nova possibilidade de ação que o mundo apresenta. Mas por quais parâmetros? Essa difícil pergunta aproxima o leitor do cerne do pensamento político de Arendt.

Imaginemos uma época em que parâmetros tradicionais de julgamento, tais como os mandamentos morais saídos da boca de Deus, os princípios éticos derivados de leis naturais imutáveis ou as máximas de ordem prática aprovadas no teste universal da razão, não mais correspondam à realidade. Numa época assim, mesmo sem negar sua correção as pessoas veriam tais parâmetros tradicionais como prescrições inúteis a respeito do que fazer nas reais circunstâncias de suas vidas.[5] Nos regimes totalitários,

---

[5] Este tema é exaustivamente discutido em "Some Questions of Moral Philosophy", em Arendt, H., *Responsability and Judgement*, org. J. Kohn (Nova York: Schocken Books, 2003), 49-146. (Edição brasileira: "Algumas questões de filosofia moral", *Responsabilidade e Julgamento*. Trad. Rosaura Eichenberg. São Paulo: Companhia das Letras, 2004.)

A Promessa da Política ◇ *Introdução*

como sabemos, as pessoas traíam suas famílias e matavam seus semelhantes não apenas em obediência aos ditames de seus líderes, mas também de acordo com as leis ideológicas que governam o "progresso" inevitável da sociedade humana. Podemos dizer com justa razão que essas pessoas agiam sem julgamento, mas a questão é que, à luz da necessidade dessas leis maiores do movimento, os próprios parâmetros de devoção familiar e amor ao próximo aparecem como preconceitos e prejulgamentos. Arendt compreendeu que todos os regimes que – para o bem ou para o mal, e independentemente de sua origem – têm a pretensão de governar a ação humana a partir de fora são apolíticos e até antipolíticos. A profundidade de sua apreciação da política pode ser vislumbrada na afirmação de que os únicos critérios de julgamento que têm algum grau de confiabilidade não são em nenhum sentido transmitidos de cima, mas provêm da pluralidade humana, *a* condição da política. O julgamento político não é uma questão de conhecimento, pseudoconhecimento ou pensamento especulativo. Ele não elimina riscos, mas afirma a liberdade humana e o mundo que as pessoas livres compartilham. Mais exatamente, ele estabelece a *realidade* da liberdade humana num mundo comum. A atividade mental de julgar politicamente dá corpo à resposta de Arendt à antiga separação entre dois modos de vida: a vida do pensar e a vida do agir, a filosofia e a política, com as quais se iniciou a nossa tradição de pensamento político e nas quais ainda estão enraizados os nossos preconceitos e prejulgamentos políticos. A dicotomia entre o pensar e o agir é característica de Arendt como de nenhum outro pensador moderno e, embora nenhum dos

HANNAH ARENDT

livros que ela se propôs a escrever na década de 1950 devesse se chamar *A Promessa da Política*, é a sua ênfase na capacidade humana de julgar que torna este título adequado à presente seleção dos textos que ela preparou e não destruiu quando os projetos foram colocados de lado.

Meses depois da publicação de *Origens do Totalitarismo*, Hannah Arendt submeteu à Fundação John Simon Guggenheim uma proposta que merece ser revisitada. Ela começa observando uma "séria lacuna" em *Origens*, qual seja a "falta de uma adequada análise histórica e conceitual" do *background* da ideologia bolchevique, e segue dizendo que "essa omissão foi deliberada". Ela não quis diluir "a assustadora originalidade do totalitarismo, o fato de que suas ideologias e métodos de governo não tinham precedentes e suas causas desafiavam uma explicação adequada em termos históricos usuais". Ela teria corrido esse risco se tivesse considerado "o único elemento que tem atrás de si uma tradição respeitável e cuja discussão requer uma crítica de alguns dos principais dogmas da filosofia política ocidental: o marxismo". Entre os elementos com que Arendt lidou em *Origens* estão o anti-semitismo, o imperialismo, o racismo e os nacionalismos que transbordam as fronteiras nacionais, "correntes subterrâneas na história ocidental" que não guardam qualquer "relação com as grandes tradições políticas e filosóficas do Ocidente" e que apareceram "somente onde e quando a estrutura social e política tradicional das nações européias entrou em colapso". Agora, porém, suas reflexões sobre o marxismo apontariam "o elo que falta entre... as categorias de pensamento

A Promessa da Política ◈ *Introdução*

político comumente aceitas" e a nossa inusitada "situação presente".[6]

Essa última frase contém uma mudança imensamente significativa no pensamento de Arendt, dos elementos sem precedentes do totalitarismo ao mundo tal como nascido da Segunda Guerra Mundial. Não há razão para duvidar que o conteúdo da proposta já estava em sua mente quando ela escreveu *Origens* ou que o tenha omitido do livro pelas razões apontadas. No começo do capítulo que conclui a segunda edição de *Origens* e todas as subseqüentes,[7] a mudança está claramente indicada: "As verdadeiras vicissitudes de nossa época só assumirão a sua forma autêntica – ainda que não necessariamente a mais cruel – quando o totalitarismo for coisa do passado." A *forma autêntica* das "vicissitudes" de *nosso* mundo é precisamente aquilo para o que Arendt se voltou em sua obra projetada sobre o marxismo. Isso não significa, porém, que sua maneira de abordar o novo tópico seria menos heterodoxa do que havia sido em *Origens*. Rejeitando a causalidade como categoria de explicação histórica e

---

[6] A "situação presente" se refere, é claro, à Guerra Fria. É interessante notar que exatos trezentos anos antes, em 1651, também uma época de inquietação política, uma outra obra-prima controversa e não convencional do pensamento político foi publicada: o *Leviatã*, de Thomas Hobbes. (A proposta de Arendt está entre os seus papéis na Biblioteca do Congresso.)

[7] Este capítulo, "Ideologia e Terror: Uma Nova Forma de Governo", foi escrito em 1953, e Arendt pensou em usá-lo no seu livro sobre o marxismo (ver carta de 29 de janeiro de 1953 a H. A. Moe, da Fundação Guggenheim, hoje na Biblioteca do Congresso). A edição Schocken Books, 2004, de *Origens*, a mais completa e interessante de todas as existentes, contém o original de Arendt "Observações Finais", assim como um capítulo tardio. A citação que se segue está na página 460.

HANNAH ARENDT

substituindo-a pela noção de elementos "subterrâneos" que se *cristalizam* em uma nova forma de governo, e lançando mão, também, de imagens literárias para exemplificar esses elementos, Arendt despertou a ira de historiadores, cientistas políticos e sociais e também de filósofos. Mas ela não tinha outra escolha senão pensar à margem das categorias tradicionais — *ohne Geländer* ("sem corrimãos"), como gostava de dizer — se quisesse trazer à luz um mal que era e não poderia deixar de ser desconhecido dentro da tradição; e não tinha outra escolha senão exercer sua faculdade de imaginar se quisesse reexperimentar os elementos ocultos que finalmente, e de súbito, se haviam fundido e precipitado uma explosão cujo desenlace teria sido, caso não fosse detida, a destruição da pluralidade humana e do mundo humano. Com toda a sua novidade, o horror da dominação totalitária não era, no entanto, "importado da lua", como ela disse mais de uma vez na década de 1950.[8]

O modo de entendimento de Arendt seria igualmente heterodoxo, mas diferente sob um aspecto crucial, na viagem em que ela estava prestes a embarcar. Ao voltar-se para o marxismo como *background* da ideologia bolchevique, Arendt certamente não queria dizer que ele fora a causa do bolchevismo. Mas sua noção de cristalização já não era aplicável, pois o marxismo em hipótese alguma poderia ser considerado "subterrâneo". Na visão de Arendt, não se podia encontrar em Marx nenhuma justificativa para os crimes dos ditadores bolcheviques Lenin e,

---

[8] H. Arendt, *Essays in Understanding, 1930-1954*, org. J. Kohn (Nova York: Schocken Books, 2005), 310, 404.

A Promessa da Política ◈ *Introdução*

especialmente, Stalin, cometidos em seu nome. Ao contrário, era a posição peculiar ocupada por Marx na linha de frente do pensamento político ocidental que permitia a Arendt julgar a tradição, o que ela fez narrando as histórias daqueles que a transmitiram e daqueles que se mantiveram firmes contra ela ou ao menos tentaram fazê-lo. Mesmo sob o risco de me repetir, não é demais enfatizar que a tese de Arendt não é que o totalitarismo provenha diretamente da tradição, ou de Marx, mas que, como ela disse (na carta a H. A. Moe acima citada), no pensamento de Marx a tradição "encontrou o próprio fim", como uma serpente que se enrosca para devorar a si mesma. O fato de o marxismo ter rompido a autoridade da tradição era uma condição maximamente negativa do totalitarismo bolchevique. O fato de nem a tradição nem a sua autoridade poderem ser restauradas no mundo pós-totalitarista era decisivo para Arendt.

Os manuscritos que Arendt preparou para sua obra sobre Marx são volumosos, e só uma pequena parte deles, em versões editadas e justapostas aqui e ali, estão aqui reproduzidos. Nas centenas e centenas de páginas existentes, Arendt se volta para Marx de distintas maneiras, às vezes enfatizando — a despeito da imensa influência muitas vezes não reconhecida que ele exerceu nas ciências sociais — o caráter não científico de seu pensamento. Ora ela enfatiza certas afirmações recorrentes na obra de Marx, que chama de "apodícticas", as quais, muito mais do que qualquer sistema, revelam a sua filosofia política *e* explicam por que ele abandonou a filosofia em favor da economia, da história e da política; ora enfatiza equívocos comuns a respeito de Marx, da parte de críticos conservadores principalmente, diferenciando o

HANNAH ARENDT

marxismo do papel desempenhado por Marx na política de sua época e da influência por ele exercida sobre as classes trabalhadoras e movimentos trabalhistas do mundo inteiro; e ora ela vê a "canonização" de Marx na União Soviética como a encarnação do rei-filósofo de Platão. Montar um livro coerente, como há muito eu desejava e procurava fazer, a partir dessas abordagens diferentes, se não incompatíveis, parecia cada vez mais quimérico. Os manuscritos se sucedem, repletos daquele tipo de lampejos que esperamos de Arendt, mas, até onde sei dizer, não chegam a formar um todo estruturado. Foi um grande alívio ler o que Arendt escreveu a Martin Heidegger em 8 de maio de 1954, já quando estava a ponto de desistir, a respeito de seu trabalho sobre Marx e a tradição: "Não consigo concretizá-lo sem que tudo fique interminável."9

Há algo estranho nisso porque normalmente, para Arendt, ver um objeto a partir de vários pontos de vista é o que o torna "concreto" e real. Pode ser, em parte, devido ao fato de que, quanto mais o conhecia, menos ela gostava de Marx. Quando começou a refletir sobre a sua obra, no fim de 1950, ela escreveu a Jaspers, que nunca o tivera em alta conta, dizendo que queria "resgatar a honra de Marx perante o senhor". Na época, ela descreveu Marx como alguém "seguro pelo gasganete por uma ânsia de justiça". Dois anos e meio depois, em 1953, com o trabalho já em andamento, Arendt escreveu novamente a Jaspers: "Quanto

---

9 *Letters, 1925-1975 / Hannah Arendt and Martin Heidegger*, org. U. Ludz, trad. A. Shields (Nova York: Harcourt, 2004), 121. (Edição brasileira: *Hannah Arendt, Martin Heidegger: Correspondência 1925-1975*. Org. Ursula Ludz. Trad. Marco Antonio Casa Nova. Rio de Janeiro: Relume Dumará, 2001.)

A Promessa da Política ◈ *Introdução*

mais leio Marx, mais vejo que o senhor tinha razão. Ele não está interessado em liberdade nem em justiça. (E ainda por cima é um chato de galochas.)"[10] De seguro pelo gasganete por uma ânsia de justiça, Marx se transformara em um chato de galochas. A essa altura, ela estava menos preocupada com Marx do que com a tradição cujo fio de continuidade ele rompera; já não pensava em seu próprio trabalho como "Os Elementos Totalitários no Marxismo", mas como "Karl Marx e a Tradição do Pensamento Político Ocidental", título das conferências que ministrou no mesmo ano da carta a Jaspers sobre a sua desilusão com Marx. Assim como Kierkegaard e Nietzsche, Marx se rebelou contra os padrões tradicionais de pensamento, mas, na visão de Arendt, também não foi capaz de se libertar deles. A própria libertação de Arendt resultou do advento do totalitarismo, algo inteiramente diferente de tudo que em algum momento eles pretenderam ou previram; e, embora estar liberto da tradição não represente em si mesmo um novo modo de pensar sobre a política, é exatamente disso que se trata. Esta me parece ser a razão fundamental de ela ter abandonado esse projeto "infindável" e se voltado, entre outras coisas, para a "Introdução *na* Política".

Cabe observar, por certo, que a redução marxiana de todas as atividades humanas à necessidade de labor instigou Arendt a distinguir, em *A Condição Humana*, labor de trabalho como atividade de construção-de-mundo e de ação como capacidade humana de iniciar algo novo. O amálgama marxiano de labor e trabalho,

---

[10] *Hannah Arendt / Karl Jaspers Correspondence, 1926-1969*, org. L. Kohler e H. Saner, trad. R.e R. Kimber (Nova York: Harcourt Brace Jovanovich, 1992), 160, 216.

conduzindo à noção de *fazer* história a partir de uma espécie de modelo de regras dialéticas – à custa da ação e da liberdade, no entender de Arendt – ocupa nessa obra um lugar de proa. Uma das conferências de 1953 aparece praticamente *ipsis litteris* sob o título "A Tradição e a Época Moderna", primeiro ensaio de *Entre o Passado e o Futuro* (1961); e em *Sobre a Revolução* (1963) e outras partes de sua obra publicada, aparecem, desenvolvidas, várias linhas de pensamento formuladas nesses escritos. Mas também é verdade que em *A Vida do Espírito*, sua obra-prima inacabada publicada postumamente em 1978 – seu mais profundo exame filosófico da complexa distinção entre pensamento e ação, *o* problema que jaz no cerne da tradição –, Marx aparece raramente e quase sempre negativamente.

Seja como for, a editora e o organizador deste volume decidiram não tentar reconstruir, a partir dos manuscritos de Arendt, e sob qualquer título, o livro sobre Marx tal como teria sido caso ela o tivesse completado. Neste caso, isso parecia um intento fútil pelas razões já apresentadas; além do mais, sua forma final não pode ser sequer hipoteticamente conhecida, uma vez que Arendt sempre se outorgava a liberdade de alterar quaisquer esboços, planos e escritos preliminares de um trabalho em desenvolvimento quando se propunha a organizá-lo para publicação. A decisão tomada foi coligir manuscritos ainda não publicados que materializassem linhas de pensamento cronológica e substantivamente precedentes a "Introdução *na* Política" e deixar as palavras de Arendt falarem por si mesmas.

A tarefa do organizador foi consideravelmente simplificada no que toca ao trato dos materiais aqui incluídos sob o título

A Promessa da Política ◈ *Introdução*

"Introdução *na* política". Esses originais em idioma alemão foram publicados na Alemanha em 1993 numa notável edição de Ursula Ludz,[11] em quem parcialmente me baseio no que digo a seguir. As primeiras seleções, sobre os preconceitos políticos, prejulgamentos e juízo datam de 1956 e 1957, ao passo que as seleções posteriores, sobre o significado da política e a questão da guerra e da destruição nuclear, são de 1958 e 1959. Embora tenha abandonado o projeto por várias razões contingentes em 1960, Arendt ainda deu o seu nome a um curso ministrado na Universidade de Chicago em 1963. E, ainda mais importante, antes de abandoná-lo Arendt chegou a pensar em "Introdução *na* Política" como uma obra política ampla e sistemática como não existe em nenhuma parte de sua *oeuvre*. Concebido originalmente como um livro curto, em abril de 1959 Arendt escreveu ao seu editor alemão Klaus Piper dizendo que poderiam ser dois volumes. O primeiro acabou se transformando em *Sobre a Revolução*, e o segundo deveria conter os escritos propriamente "introdutórios". Oito meses depois, no entanto, Arendt escreveu à Fundação Rockefeller pedindo apoio para uma edição da obra em língua inglesa que incorporaria aspectos do projeto sobre Marx. Contrastando o novo plano com *A Condição Humana*, publicado no ano anterior, ela disse ser este "na verdade, uma espécie de preâmbulo ao livro que pretendo escrever agora", acrescentando que o novo trabalho "prosseguirá do ponto onde o outro parou" e "tratará exclusivamente da ação e do pensamento".[12]

---

[11] H. Arendt, *Was ist Politik?*, org. U. Ludz (Munique: Piper Verlag, 1993), 9-133.

[12] Cf. ibid., 197-201. (Edição brasileira: *O Que É Política?* Trad. Reinaldo Guarany. 2. ed. Rio de Janeiro: Bertrand Brasil, 1999.)

HANNAH ARENDT

"Primeiro", disse, ela faria um relato crítico dos "conceitos tradicionais e estruturas conceituais do pensamento político", como, por exemplo, "meios e fins", "autoridade", "governo", "poder", "lei" e "guerra". Como modelo do que pretendia fazer, ela indicava seu ensaio recentemente publicado "O Que Era a Autoridade?", no qual argumentava que a autoridade política não apenas desapareceu do mundo moderno, mas também que é algo inteiramente diferente do que se considera que ela seja nos chamados regimes autoritários que surgiram desde o seu desaparecimento e que o marcam.

"Segundo", ela examinaria "aquelas esferas do mundo e da vida humana que chamamos de política, propriamente dita". Ao tratar da ação e da esfera pública, ela estaria "preocupada com as várias modalidades da pluralidade humana e as instituições que lhes correspondem". Levantaria uma vez mais "a antiga questão das formas de governo, seus princípios e modos de ação". Finalmente, discutiria as "duas modalidades básicas" em que os seres humanos plurais podem estar juntos, como "iguais dos quais emana a ação" e "cada um com seu eu-mesmo a que corresponde a atividade de pensar". O livro terminaria com uma consideração sobre "a relação entre o agir e o pensar, ou entre a política e a filosofia". Mas Arendt já não pensava nele como uma obra em dois volumes; ao contrário, as duas partes seriam "tão imbricadas, que o leitor mal se daria conta de seu duplo propósito".

Em sua descrição final, "Introdução *na* Política" assoma como um formidável projeto que só se concluiria com *A Vida do Espírito* – ou nem mesmo aí, dado que Arendt morreu antes de escrever a sua última seção – sobre o juízo. O projeto percorre

A Promessa da Política ◇ *Introdução*

toda a trajetória do pensamento de Arendt posterior a *Origens*: do começo da tradição do pensamento político ao seu fim; ao que a política era e é separada dessa tradição; à relação, e não apenas separação, entre vida ativa e vida espiritual. O trabalho com "Introdução *na* Política" foi interrompido, e não somente por sua decisão de amoldar algumas de suas seções aos "exercícios de pensamento político" que integram *Entre o Passado e o Futuro* e grande parte de *Sobre a Revolução*, mas também pela crise de irreflexão com que Arendt se deparou no julgamento de Adolf Eichmann em Jerusalém em 1961. A abismal falta de significado de *não* pensar a ocuparia em *Eichmann em Jerusalém* (1963) e nos escritos subseqüentes hoje reunidos em *Responsabilidade e Julgamento*, e ampliariam e aprofundariam suas reflexões sobre o significado da pluralidade nas atividades espirituais de pensar, querer e julgar. Implícito no plano final de "Introdução *na* Política" está o apaixonado compromisso de Arendt com a política, que os leitores de *A Promessa da Política* sentirão em sua explanação sobre a tradição do pensamento político e os conceitos e categorias com que ela busca apreender a política, "imbricados" em seu relato multifacetado da precariedade, mas também da liberdade da ação humana.

Diz-se com freqüência que Hannah Arendt é uma pensadora "difícil", mas até onde isso é exato a causa não é um pensamento supostamente obscuro, e sim as dificuldades inerentes ao que ela buscava entender. Ela fazia parte daquele seleto grupo de indivíduos que experimentam a compreensão como uma paixão, a qual

HANNAH ARENDT

nestes escritos acompanha *pari passu* o seu ardoroso compromisso com a política. Ainda pouco mais do que uma criança, Arendt buscou compreensão na filosofia,[13] mas como jovem adulta, judia desarraigada de sua Alemanha nativa, sem nacionalidade e sem direitos, seus olhos se abriram para a *fragilidade* dos assuntos humanos. Como ela própria observa com freqüência, e aqui enfaticamente, pelo fato de os assuntos humanos parecerem descontrolados quando deixados a si mesmos, os filósofos, desde Platão, raramente os levaram a sério. Isso não significa que Arendt deixou de ler filosofia mais do que parou de pensar, mas o que ela buscou compreender daí em diante – a relação que os assuntos humanos, em sua fragilidade, guardam com a liberdade humana –teve de descobrir por si mesma. Não se tratava apenas do estabelecimento político de direitos numa sociedade livre, e não era absolutamente uma questão de se estabelecerem as condições políticas da liberdade tal como cada filósofo a havia definido. Uma das coisas mais difíceis que ela logrou compreender era que os grandes pensadores para os quais ela se voltava reiteradamente em busca de inspiração, de Platão e Aristóteles a Nietzsche e Heidegger, nunca haviam percebido que a promessa da liberdade humana, sincera ou ardilosamente apresentada como o fim último da política, é *realizada* pelos seres humanos plurais quando e somente quando eles agem politicamente. Mesmo Kant, que Arendt reconhecia como fonte de boa parte de sua própria compreensão da pluralidade humana, não percebeu, ou em todo caso não formulou, a sua equação política com a liberdade.

---

[13] *Essays in Understanding, 1930-1954*, 8.

A Promessa da Política ◈ *Introdução*

Um modo similar, porém mais sutil, de não perceber o que está em jogo na "dificuldade" do pensamento de Arendt é, eu creio, atribuí-lo à complexidade da sua mente. Isto é mais do que exato – suas linhas de pensamento mudam constantemente conforme o ângulo a partir do qual ela observa o objeto sobre que está refletindo –, resultando com muita freqüência na perda do significado "global", que ela jamais sequer tenta explicar. É preciso perspicácia e perseverança no discernir e esmiuçar seus temas e linhas de pensamento para se chegar a uma teoria política coerente,[14] sem o que a sua alardeada "controversialidade" tende a passar para o primeiro plano. A tese de que Arendt tinha uma teoria própria da política, distinta mas comparável a outras teorias políticas, se baseia em alguns pressupostos: primeiro, o de que há um significado "global" que corresponde à significância, à pluralidade de significados, encontrada em sua obra; segundo, o de que a "dificuldade" compreendê-la pode ser superada, ainda que ela se inclinasse a deixar intactas as dificuldades daquilo que compreendia; e terceiro, o de que Arendt estava mais interessada em dar sentido à esfera política para si mesma do que em transmiti-la aos demais. Aqui não é o lugar para se discutirem tais pressupostos um a um, salvo dizer que para fazê-lo ter-se-ia de começar por considerar que Arendt rejeitava a teoria de que a verdade racionalmente descoberta corresponde à realidade fenomênica. Aquilo que chama de *aequatio intellectus et rei* – verdade *é* realidade, o conceito de uma coisa *é* a própria coisa, essência é o

---

[14] Margaret Canovan o fez com êxito em seu *Hannah Arendt: A Reinterpretation of of Her Political Thought* (Cambridge: Cambridge University Press, 1992).

HANNAH ARENDT

mesmo que existência – para ela fora refutado por Kant com a revelação da "antinomia inerente à estrutura da razão e sua análise das proposições sintéticas". Para Arendt, Kant frustrara a busca do espírito por verdades metafísicas "além" dos significados particulares das aparências, ou, como ela diz, "a unidade do pensamento e do Ser". Além disso, ela vira a consistência e a conformidade da teoria da verdade ser politicamente pervertida no intento totalitário de fabricar a realidade e a sua verdade ao preço da pluralidade humana.[15] E nisto Marx não era completamente inocente.

O crucial para Arendt é que o significado específico de um acontecimento do passado permanece potencialmente vivo na imaginação reprodutiva. Quando reproduzido numa história e experimentado de maneira vicária, esse significado, por mais ofensivo que seja para o nosso senso moral, reivindica a profundidade do mundo. Compartilhar assim experiências vicárias pode ser a maneira mais eficaz de reconciliarmo-nos com a presença do passado no mundo e impedir que nos alienemos da realidade histórica. O desejo de Arendt de que suas histórias do passado fossem ouvidas por outros ficou claro para mim em seu seminário sobre "Experiências Políticas no Século XX". Embora dado em 1968, posterior, portanto, em quase dez anos, aos últimos escritos deste volume, sua ênfase em experiências no plural o situa na companhia dos escritos iniciais. As primeiras palavras que ela dirigiu aos seus alunos foram: "Nada de teorias; esqueçam

---

[15] *Essays in Understanding, 1930-1954*, 168, 354. Cf. "A Conquista do Espaço e o Desenvolvimento do Homem", H. Arendt, *Between Past and Future* (Nova York: Viking Press, 1968), 270-77. (Edição brasileira: *Entre o Passado e o Futuro*. Trad. Mauro W. Barbosa de Almeida. 3. ed. São Paulo: Perspectiva, 1992.)

todas as teorias." Ela *não* queria dizer, ela acrescentou imediatamente, que "parássemos de pensar", pois "pensamento e teoria não são a mesma coisa". Ela nos disse que pensar num acontecimento *é* relembrá-lo, que "caso contrário ele é esquecido" e que esse esquecimento compromete o significado do *nosso* mundo.[16] Ela nos pediu que recordássemos a sucessão dos acontecimentos políticos mais importantes do século XX — guerras, revoluções e os desastres que os acompanharam. Os alunos fizeram uma experiência vicária com esses acontecimentos — da eclosão da Primeira Guerra Mundial às revoluções russa e chinesa, daí à Segunda Guerra Mundial, aos campos da morte e de trabalho escravo e à destruição atômica de duas cidades japonesas — como ações humanas (às vezes escassamente humanas) e sofrimentos que interromperam processos em curso e iniciaram novos, por sua vez interrompidos por novas ações, novos sofrimentos e os processos por eles desencadeados.

O corpo do seminário foi feito das histórias desses acontecimentos narradas por Arendt com suas próprias palavras, auxiliada, como nas páginas deste volume, por poetas e historiadores. Essas histórias importam, disse ela, não porque são verdadeiras, mas porque nelas as aparências rápidas e radicalmente cambiantes do século XX não se explicam como concatenação de acontecimentos que levam "sabe Deus aonde". Ela nos convenceu de que a nossa predileção por enxergar a esfera da política sob o prisma de ideologias — direita, esquerda ou centro — como substitutas

---

[16] Recorro aqui ao esboço de Arendt para este seminário, hoje na Biblioteca do Congresso, em minhas próprias anotações.

HANNAH ARENDT

dos princípios inspiradores da ação é uma forma de abolir a nossa própria espontaneidade, fora da qual todo tipo de ação é incompreensível, assim como o engenho humano, ao aplicar o conhecimento científico "puro" à tecnologia, já possui os meios de destruir o mundo inteiro. Esses processos *espirituais* correm lado a lado com a destrutividade das ações e processos cujas histórias ouvimos e, disse ela, podem estar hoje mais firmemente entrincheirados do que nunca. É claro que ela compreendia isso, mas queria que nós também compreendêssemos isso. As histórias de Arendt eram dolorosas: ela não mediu palavras ao contá-las e exigiu de nós a mesma atitude em nossas réplicas. Não se permitiam quaisquer tipos de desculpas e racionalizações para o que acontecera, embora, curiosamente, a dor que suas histórias causavam era pouco a pouco suplantada por uma crescente percepção da terrível e reiterada falta de significado dos próprios acontecimentos.

Meu trabalho com *A Promessa da Política* trouxe de volta à memória o seminário de Arendt, mas, recordá-lo agora, depois do colapso do comunismo na União Soviética e da ininterrupta dissolução de seu império desde 1989, que certamente não conduziu a nada parecido com o "fim da história" de corte hegeliano, fez-me perceber que esses escritos requerem ainda mais atenção hoje do que quando foram escritos, ou mesmo em 1968. Politicamente falando, a Guerra Fria dominou as décadas de 1950 e 1960, mas nossa atual "guerra contra o terror" não tem nada de fria. Ainda que seguramente não seja possível contar toda a história do que está em curso enquanto está em curso, os leitores do presente volume estão diante de um outro gênero de compreensão, no qual permanecer espiritualmente no mundo de homens e

A Promessa da Política ◇ *Introdução*

mulheres plurais, com sua multiplicidade de significados ou verdades estritamente relativas, é pelo menos tão importante e talvez mais urgente do que reexperimentar os significados dos acontecimentos passados. Histórias são coisas-pensadas, e, embora pensemos na dimensão passada do tempo ("todo pensamento é um pós-pensamento"),[17] nós julgamos no presente. Como diz Arendt neste volume: "A capacidade de ver a mesma coisa desde várias posições pertence ao mundo humano; trata-se da simples troca da posição que nos foi dada pela natureza por aquela de outra pessoa com quem compartilhamos o mesmo mundo, o que resulta numa verdadeira liberdade de movimento em nosso mundo espiritual que corresponde à nossa liberdade de movimento no mundo físico."

Em outras palavras, a "verdadeira liberdade" de julgamento, e de ação também, não se *realiza* por meio de experiências vicárias, e, nesse sentido, julgar, não pensar, é a faculdade mental política por excelência. O julgamento caracteriza as narrativas de Arendt sobre o que a política é, da mesma forma como o seu oposto, o império sobre-humano da verdade necessária sobre a mente e desta sobre o corpo, caracteriza suas narrativas sobre o que a política não é. Essas narrativas lidam com o passado, muitas vezes com o passado remoto, que é efetivamente lembrado e refletido. Por um lado, seu pensamento sobre o passado tem a função de preparar a sua faculdade de julgamento; por outro,

---

[17] H. Arendt, *The Life of the Mind*, vol. I *Thinking* (Nova York: Harcourt Brace Jovanovich, 1978), 87. (Edição brasileira: *A Vida do Espírito*: o Pensar, o Querer, o Julgar. Trad. Antonio Abranches, Cesar Augusto R. de Almeida, Helena Martins. 2 v. Rio de Janeiro: Relume Dumará, 1993.)

HANNAH ARENDT

Arendt diz de maneira absolutamente explícita que pensar nem sempre requer julgamento para afetar o mundo. O fato de isso acontecer hoje é em si um julgamento do nosso mundo, um julgamento tão conseqüente que ela nos consideraria temerários se deixássemos passar despercebido.

A Promessa da Política convida os leitores a se juntar a Arendt e aos companheiros de sua predileção numa viagem abrangendo muitas terras e séculos. Durante a viagem, os leitores poderão se deparar com julgamentos de que discordam, mas encontrarão certamente muita coisa que diz respeito ao seu país e sua época. A viagem começa na antiga Atenas com o diálogo espiritual de Arendt com Sócrates e Platão. Sócrates entra em cena como um homem de carne e osso, apreciador das muitas opiniões, ou verdades relativas, e das perspectivas individuais com as quais a pólis ateniense se abria à pluralidade de seus cidadãos. Optando por não expressar a sua própria opinião, que o distingue dos demais, seu pensamento representa a humanidade de todos os outros. Para Sócrates, a ação não é comandada de fora: a lei da não-contradição, cuja descoberta se lhe atribui, governa o seu pensamento e, como "má consciência", também as suas ações. Ninguém antes de Arendt, creio, insistiu tão firmemente nessa igualdade de pensamento e ação em Sócrates. O que ela quer dizer é que, no pensamento de Sócrates, isto é, em seu viver de acordo consigo mesmo, a violação de outra pessoa equivaleria a uma auto-violação. Sócrates influencia o mundo humano sem fazer nada, pensamento político moral do mais alto nível que reverbera até o século XX no corpo da obra de Arendt.

A Promessa da Política ◈ *Introdução*

Mas isso não iria durar em Atenas. Não conseguindo persuadir seus juízes não tão atentos e preocupados de que pensar é bom para eles como cidadãos, Sócrates demonstra a validade de sua convicção morrendo por ela, em lugar de abjurá-la. Aquela era a *sua* verdade. Arendt crê que o início da tradição do pensamento político em Platão se deveu à tragédia político-moral da condenação legal de Sócrates por seus concidadãos. É claro que Platão não iniciou intencionalmente uma tradição, mas foi exatamente isso o que fez o extraordinário poder do seu pensamento ao construir uma "ideocracia", o *governo* da idéia do bem, na qual não há mais necessidade de persuasão. A verdade transcendente dessa idéia, contemplada pelo filósofo não tanto na solidão como em um mudo espanto, suplantou as muitas verdades relativas que Sócrates buscou incansavelmente trazer à luz questionando seus concidadãos. No final, os cidadãos decidiram, por uma margem significativamente pequena, que responder às perguntas intermináveis de Sócrates era um estorvo e um impedimento à sua busca de riqueza, influência e outros interesses materiais. Platão percebeu, sem dúvida, que eles tinham razão, mas compreendeu claramente — e se opôs violentamente a isso — o fato de seus interesses estarem no caminho de um ideal ético mais convincente. O que importa para a tradição é que Platão introduziu o conceito de exercício do poder na esfera política, a despeito de ele ter se originado na dominação completamente apolítica sobre os escravos domésticos. Dominar escravos permitia ao senhor deixar a sua residência privada; liberado do cuidado das necessidades da vida, ele podia adentrar o espaço público, a ágora, onde circulava entre seus iguais e lhes falava livremente.

29

HANNAH ARENDT

A complexidade dessa história, como de todas as histórias de Arendt, está em sua maneira de contá-la. Mas, mesmo quando imaginada em toda a sua riqueza, os leitores podem se perguntar o que Sócrates fazia, além de pensar e perguntar, e o que ele inspirou os outros a fazer, além de submeter-se a julgamentos injustos. Arendt diria que sua história é sobre o que o pensamento de Sócrates o impediu de fazer e que sua inquirição, sua busca de verdades relativas nas opiniões dos interlocutores, tornou o espaço público e a atividade política que ocorre dentro dele mais verdadeiros. Séculos mais tarde, na revisão da tradição por Montesquieu – que deriva da igualdade e da diferença, os dois aspectos essenciais da pluralidade humana, os princípios da ação nas repúblicas e monarquias –, Arendt encontra a sua resposta à pergunta do que inspira a ação política. Como ela mesma diz, pouco antes da seção sobre Montesquieu incluída neste volume:

> Assim como não existe o ser humano como tal, mas somente homens e mulheres que em sua absoluta distinção são iguais, ou seja, *humanos*, essa indiferenciação humana comum é a *igualdade* que, por sua vez, só se manifesta na diferença absoluta de um igual em relação ao outro. (...) Se, por conseguinte, ação e discurso são as duas atividades políticas por excelência, diferença e igualdade são os dois elementos constitutivos dos corpos políticos.

Essa passagem deixa explícita a relevância política da pluralidade humana e traz à baila algo mais sobre a "tirania da verdade" de Platão. Arendt nos diz que Platão, ao sofrer passivamente

A Promessa da Política ◈ *Introdução*

— literalmente como uma paixão — o recebimento da verdade, destrói a pluralidade que Sócrates experimentava dentro de si próprio quando pensava e que os outros também experimentavam quando ele parava de pensar consigo mesmo para falar com eles.[18] Platão diz, com freqüência, que a verdade é inefável. Se a verdade não pode ser expressa em palavras, então a sua experiência de uma única verdade difere fundamentalmente da busca de Sócrates por muitas verdades. Neste ponto, os leitores hão de se perguntar se tudo o que sabemos de Sócrates não vem de Platão, se Sócrates não é, de fato, uma criação de Platão. Arendt diria, eu penso, que tudo que lhe importa sobre Sócrates é o que Platão nos diz sobre ele. A introdução, por Platão, do exercício do poder da esfera privada para a pública não é apenas decisiva na fundação da tradição do pensamento político, mas a tentativa de Platão de corrigir a injustiça da morte de Sócrates.

Arendt distingue nitidamente a tradição do pensamento político da história. A tradição rebaixa a ação política para a categoria meios-fins, a ação como meio *necessário* para a consecução de um fim mais elevado que ela própria. Embora tenham pouco ou nenhum papel na tradição, Arendt nos traz exemplos em que poetas e historiadores antigos, juízes no sentido que ela dá ao termo, falam de "glória" e "grandeza" dos feitos humanos, assim apontando para a liberdade da ação em face da necessidade. Jesus e santo Agostinho, Kant e Nietzsche também destacaram

---

[18] É difícil não suspeitar que Arendt também via a destruição da pluralidade interna em um filósofo que lhe era temporalmente muito mais próximo do que Platão: Martin Heidegger.

aspectos da liberdade da ação, todos esquecidos na tradição, embora ainda vivos em nossa "história" espiritual; Cícero tenta em vão reabilitar a ação política de sua degradação na tradição. Arendt vê o colapso da longa e poderosa tradição do pensamento político quando Marx, por assim dizer, suprimiu o seu início com a idéia de que a dominação, na qual incluía o governo e o direito, provém de, e estabelece, a desigualdade humana. Não haverá divisão entre dominadores e dominados na futura sociedade sem classes, tampouco haverá qualquer separação entre as esferas pública e privada, e não haverá nada parecido ao que é para Arendt a liberdade política.

Marx encerrou a tradição, mas não partiu dela: os padrões derivados da filosofia são inúteis para o progresso da humanidade; em vez disso, todos os homens se tornarão filósofos quando "as massas se apossarem" da lógica de seu próprio desenvolvimento, habilitando-se assim a realizar o fim preestabelecido de sua ação. O leitor de hoje talvez se pergunte o que é o pensamento não tradicional. A resposta de Arendt pode ser encontrada, na conclusão deste volume, em sua tripla distinção das categorias em que se pode entender a ação política. Seu *significado* dura somente enquanto durar a ação, embora possa ser reproduzido por poetas e, às vezes, por juízes; seu *fim* só pode ser conhecido quando a ação terminar; seus *objetivos* orientam nossas ações e estabelecem os parâmetros pelos quais elas podem ser julgadas. A essas categorias, Arendt acrescenta os princípios que, segundo Montesquieu, movem as ações. Embora a análise de Arendt deva ser interpretada em si mesma, cabe dizer aqui que, se conhecêssemos de antemão os resultados de nossas ações, estes não

A Promessa da Política ◈ *Introdução*

apenas justificariam, mas também "santificariam" quaisquer meios de realizá-las. Os objetivos e princípios da ação, assim como a própria ação, não teriam, então, qualquer significado, e a história seria um processo tão racional e necessário quanto os filósofos da história, Hegel e Marx inclusive, pensam que ela é. A espontaneidade humana, politicamente falando, significa que *não* sabemos os resultados de nossas ações quando agimos e que, se soubéssemos, não seríamos livres. Quando se confundem essas categorias, especialmente nos dias atuais, a política deixa de fazer sentido.

A consciência, se não a experiência imediata, da força bruta e coercitiva, engendra em muitos de nós a idéia de que a política circula pelo mundo movida pelos meios da violência e, não obstante os discursos de paz e liberdade, tornou-se pouco mais do que um processo automático e descontrolado que malbarata tudo que mais prezamos. Os cientistas produziram a fusão do hidrogênio em hélio, trazendo à Terra um processo universal que antes só se realizava em estrelas distantes. Tecnólogos converteram esse processo em armas capazes de aniquilar não apenas a nós mesmos, mas também todo o nosso mundo. Sabemos que a perspectiva da guerra termonuclear ameaça a imortalidade potencial do mundo de um modo sem precedentes. Aqui, pelo menos, o julgamento político se faz necessário. Arendt julga a possível destruição de nosso mundo voltando-se para a Guerra de Tróia, não como "a continuação da política por outros meios" (na máxima de Clausewitz), mas como guerra de aniquilação. Essa vigorosa passagem, creio, é um dos mais extraordinários escritos de

Arendt. Em nenhum outro lugar ela exemplifica de modo mais eloqüente o que entende por julgamento político. Pelo olhos de Homero e Virgílio e por meio de seu próprio juízo, que transita entre eles, a Guerra de Tróia se torna real em sua "tremenda multiplicidade de aspectos" não apenas assistida, mas também "encenada" por todas as partes. Gregos e romanos, por entenderem que a guerra de aniquilação não tem lugar na política – embora, ou talvez porque, os gregos tenham ordenado e os ancestrais dos romanos padecido a Guerra de Tróia –, inventaram duas formas de vida política que o mundo nunca vira, a pólis e a república, e dois conceitos de lei. Em ambos os casos, o que está fora da lei, quer como fronteira quer como a organização de alianças, é deserto. Em ambos os casos, a violência destrói o que a lei torna possível, o mundo contido na pólis e o mundo mais amplo que, pela primeira vez, surge entre os povos anteriormente hostis agora incorporados à República. Esses mundos são poderosos e difíceis de destruir, mas, uma vez destruídos, desencadeiam "processos de destruição" praticamente impossíveis de deter. O julgamento da remota Guerra de Tróia não é, em Arendt, um julgamento do passado, mas de nossa própria época e circunstância e do que chamamos nossas políticas interna e externa.

Para Arendt, toda força destrutiva, mesmo quando inevitável, é em si mesma antipolítica: destrói não apenas as nossas vidas, mas também o mundo que está entre elas e as humaniza. Um mundo humano e humanizante não se pode manufaturar, e nenhuma parte dele que tenha sido destruída pode ser jamais reposta. Para Arendt, o mundo não é um produto natural nem criação de Deus; ele só pode surgir por meio da política, que em seu sentido mais amplo é, para ela, o conjunto de condições sob as quais homens e mulheres, em sua pluralidade e sua absoluta diferença, convivem e se aproximam para falar em uma liberdade que somente eles podem mutuamente se conceder e garantir.

Somente na liberdade de falarmos uns com os outros é que surge, totalmente objetivo e visível desde todos os lados, o mundo sobre o qual se fala. Viver num mundo real e falar uns com os outros sobre ele são basicamente a mesma coisa (...) A liberdade de partir e começar algo novo e inaudito (...) a liberdade de interagir oralmente com muitos outros e experimentar a diversidade que é a totalidade do mundo –, com toda a certeza não era e não é o objetivo da política, isto é, algo que possa ser alcançado por meios políticos, mas, ao contrário, a substância e o significado de tudo que é político. Nesse sentido, política e liberdade são idênticas.

No epílogo deste volume, Arendt fala de um mundo-deserto metafórico, com oásis vitais de filosofia e arte, amor e amizade. Esses oásis estão sujeitos à destruição, tanto por parte daqueles que tentam se ajustar às condições da vida no deserto como pelos que tentam escapar do deserto para os oásis. Em ambos os casos, o mundo-deserto invade e devasta os oásis de suas vidas privadas. O deserto é uma metáfora que não deve ser tomada literalmente como terras baldias ou ermas, concebidas como o produto final da expansão industrial desenfreada que exaure os recursos naturais da Terra, polui seus oceanos, aquece sua atmosfera e destrói sua capacidade de sustentar a vida. O deserto é uma

HANNAH ARENDT

metáfora da crescente perda do nosso mundo, com o que Arendt se refere à nossa "dupla fuga da Terra para o universo e do mundo para o eu-mesmo".[19] Não se trata, como diz em outras passagens deste livro, de uma catástrofe da qual só restariam "vestígios" de uma civilização destruída. Isto poderia acontecer rapidamente, como resultado da guerra termonuclear ou de um novo movimento totalitário surgido das condições do deserto, que lhe são, de fato, as mais favoráveis. O deserto é uma metáfora de algo que *já* existe e, dada a permanente necessidade que tem o mundo de ser renovado, "reiniciado", *sempre* existe. O deserto não é o resultado da vida política pública, mas de sua ausência.

A metáfora do deserto de Arendt foi selecionada como epílogo desta obra porque o mal destruidor-de-mundo – a redução dos seres humanos plurais a um único homem-massa – que adentrou o mundo com o bolchevismo e o nazismo, e, para Arendt, nunca mais o deixou, é o pano de fundo de seu trabalho. Embora o deserto não seja esse mal, hoje, na medida em que nos tornamos cada vez mais alheios ao mundo público, estamos em posição de sermos arrastados para o mal, como para o inferno; de cair num espaço vazio sem fim onde nada, nem mesmo o deserto, nos rodeia e onde não há nada que nos individualize, nos relacione ou nos separe. Esta é a nossa atribulação, em que só as raízes que estejamos livres para arrancar, uma vez que tenhamos coragem para suportar as condições do deserto, podem fazer um novo começo. Analogamente ao modo como no mundo natural as árvores regeneram a terra árida fincando as suas raízes fundo na

---

[19] *A Condição Humana*, 6.

A Promessa da Política ◈ *Introdução*

terra, novos começos podem ainda transformar o deserto num mundo humano. As chances de isso não acontecer são imensas, mas o "milagre" da ação está *ontologicamente* enraizado na humanidade, não como espécie singular, mas como pluralidade de inícios singulares. A promessa inerente à pluralidade humana nos dá, talvez, a única resposta para a assustadora pergunta de Arendt: "Por que existe alguém em vez de ninguém?"

Homens e mulheres politicamente reunidos na busca de um objetivo comum geram poder, que, ao contrário da força, provém das profundezas da esfera pública e a sustenta, como diz Arendt, enquanto eles permanecerem associados em discurso e ação. Numa época em que as instituições de governo e as estruturas jurídicas envelheceram e se desgastaram, recordar as raras ocasiões em que os seres humanos plurais puseram em prática e completaram ações políticas, e narrar essas ocasiões em histórias, talvez não faça rejuvenescer as instituições e restaurar a autoridade das leis. Mas as histórias de Arendt são capazes de instilar amor pelo mundo (*amor mundi*) suficiente para nos persuadir de que vale a pena aproveitar a oportunidade de afugentar a ruína do nosso mundo. Essas histórias não definem teoricamente a ação política, que é autolimitante, mas podem tornar aqueles que as escutam mais politicamente atentos, melhores cidadãos, por assim dizer, da mesma forma como Sócrates, que, sem definir teoricamente a reverência,[20] depois de dois mil e

---

[20] Ninguém mais do que Arendt apreciou as infindáveis ironias de Platão nos diálogos socráticos, e em nenhum lugar mais do que no *Eutífron*. Com ironia em mente talvez eu possa ser desculpado por pensar em τò ὅσιον (*to hosion*) como

HANNAH ARENDT

quinhentos anos ainda faz aqueles que o escutam mais reverentes e humanamente sensíveis ao mundo que se estende entre eles. Tenho a esperança de que este volume de escritos de Arendt instigará os leitores a levá-la tão a sério quanto ela os leva, pois no final das contas sua necessidade de compreender por si mesma não pode ser separada da nossa necessidade de pensar e julgar por nós mesmos. Seus alunos são testemunhas de que ela acolhia as discordâncias refletidas de seus julgamentos como signos de uma concordância mais geral em renovar a promessa que bate no coração da vida política.

Jerome Kohn

"reverência" e "responsividade", em vez de "piedade", no mínimo porque as discussões de Sócrates a respeito dos deuses – se uma coisa é pia porque os deuses a amam ou se os deuses a amam porque é pia, assim como o que os homens pios devem aos deuses – são todas aporéticas.

AGRADECIMENTOS

Quero deixar registrada a minha imensa dívida de gratidão com Ursula Ludz por sua edição de *Was ist Politik?*, na qual foram originalmente publicados os textos que aparecem aqui sob o título "Introdução *na* Política". São textos escritos por Arendt em alemão, cuja reunião e datação devemos ao trabalho meticuloso de Ludz, que podemos aproximar ao de um detetive intelectual. Cabe observar que *Was ist Politik?* contém mais do que esses textos: os comentários e anotações de Ludz pertencem à melhor tradição acadêmica alemã – meticulosamente pesquisados, escrupulosos para com o detalhe e profundamente elucidativos. Agradeço a John E. Woods por suas excelentes – e eloqüentes – traduções de todos os textos alemães de Arendt contidos neste volume, entre os quais a maior parte de "De Hegel a Marx", a totalidade das seleções de *Denktagebuch*, bem como de "Introdução *na* Política", este último previamente traduzido, mas não publicado, por Robert e Rita Kimber.

HANNAH ARENDT

Trabalhar com Daniel Frank, diretor editorial da Pantheon Books, revelou-se uma vez mais uma experiência enriquecedora e salutar. Sem sua dedicação ao pensamento de Hannah Arendt, este volume jamais teria sido produzido; sem seu incentivo e acurado julgamento, ele não existiria na presente forma. Sou grato a Rahel Lerner, assistente de Dan, por sua ajuda bondosa e infatigável em inúmeras questões. Minha ex-aluna e assistente Jessica Reifer, acadêmica de grande futuro, surpreendeu-me muitas vezes com a recuperação instantânea de documentos e informações que me teriam exigido muitas horas para localizar. Seu conhecimento de recursos de busca eletrônica, que excede de longe o meu, foi de um valor incalculável no lidar com o vasto arquivo digitalizado dos papéis de Arendt.

Alegra-me a oportunidade de expressar publicamente meu profundo apreço a Richard J. Bernstein, Keith David, Stephen J. Meringoth e Lawrence Weschler por seu interesse e iniciativa em preservar o legado de Hannah Arendt. É também com prazer que reconheço a quantidade cada vez maior de acadêmicos que, com sua grande diversidade de perspectivas, têm demonstrado a validade do pensamento de Arendt em grande parte do mundo. Saibam Gerard Richard Hoolahan, Lotte Kohler e Mary e Robert Lazarus que sua generosidade e seu apoio paciente durante tantos anos significaram mais para mim do que posso exprimir. Por fim, mas não menos importante, meus amigos Dore Ashton, Jonathan Schell e Elisabeth Young-Bruehl, que de diferentes formas sempre pensaram e escreveram a contrapelo da opinião geralmente aceita e estiveram todo o tempo em minha mente como representantes exemplares do público-alvo deste livro, durante a sua preparação.

A PROMESSA DA POLÍTICA

No momento da ação, para nosso desconforto, revela-se, primeiro, que o "absoluto", aquilo que está "acima" dos sentidos – o verdadeiro, o bom, o belo –, não é apreensível, porque ninguém sabe concretamente o que ele é. Não há dúvida de que todo mundo tem dele uma concepção, mas cada um o imagina concretamente como algo inteiramente diferente. Na medida em que a ação depende da pluralidade dos homens, a primeira catástrofe da filosofia ocidental, que em seus últimos pensadores pretende, em última instância, assumir o controle da ação, é a exigência de uma unidade que por princípio se revela como impossível, salvo sob a tirania. Segundo, que para servir aos fins da ação qualquer coisa serve como absoluto – a raça, por exemplo, ou a sociedade sem classes e assim por diante. Tudo é igualmente conveniente, "qualquer coisa serve". A realidade parece oferecer tão pouca resistência à ação quanto o faria a mais louca teoria proposta por qualquer charlatão. Tudo é possível. Terceiro, que, ao aplicar-se o absoluto – justiça, por exemplo, ou o "ideal" em geral (como em

Nietzsche) – a um fim, *antes de mais nada se faz com que sejam possíveis ações injustas, bestiais, porque o "ideal", a justiça mesma, já não existe como padrão de medida, mas se converteu num fim realizável, produzível, no mundo. Em outras palavras, a realização da filosofia abole a filosofia, a realização do "absoluto" abole o absoluto do mundo. E assim, finalmente, a realização ostensiva do* homem *simplesmente abole* os homens.

> *– de* Denktagebuch,
> *setembro de 1951.*

SÓCRATES

I

O que Hegel afirma sobre a filosofia em geral, que "a coruja de Minerva só levanta vôo ao anoitecer",[21] vale somente para uma filosofia da história, ou seja, é verdadeiro para a história e corresponde à visão dos historiadores. Hegel sentiu-se, é claro, encorajado a assumir esse ponto de vista por achar que a filosofia só havia realmente começado na Grécia com Platão e Aristóteles, que escreveram quando a pólis e a glória da história grega chegavam ao seu fim. Hoje sabemos que Platão e Aristóteles foram a culminação, não o início, do pensamento filosófico grego, cujo vôo se iniciou quando a Grécia atingiu ou estava prestes a atingir

---

[21] Vale a pena citar na íntegra a frase do prefácio da *Filosofia do Direito*, de Hegel, que contém essa conhecida imagem: *Wenn die Philosophie ihr Grau in Grau malt, dann ist eine Gestalt des Lebens alt geworden, und mit Grau in Grau lässt sie sich nicht verjüngen, sondern nur erkennen; die Eule der Minerva beginnt erst mit der einbrechenden Dämmerung ihren Flug.* ("Quando a filosofia pinta seu cinza sobre cinza, então uma figura da vida já envelheceu. Com seu cinza sobre cinza a filosofia não pode rejuvenescê-la, apenas entendê-la. A coruja de Minerva só levanta vôo ao anoitecer.") (N.O.)

o seu clímax. O que permanece verdadeiro, porém, é que Platão e Aristóteles vieram a ser o início da tradição filosófica ocidental e que esse início, diferentemente do início do pensamento filosófico grego, ocorreu quando a vida política grega já se aproximava realmente do seu fim. Talvez não exista, em toda a tradição do pensamento filosófico e, em particular, do pensamento político, um fator de importância e influência tão avassaladora sobre tudo que viria depois do que o fato de Platão e Aristóteles terem escrito no século IV a.C. sob o pleno impacto de uma sociedade politicamente decadente.

Surgiu assim o problema de como o homem, se tem de viver numa pólis, pode viver fora da política. Esse problema, que por vezes apresenta uma estranha semelhança com a nossa própria época, muito rapidamente se converteu na questão de como é possível viver sem pertencer a nenhuma comunidade politicamente organizada, vale dizer, em condições de apolitismo ou o que hoje diríamos em condição de não-cidadania. Ainda mais sério foi o abismo que imediatamente se abriu, e desde então nunca mais se fechou, entre pensamento e ação. Todo pensamento que não seja o mero cálculo dos meios necessários para se obter um fim pretendido ou desejado, mas se ocupe do significado no sentido mais geral, veio a desempenhar o papel de um "pós-pensamento", isto é, um pensamento posterior à ação que decidiu e determinou a realidade. A ação, por sua vez, foi relegada à esfera sem significado do aleatório e do fortuito.

II

O hiato entre a filosofia e a política se abriu historicamente com o julgamento e condenação de Sócrates, que na história do pensamento político é um momento crítico análogo ao julgamento e condenação de Jesus na história da religião. Nossa tradição de pensamento político começou quando a morte de Sócrates levou Platão a desesperar da vida da pólis e, ao mesmo tempo, a duvidar de algumas bases dos ensinamentos de Sócrates. O fato de Sócrates não ter conseguido persuadir os juízes de sua inocência e seus méritos, tão evidentes para os melhores e mais jovens cidadãos de Atenas, fez Platão duvidar da validade da *persuasão*. Temos dificuldade de apreender a importância dessa dúvida porque "persuasão" é uma tradução muito pobre e inadequada para a ancestral *peithein*, cuja importância política pode ser medida pelo fato de que Peithõ, a deusa da persuasão, tinha um templo em Atenas. *Peithein*, persuasão, era a forma especificamente política do discurso. Os atenienses, que ao contrário dos bárbaros se orgulhavam de conduzir seus assuntos políticos em forma de discurso e sem coação, consideravam a retórica, a arte da persuasão, a mais elevada das artes, a arte verdadeiramente política. O discurso de Sócrates na *Apologia* é um de seus maiores exemplos, e é contra essa defesa que Platão escreve no *Fédon* uma "apologia revisada", que chamou, com ironia, de "mais persuasiva" (*pithanoteron*, 63b), porque conclui com o mito do Alémtúmulo, devidamente povoado de castigos e recompensas corporais calculados para assustar, mais do que meramente persuadir, o público. O argumento principal de Sócrates em sua defesa perante os cidadãos e juízes de Atenas fora o de que seu comportamento era do melhor interesse da cidade. No *Críton*, ele havia explicado aos seus amigos que não podia fugir, mas, por razões políticas, devia sofrer a pena capital. Parece que ele foi incapaz de convencer não apenas seus juízes, mas também seus amigos. Em outras palavras, os filósofos não eram úteis à cidade, e a argumentação política não era útil aos amigos. Isto é parte da tragédia testemunhada pelos diálogos de Platão.

Estreitamente ligada à dúvida sobre a validade da persuasão está, em Platão, a furiosa denúncia da *doxa*, ou opinião, que, além de permear nitidamente todas as suas obras políticas, veio a tornar-se uma das pedras angulares do seu conceito de verdade. A verdade platônica, mesmo à falta de qualquer menção à *doxa*, é sempre entendida como diametralmente oposta à opinião. O espetáculo de Sócrates submetendo sua própria *doxa* às opiniões irresponsáveis dos atenienses e sendo derrotado por maioria de votos levou Platão a desdenhar das opiniões e a desejar parâmetros absolutos. Esses parâmetros, pelos quais se podiam julgar os feitos humanos e que conferiam ao pensamento certo grau de confiabilidade, tornaram-se daí em diante o móvel primordial de sua filosofia política e influenciaram decisivamente até mesmo a sua doutrina puramente filosófica das idéias. Eu não penso, como se diz muitas vezes, que o conceito de idéia fosse antes de tudo um conceito de padrões e medidas, nem que sua origem fosse política. Mas essa interpretação é perfeitamente compreensível e justificável, uma vez que o próprio Platão foi o primeiro a usar as idéias com finalidades políticas, isto é, a introduzir parâmetros absolutos na esfera dos assuntos humanos, onde, sem esses parâmetros transcendentes, tudo é relativo. Como o próprio Platão costumava assinalar, nós não sabemos o que é a grandeza absoluta, mas apenas experimentamos algo como maior ou menor em relação a outra coisa.

A oposição entre verdade e opinião foi, certamente, a mais anti-socrática das conclusões que Platão tirou do julgamento de Sócrates. Ao não conseguir convencer a cidade, Sócrates havia mostrado que ela não era um lugar seguro para o filósofo, não apenas no sentido de que sua vida não está segura por causa da verdade que ele possui, mas também, e muito mais importante, no sentido de que não se pode confiar na cidade para se preservar a memória do filósofo. Se os cidadãos foram capazes de condenar Sócrates à morte, era também muito provável que o esquecessem depois de morto. Sua imortalidade terrena só estaria segura se os filósofos pudessem se inspirar numa solidariedade própria, antagônica à solidariedade da pólis e de seus concidadãos. A velha alegação, recorrente em Aristóteles e Platão, de que os *sophoi*, ou homens sábios, não sabem o que é bom para si mesmos (pré-requisito para a sabedoria política), de que parecem ridículos quando surgem em praça pública e são objeto de galhofa – como Tales, que fez rir uma menina camponesa por ter caído numa vala enquanto olhava para o céu –, foi devolvida por Platão contra a cidade.

Para compreendermos a enormidade do apelo de Platão no sentido de que o filósofo se tornasse o governante da cidade, devemos ter em mente esses "preconceitos" comuns que a pólis

HANNAH ARENDT

tem em relação aos filósofos, mas não em relação aos artistas e poetas. Só que o *sophos* que não sabe o que é bom para si próprio saberá ainda menos o que é bom para a pólis. O *sophos*, o sábio como governante, deve ser visto em contraposição ao ideal corrente do *phronimos*, homem judicioso cuja percepção para o mundo dos assuntos humanos o qualifica para liderar, embora não, é claro, para governar. Não se considerava a filosofia, o amor ao saber, como igual a essa percepção, *phronēsis*. Só o homem sábio se interessa por assuntos exteriores à pólis, opinião geral com a qual Aristóteles manifesta seu pleno acordo quando afirma: "Anaxágoras e Tales eram homem sábios, mas não judiciosos. Eles não se interessavam pelo que é bom para o homem [*anthrōpina agatha*]."[22] Platão não negava que a preocupação do filósofo eram os assuntos eternos, imutáveis, não humanos. Mas não achava que isso o incapacitava para desempenhar um papel político. Não estava de acordo com a conclusão da pólis de que o filósofo, por não se preocupar com o bem humano, corria permanentemente o risco de tornar-se ele próprio um inútil. A noção de Bem (*agathos*) não tem aqui qualquer relação com o que entendemos por bem num sentido absoluto; significa exclusivamente *bom-para*, benéfico ou útil (*chrēsimon*) e é, portanto, instável e acidental, uma vez que não é necessariamente o que é, mas pode sempre ser diferente. A acusação de que a filosofia pode privar os cidadãos de seu vigor pessoal está implícita na famosa afirmação de Péricles: *philokaloumen met' euteleias kai philosophoumen aneu malakias* (nós amamos o belo sem exagero

---

[22] *Nic. Eth* Ética a Nicômano 1140 a 25-30; 1141 b 4-8.

A Promessa da Política ◈ *Sócrates*

e a sabedoria sem brandura e efeminação).[23] Em contraste com os nossos preconceitos de hoje em dia, para os quais brandura e efeminação estão fortemente relacionados ao amor pelo belo, os gregos viam tal perigo na filosofia. A filosofia, a preocupação com a verdade à margem da esfera dos assuntos humanos – e não o amor pelo belo, que por toda parte se fazia representar na pólis, nas estátuas e na poesia, na música e nos jogos olímpicos –, levava seus adeptos para fora da pólis e os tornava inaptos para ela. Ao reivindicar o governo para o filósofo como o único capaz de contemplar a idéia de Bem, a mais elevada das essências eternas, Platão se opôs à pólis em dois sentidos: primeiro, afirmando que a preocupação do filósofo com as coisas eternas não o colocava sob o risco de se tornar um inútil e, segundo, asseverando que as coisas eternas eram ainda mais "valiosas" do que belas. Sua resposta a Protágoras de que não o homem, mas um deus, é a medida de tudo que é humano é apenas uma outra versão da mesma afirmação.[24]

A condução da idéia de Bem ao posto mais elevado do mundo das idéias, a idéia das idéias, ocorre na alegoria da caverna e nesse contexto político deve ser compreendida. Trata-se de algo muito menos rotineiro do que nós, que fomos educados na esteira da tradição platônica, costumamos pensar. Platão, obviamente, foi guiado pelo proverbial ideal grego *kalon k'agathon* (o belo e o bom) e é, portanto, significativo que tenha se decidido pelo bom, e não pelo belo. Desde o ponto de vista da idéia em si, que

---

[23] Tucídides. 2. 40.
[24] Leis 716c.

51

pode ser definida como aquela cujo aparecimento ilumina, o belo, que não pode ser utilizado, mas apenas resplandece, tinha muito mais direito de vir a ser eleito a idéia das idéias.[25] A diferença entre o bom e o belo, para nós com certeza e ainda mais para os gregos, é que o bom é aplicável e contém em si mesmo um elemento de uso. Foi somente iluminando a esfera das idéias com a idéia de Bem que Platão pôde lançar mão das idéias para propósitos políticos e, nas *Leis*, erigir sua ideocracia, onde as idéias eternas foram traduzidas em leis humanas.

O que na *República* aparece como uma discussão estritamente filosófica foi inspirado por uma experiência exclusivamente política – o julgamento e morte de Sócrates – e não foi Platão, mas Sócrates, o primeiro filósofo a ultrapassar a linha demarcada pela pólis para o *sophos*, o homem que se ocupa das coisas eternas, não humanas e não políticas. A tragédia da morte de Sócrates repousa sobre um mal-entendido: a pólis não entendeu que Sócrates não julgava ser um *sophos*, um homem sábio. Por duvidar que a sabedoria fosse para os mortais, ele percebeu a ironia do oráculo de Delfos, que dizia ser ele o mais sábio dos homens: o homem que sabe que os homens não podem ser sábios é o mais sábio dentre todos. A pólis não lhe deu ouvidos e exigiu-lhe admitir que era, como todos os *sophoi*, politicamente um inútil. Como filósofo, porém, ele de fato nada tinha a ensinar aos seus concidadãos.

* * *

---

[25] Para uma análise mais detalhada dessa questão, ver *The Human Condition* (Chicago: University of Chicago Press, 1970), pp. 225-226 e n.65. (N.O.)

O conflito entre o filósofo e a pólis havia chegado a um ponto crítico com as exigências feitas por Sócrates à filosofia precisamente por ele não se julgar um sábio. E foi nessas circunstâncias que Platão concebeu a sua tirania da verdade, na qual não é aquilo que é temporalmente bom, ou de que os homens podem ser persuadidos, que deve governar a cidade, mas a verdade eterna, aquela de que os homens não podem ser persuadidos. O que a experiência socrática deixara patente é que somente o exercício do poder poderia garantir ao filósofo a imortalidade terrena que a pólis deveria assegurar a todos os seus cidadãos. Pois, se os pensamentos e ações de todos os homens eram ameaçados pela instabilidade que lhes é inerente e pelo esquecimento dos homens, os dos filósofos estavam sujeitos ao olvido deliberado. A mesma pólis, portanto, que garantia aos seus habitantes uma imortalidade e uma estabilidade a que sem ela jamais poderiam aspirar, era uma ameaça e um perigo à imortalidade do filósofo. O filósofo, é verdade, em seu intercurso com o eterno, sentia menos do que qualquer outro a necessidade da imortalidade terrena. Mas a sua eternidade, que era mais do que a imortalidade terrena, entrava em conflito com a pólis sempre que ele tentava trazer suas preocupações à atenção de seus concidadãos. Tão logo o filósofo submetia a sua verdade, reflexo do eterno, à pólis, ela imediatamente se tornava uma opinião entre outras, perdia a sua qualidade distintiva, pois não existe marca visível que distinga a verdade da opinião. É como se o eterno se tornasse temporal no momento mesmo em que fosse trazido ao âmbito dos homens e o mero fato de ser objeto de debate entre eles já representasse uma ameaça à existência da esfera em que se movem os amantes da sabedoria.

HANNAH ARENDT

No processo de elucidar as implicações do julgamento de Sócrates, Platão chegou não apenas ao seu conceito de verdade como o contrário de opinião, mas também à sua noção de *dialegesthai*, forma especificamente filosófica de discurso, como o contrário de persuasão e retórica. Aristóteles toma essas distinções e oposições como algo trivial no início de sua *Retórica*, não menos parte de seus escritos políticos do que sua *Ética*, com a afirmação: *hē rhētorikē estin antistrophos tē dialektikē* (a arte da persuasão [isto é, a arte política do discurso] é o correlato da arte da dialética [a arte do discurso filosófico]).[26] A principal distinção entre persuasão e dialética é que a primeira é sempre dirigida à multidão *(peithein ta plēthē)*, ao passo que a dialética só é possível como diálogo entre duas pessoas. O erro de Sócrates foi ter se dirigido aos seus juízes na forma da dialética, razão pela qual não foi capaz de persuadi-los. Como, por outro lado, ele respeitava as limitações inerentes à persuasão, sua verdade tornou-se uma opinião entre outras, ou seja, uma verdade sequer minimamente mais válida do que as não-verdades de seus juízes. Sócrates insistiu em debater a questão com seu juízes como costumava debater sobre todo tipo de coisas com cidadãos atenienses isolados e com seus discípulos; acreditava poder assim chegar a alguma verdade e persuadir os outros de sua validade. Mas a persuasão não provém da verdade; provém das opiniões;[27] e somente a persuasão considera e sabe como lidar com a multidão. Para Platão, persuadir a multidão significava impor a

---

[26] *Retórica* 1354 a 1 .

[27] *Fedro* 260a

54

A Promessa da Política ◈ *Sócrates*

própria opinião às múltiplas opiniões da multidão; persuadir não é, pois, o contrário de governar pela violência, mas uma outra forma de fazê-lo. Os mitos de Além-túmulo, com os quais Platão concluiu todos os seus diálogos políticos à exceção das *Leis*, não são verdade nem mera opinião: foram concebidos como histórias capazes de assustar, isto é, como um intento de usar a violência das palavras. Ele pôde abrir mão de um mito na conclusão das *Leis* porque suas minuciosas prescrições e seu catálogo de castigos ainda mais detalhados tornaram desnecessária a violência das palavras.

Embora seja muito provável que Sócrates tenha sido o primeiro a aplicar sistematicamente o *dialegesthai* (debater alguma coisa com alguém), ele provavelmente não o via como o oposto, ou mesmo o correlato, da persuasão, e é certo que não opunha os resultados de sua dialética à *doxa*, opinião. Para Sócrates, como para seus concidadãos, a *doxa* era a formulação em discurso de *dokei moi*, ou seja, "aquilo que me parece". O objeto dessa *doxa* não era o que Aristóteles chamava de *eikos*, o provável, as muitas *verisimilia* (por oposição à *unum verum*, verdade única, por um lado, e às *falsa infinita*, infinitas inverdades, por outro), mas a compreensão do mundo "tal como ele se me revela". Não era, portanto, fantasia subjetiva e arbitrariedade, mas tampouco algo absoluto e válido para todos. A suposição é a de que o mundo se revela de maneira diferente aos homens segundo a posição ocupada por cada um; e a de que a "mesmice" do mundo, seu caráter comum (*koinon*, diriam os gregos, "comum a todos") ou "objetividade" (como diríamos desde o ponto de vista subjetivo da filosofia moderna), reside no fato de que o mesmo mundo se revela a todos e, apesar de todas as diferenças entre os homens e suas posições no mundo – e conseqüentemente suas *doxai* (opiniões) –, "tanto eu quanto você somos humanos".

A palavra *doxa* significa não apenas opinião, mas também esplendor e fama. Como tal, ela está relacionada à esfera política, que é a esfera pública na qual todo mundo pode aparecer e mostrar quem é. Afirmar a própria opinião fazia parte de ser capaz de mostrar-se, ser visto e ouvido pelos demais. Este era, para os gregos, o grande privilégio da vida pública e que faltava na privacidade da vida doméstica, onde não se era visto nem ouvido pelos outros. (Esposa e filhos, escravos e serviçais, numa palavra, a família, não eram, obviamente, reconhecidos como plenamente humanos.) Na vida privada se está oculto e não se pode aparecer nem brilhar; conseqüentemente, ali nenhuma *doxa* é possível. Sócrates, que sempre rejeitou cargo e honra pública, nunca se retirou para a vida privada, mas, ao contrário, circulava pela praça do mercado em meio a essas *doxai*, opiniões. O que Platão chamou mais tarde de *dialegesthai* Sócrates chamava de maiêutica, a arte do parto: ele queria ajudar as pessoas a dar à luz os seus próprios pensamentos, a encontrar a verdade em sua *doxa*.

A importância desse método residia numa dupla convicção: todo homem tem sua *doxa*, sua própria abertura para o mundo, e Sócrates deve, portanto, começar sempre com perguntas; ele não tem como saber de antemão que tipo de *dokei moi*, de a-mim-me-parece, o outro possui. Ele precisa se certificar da posição do outro no mundo comum. Mas, assim como ninguém pode saber de antemão a *doxa* do outro, ninguém pode saber por si mesmo e sem esforços adicionais a verdade inerente à sua própria opinião.

Sócrates queria trazer à luz essa verdade que toda pessoa potencialmente possui. Se formos fiéis à sua própria metáfora da maiêutica, podemos dizer: Sócrates queria tornar a cidade mais verdadeira ajudando cada cidadão a parir suas próprias verdades. Seu método era o *dialegesthai*, trazer ao debate, mas essa dialética gera a verdade *não* pela destruição da *doxa* ou opinião, mas, ao contrário, pela revelação da *doxa* em sua própria veracidade. O papel do filósofo, então, não é o de governar a cidade, mas ser o seu "moscardo", tornar os cidadãos mais autênticos, em vez de dizer verdades filosóficas. A diferença para Platão é decisiva: Sócrates não queria tanto educar os cidadãos quanto melhorar suas *doxai*, que constituíam a vida política da qual também ele fazia parte. Para Sócrates, a maiêutica era uma atividade política, um dar-e-receber sobre uma base de estrita igualdade cujos frutos não podiam ser medidos pelo resultado de se ter chegado a esta ou àquela verdade geral. É, portanto, obviamente ainda no marco da tradição socrática que os primeiros diálogos de Platão freqüentemente acabam de forma inconclusiva, isto é, sem resultado. Ter trazido um tema ao debate, ter falado sobre alguma coisa, a *doxa* de algum cidadão pareciam resultado suficiente.

É óbvio que esse tipo de diálogo, que não precisa de conclusão para ser significativo, é especialmente apropriado a amigos e mais freqüentemente compartilhado por eles. A amizade consiste, de fato, em larga medida, naquele gênero de conversa sobre alguma coisa que os amigos têm em comum. Conversar sobre o que está entre eles torna a coisa ainda mais comum a eles. Ela não apenas adquire a sua articulação específica, mas também se desenvolve e se expande até, finalmente, no transcurso do tempo e da vida, começar a formar um pequeno mundo próprio que é compartilhado na amizade. Em outras palavras, politicamente falando Sócrates tentava fazer amizades a partir da cidadania ateniense, propósito bastante compreensível numa pólis cuja vida consistia em uma intensa e ininterrupta competição de todos contra todos, *aei aristeuein*, cada um tentando o tempo todo provar ser o melhor. Nesse espírito agonal que, por tornar praticamente impossível a aliança entre as cidades-estado gregas e envenenar com inveja e ódio as relações cidadãs (a inveja era o esporte nacional da Grécia antiga), acabaria por causar a sua ruína, o bem-estar público vivia sob constante ameaça. Por constituir-se somente dos muros da cidade e das fronteiras de suas leis, o caráter comum do mundo político não era visto nem vivenciado nas relações entre os cidadãos, no mundo que havia *entre* eles, que era comum a todos eles, embora se revelasse de forma diferente a cada um. Usando a terminologia de Aristóteles para melhor entender Sócrates — e partes inteiras da filosofia política de Aristóteles, particularmente aquelas em que ele se opõe explicitamente a Platão, remontam a Sócrates — podemos citar a passagem da *Ética a Nicômano* em que Aristóteles explica que a comunidade não é feita de iguais, mas, ao contrário, de pessoas que são diferentes e desiguais. A comunidade nasce da equalização, *isasthēnai*.[28] Essa equalização se dá em todos os intercâmbios, entre o médico e o fazendeiro, por exemplo, e está

---

[28] *Ética a Nicômano* 1133 a 14.

baseada no dinheiro. A equalização política, não econômica, é a amizade, *philia*. O fato de Aristóteles ver a amizade por analogia com a necessidade e a troca tem relação com o materialismo inerente à sua filosofia política, isto é, sua convicção de que a política é, em última instância, necessária devido às necessidades básicas da vida, das quais os homens lutam para se libertar. Da mesma maneira como comer não é vida, mas condição para se viver, conviver na pólis não é vida boa, mas sua condição material. Ele vê, portanto, em última instância, a amizade do ponto de vista do cidadão isolado, não do ponto de vista da pólis: a suprema justificação da amizade é que "ninguém escolheria viver sem amigos, ainda que possuísse todos os outros bens".[29] A equalização na amizade não significa, é claro, que os amigos passam a ser os mesmos, ou iguais, mas que se tornam parceiros iguais num mundo comum – que, juntos, constituem uma comunidade. Comunidade é aquilo que a amizade realiza, e é óbvio que essa equalização tem como aspecto polêmico a diferenciação sempre crescente dos cidadãos inerente à vida agonal. Aristóteles conclui que a amizade, e não a justiça (como sustentou Platão na *República*, o grande diálogo sobre a justiça), parece ser o laço que une as comunidades. Para Aristóteles, a amizade é mais elevada que a justiça, porque esta já não é necessária entre amigos.[30]

O elemento político da amizade é que, no diálogo autêntico, cada um dos amigos pode entender a verdade inerente à opinião do outro. Mais do que o amigo como pessoa, cada um entende

---

[29] *Ética a Nicômano* 1155 a 5.
[30] *Ética a Nicômano* 1155 a 20-30.

HANNAH ARENDT

como e em qual articulação específica o mundo comum aparece ao outro, que como pessoa será sempre desigual ou diferente. Esse tipo de compreensão – ver o mundo (como dizemos hoje corriqueiramente) do ponto de vista do outro – é uma percepção política por excelência. Se quiséssemos definir, tradicionalmente, a virtude mais extraordinária do estadista, poderíamos dizer que ela consiste em compreender a maior quantidade e variedade possível de realidades – não de pontos de vista subjetivos, que evidentemente também existem, mas não nos interessam aqui – tal como elas se revelam às várias opiniões dos cidadãos; e, ao mesmo tempo, em ser capaz de comunicar-se com os cidadãos e suas opiniões de modo a tornar visível o caráter comum deste mundo. O pré-requisito para que essa compreensão – e a ação por ela inspirada – ocorresse sem a ajuda do estadista seria que cada cidadão fosse suficientemente articulado para mostrar a veracidade de sua opinião e, conseqüentemente, compreender a de cada um de seus concidadãos. Sócrates parece ter acreditado que a função política do filósofo era ajudar a criar esse tipo de mundo comum, construído sobre o entendimento da amizade, em que nenhuma governação é necessária.

Para isso, Sócrates recorria a duas idéias, uma contida na frase do Apolo délfico, *gnōthi sauton*, "conhece-te a ti mesmo", outra relatada por Platão (e repetida por Aristóteles): "É melhor estar em desacordo com o mundo inteiro do que, sendo um, estar em desacordo comigo mesmo."[31] Esta frase é a chave da convicção socrática de que a virtude pode ser ensinada e aprendida.

---

[31] *Górgias* 482c.

A Promessa da Política ◈ *Sócrates*

Na compreensão socrática, o délfico "conhece-te a ti mesmo" significava: é exclusivamente por meio de saber o que se me aparece — somente a mim e, portanto, para sempre relativo à minha própria existência concreta — que posso compreender a verdade. A verdade absoluta, que seria a mesma para todos os homens e, conseqüentemente, não relativa e independente da existência de cada homem, não pode existir para os mortais. Para os mortais, o importante é tornar verdadeira a *doxa*, ver a verdade de cada *doxa* e falar de tal maneira que a verdade da opinião de cada um se revele a ele mesmo e aos outros. Nesse nível, o "sei que nada sei" socrático significa não mais que: sei que não tenho a verdade para todo mundo; não posso saber a verdade do outro a não ser lhe perguntando e assim aprendendo a sua *doxa*, que se lhe revela de um modo que não se revela a nenhum outro. Dessa forma absolutamente ambígua, o oráculo de Delfos distinguiu Sócrates como o mais sábio de todos os homens porque ele havia aceitado as limitações da verdade para os mortais, as limitações impostas pela *dokein*, aparência, e porque ao mesmo tempo ele, ao contrário dos sofistas, havia descoberto que *doxa* não era nem ilusão subjetiva nem distorção arbitrária, mas aquilo a que a verdade invariavelmente aderia. Se a quintessência do ensinamento dos sofistas consistia em *dyo logoi*, a convicção de que todo assunto pode ser abordado de duas maneiras diferentes, então Sócrates foi o maior de todos os sofistas. Pois ele pensava que existem, ou deveriam existir, tantos diferentes *logoi* quantos homens, e que, juntos, esses *logoi* formam o mundo humano já que os homens vivem juntos no modo da fala.

HANNAH ARENDT

Para Sócrates, o principal critério para o homem que expressa autenticamente a sua própria *doxa* era "que ele esteja de acordo consigo mesmo" – que não se contradiga e não diga coisas contraditórias, que é o que a maioria faz apesar do medo de fazê-lo nos afetar a todos. O medo da contradição provém de que cada um de nós, "sendo um", pode ao mesmo tempo falar consigo mesmo *(eme emautō)* como se fosse dois. Sendo já dois-em-um, pelo menos quando tento pensar, posso experimentar um amigo, para usar a definição de Aristóteles, como um "outro eu-mesmo" *(heteros gar autos ho philos estin)*. Só quem já viveu a experiência de falar consigo mesmo é capaz de ser um amigo, de adquirir um outro eu-mesmo. A condição para isso é que ele esteja em uníssono, de acordo consigo mesmo *(homognōmonei heautō)*, porque quem se contradiz não é confiável. A faculdade do discurso e o fato da pluralidade humana correspondem-se reciprocamente, não apenas no sentido de que eu uso palavras para comunicar-me com aqueles com quem convivo no mundo, mas, ainda mais relevante, no sentido de que, falando comigo mesmo, convivo comigo mesmo.[32]

O axioma da contradição, com o qual Aristóteles fundou a lógica ocidental, remonta a essa descoberta fundamental de Sócrates. Enquanto um, eu não entrarei em contradição comigo mesmo, mas posso me contradizer porque em pensamento sou dois-em-um; conseqüentemente, eu não vivo somente com os outros, como um, mas também comigo mesmo. O medo da contradição é um componente do dividir-se, do já não ser um só,

---

[32] *Ética a Nicômano* 1166a 10-15; 1170 b 5-10.

A Promessa da Política ◈ *Sócrates*

razão pela qual o axioma da contradição pôde tornar-se a regra fundamental do pensamento. É também a razão pela qual a pluralidade dos homens não pode jamais ser inteiramente abolida e a fuga do filósofo da esfera da pluralidade será sempre uma ilusão: mesmo que vivesse inteiramente por minha conta, eu viveria, enquanto vivo estivesse, na condição da pluralidade. Eu tenho de me suportar, e em nenhum lugar este eu-comigo-mesmo se revela mais claramente do que no pensamento puro, que é sempre um diálogo entre esse dois-em-um. O filósofo que, na ânsia de escapar à condição humana da pluralidade, o faz na solidão absoluta é ainda mais radicalmente lançado a essa pluralidade inerente a todo ser humano do que qualquer outro, porque é a companhia dos outros que, trazendo-me para fora do diálogo do pensamento, faz-me um novamente – um ser humano único e singular que fala com uma só voz e é reconhecido como tal por todos os outros.

O que Sócrates queria dizer (e que a teoria da amizade de Aristóteles explica de forma mais cabal) é que a convivência com outros começa pela convivência consigo mesmo. O ensinamento de Sócrates era: somente aquele que sabe viver consigo mesmo está apto a viver ao lado de outros. O eu-mesmo é a única pessoa de quem não posso me afastar, que não posso deixar, a quem estou irrevogavelmente unido. Conseqüentemente, "é muito melhor estar em desacordo com o mundo inteiro do que, sendo um, estar em desacordo comigo mesmo". A ética, não menos do que a lógica, tem sua origem nessa afirmação, pois a consciência em seu sentido mais geral também se baseia no fato de que eu posso estar de acordo ou em desacordo comigo mesmo, e isso significa que não apenas apareço aos outros, mas que apareço também para mim mesmo. Essa possibilidade é da maior relevância para a política compreendermos (como os gregos compreendiam) a pólis como a esfera público-política na qual os homens realizam a sua plena humanidade, a sua plena realidade como homens, não apenas porque *são* (como na privacidade da vida familiar), mas também porque *aparecem*. O quanto os gregos entendiam a realidade plena como a realidade dessa aparência e o quanto ela importava em questões especificamente morais podemos apreciar pela questão, recorrente nos diálogos políticos de Platão, de se uma boa ação, ou uma ação justa, é o que é, mesmo "que permaneça oculta e desconhecida dos homens e dos deuses". Para o problema da consciência num contexto puramente secular, destituído de fé num Deus onisciente e providente que fará o julgamento final da vida na Terra, essa questão é, de fato, decisiva. É a questão de se a consciência pode existir numa sociedade secular e desempenhar um papel na política secular. E é também a questão de se a moral como tal tem uma realidade terrena. A resposta de Sócrates está contida em seu conselho tantas vezes repetido: "Seja como gostaria de aparecer aos outros", isto é, apareça a si próprio tal como gostaria de aparecer quando visto pelos outros. Dado que mesmo quando está só você não está completamente só, você mesmo pode e deve atestar a sua própria realidade. Ou, para dizê-lo de uma forma mais socrática — pois, embora tenha descoberto a consciência, Sócrates ainda não tinha um nome para ela —, a razão pela qual não se deve matar, mesmo numa situação em que ninguém possa vê-lo, é que você não vai querer viver com um assassino. Ao cometer assassinato, você se coloca na companhia de um assassino para o resto da vida.

Além do mais, nos momentos dedicados ao diálogo da solidão, estritamente só comigo mesmo, portanto, não estou totalmente separado dessa pluralidade que é o mundo dos homens e que chamamos, em seu sentido mais geral, de humanidade. Essa humanidade, ou antes, essa pluralidade, já está indicada no fato de que sou dois-em-um. ("Um é um, absolutamente só e para sempre" só é verdade para Deus). Os homens não só existem no plural, tal como todos os seres terrenos, mas também têm dentro de si uma indicação dessa pluralidade. Contudo, o eu-mesmo com o qual compartilho a solidão não pode ele próprio jamais assumir a mesma forma ou característica única e definitiva que todas as outras pessoas têm para mim; antes, esse eu-mesmo permanece sempre mutável e um tanto equívoco. É na forma dessa mutabilidade e dessa equivocidade que esse eu-mesmo representa para mim, quando estou só comigo mesmo, todos os homens, a humanidade de todos os homens. O que espero que os outros façam – e essa expectativa é anterior a todas as experiências e sobrevive a elas – está em larga medida determinado pelas potencialidades cambiantes do eu-mesmo com o qual convivo. Em outras palavras, um assassino está não apenas condenado à companhia permanente de seu próprio eu homicida como também verá todas as outras pessoas à imagem de sua própria ação. Viverá num mundo de potenciais assassinos. Não é o seu próprio ato isolado, ou mesmo o desejo de cometê-lo, que tem relevância política, mas essa sua *doxa*, a maneira como o mundo se lhe revela e participa da realidade política em que ele vive. Nesse sentido, e na medida em que ainda vivamos conosco mesmos, todos mudamos constantemente o mundo humano para melhor ou para pior, mesmo que não tenhamos qualquer atuação.

Para Sócrates, firmemente convencido como estava de que ninguém há de querer conviver com um assassino ou num mundo de potenciais assassinos, aquele que sustenta que um homem pode ser feliz e ser um assassino, desde que ninguém saiba, está em duplo desacordo consigo mesmo: faz uma afirmação auto-contraditória e mostra a si próprio como desejoso de conviver com quem não está de acordo. Esse duplo desacordo, a contradição lógica e a má consciência ética, era para Sócrates um único e mesmo fenômeno. Esta é a razão de ele achar que a virtude pode ser ensinada ou, para dizê-lo de um modo menos vulgar, a consciência de que ser o homem ao mesmo tempo pensante e atuante — ou seja, alguém cujos pensamentos invariável e inevitavelmente acompanham os próprios atos — é o que melhora os homens e os cidadãos. O pressuposto subjacente a esse ensinamento é o pensamento, não a ação, porque só no pensamento pode o diálogo do dois-em-um realizar-se.

Para Sócrates, o homem não é ainda um "animal racional", um ser dotado da capacidade da razão, mas um ser pensante cujo pensamento se manifesta na forma do discurso. Até certo ponto essa preocupação com o discurso já existia para a filosofia pré-socrática, e a identidade de discurso e pensamento, que juntos são *logos*, é, talvez, uma das características mais notáveis da cultura grega. O que Sócrates acrescentou a essa identidade foi o diálogo do eu comigo mesmo como a condição primária do pensamento. A relevância política da descoberta de Sócrates é ela

A Promessa da Política ◈ *Sócrates*

afirmar que a solidão, antes e depois de Sócrates vista como prerrogativa e *habitus* profissional exclusivos do filósofo, e que a pólis naturalmente suspeitava ser antipolítica, é, ao contrário, a condição necessária para o bom funcionamento da pólis, uma garantia melhor do que as regras de comportamento impostas pelas leis e pelo medo da punição.

Aqui devemos, uma vez mais, voltar-nos para Aristóteles para encontrar um eco já enfraquecido de Sócrates. Aparentemente em resposta ao protagórico *anthrōpos metron pantōn chrēmatōn* (o homem é a medida de todas as coisas humanas ou, literalmente, de todas as coisas usadas pelo homem) e, como vimos, em rejeição à noção platônica de que a medida de todas as coisas humanas é *theos*, um deus, o divino tal como aparece nas idéias, Aristóteles diz: *estin hekastou metron hē aretē kai agathos* (a medida para todo mundo são a virtude e o homem bom).[33] O critério é o que os próprios homens são quando agem, e não algo externo a eles, como as leis, ou sobre-humano, como as idéias.

Não resta a menor dúvida de que tal ensinamento estava e sempre estará até certo ponto em conflito com a pólis, que tem de exigir respeito às suas leis independentemente da consciência pessoal, e Sócrates tinha perfeita consciência da natureza desse conflito quando chamava a si próprio de "moscardo". Nós, que já tivemos experiências com organizações de massa totalitárias cuja preocupação primordial era eliminar toda possibilidade de solidão — salvo na forma não humana do confinamento solitário —, podemos atestar que, se não se assegurar às pessoas a possibili-

---

[33] *Ética a Nicômano* 1176 a 17.

67

dade de estarem algum tempo por menor que seja só consigo mesmas, não apenas as formas seculares de consciência, mas também a totalidade das religiosas, serão abolidas. Assim se explica o fato freqüentemente observado de que a própria consciência já não funcionava sob condições totalitárias de organização política, e isso independentemente de medo e de punição. Não pode conservar a consciência intacta o homem que não possa atualizar o diálogo consigo mesmo, isto é, que careça da solidão requerida por todas as formas de pensamento.

Mas Sócrates também entrou em conflito com a pólis de uma forma diferente e menos óbvia, e esse aspecto do problema ele parece não ter percebido. A busca da verdade na *doxa* pode conduzir ao resultado catastrófico de que a *doxa* seja inteiramente destruída ou de que o que aparece se revele ilusório. Isto, recordemo-nos, foi o que aconteceu ao rei Édipo, cujo mundo inteiro, toda a realidade de seu reino, fez-se em pedaços quando ele começou a examiná-lo. A descoberta da verdade deixa Édipo sem qualquer *doxa*, em quaisquer de seus múltiplos significados: opinião, esplendor, fama e um mundo particular. A verdade pode, conseqüentemente, destruir a *doxa*; pode destruir a realidade política específica dos cidadãos. De modo análogo, pelo que sabemos da influência de Sócrates, é óbvio que muitos de seus ouvintes iam embora não com uma opinião mais verdadeira, mas sem opinião alguma. O já mencionado caráter não conclusivo de muitos dos diálogos de Platão pode também ser visto sob esse prisma: todas as opiniões são destruídas, mas nenhuma verdade

A Promessa da Política ◇ *Sócrates*

preenche o seu lugar. E quem senão o próprio Sócrates admitia não ter uma *doxa* própria, mas ser "estéril"? Mas não seria, talvez, justamente essa esterilidade, essa falta de opinião, também um pré-requisito para a verdade? Seja como for, Sócrates, não obstante suas reiteradas alegações de não possuir qualquer verdade que pudesse ser ensinada, já devia aparecer, de uma ou outra forma, um perito em verdade. O abismo entre verdade e opinião que viria, daí em diante, a separar o filósofo de todos os outros homens, embora ainda não aberto, já estava indicado, ou nitidamente prefigurado, na figura desse homem que, aonde quer que fosse, procurava tornar mais verdadeiros todos que o rodeavam, a começar por si mesmo.

Para dizê-lo de outro modo, o conflito entre filosofia e política, entre o filósofo e a pólis, eclodiu porque Sócrates quis – em vez de desempenhar um papel político – tornar a filosofia relevante para a pólis. Esse conflito foi tanto mais agudo na medida em que seu intento coincidiu (mas não foi mera coincidência, provavelmente) com a rápida decadência da vida da pólis ateniense nos trinta anos decorridos entre a morte de Péricles e o julgamento de Sócrates. O conflito terminou com uma derrota para a filosofia: somente por meio da *apolitia*, a indiferença e o desprezo pelo mundo da cidade tão característicos da filosofia pós-platônica, podia o filósofo se proteger da suspeita e da hostilidade do mundo que o cercava. Com Aristóteles começa a época em que o filósofo não mais se sente responsável pela cidade, e isto não apenas no sentido de que a filosofia já não tem qualquer tarefa especial a cumprir na esfera da política, mas também no sentido muito mais amplo de que o filósofo tem menos responsabilidade por ela do que qualquer de seus concidadãos – dos quais o modo de vida do filósofo é diferente. Enquanto Sócrates, por se sentir responsável pela cidade, obedecia às leis que, mesmo erradamente, acabaram por condená-lo, Aristóteles, sob a ameaça de um julgamento semelhante, abandonou Atenas prontamente e sem nenhum remorso. Os atenienses, teria dito ele, não deviam pecar duas vezes contra a filosofia. Daí em diante, a única coisa que os filósofos quiseram da política foi serem deixados em paz; e tudo que pediam ao governo era proteção para sua liberdade de pensar. Se a fuga da filosofia da esfera dos assuntos humanos se devesse exclusivamente a circunstâncias históricas, é mais do que duvidoso que seus resultados imediatos – a separação entre homens de pensamento e homens de ação – tivessem logrado estabelecer a nossa tradição de pensamento político, que sobreviveu dois mil e quinhentos anos sob as mais variadas experiências políticas e filosóficas sem que suas bases tenham se alterado. A verdade é que, na pessoa como no julgamento de Sócrates, uma outra contradição entre a filosofia e a política surgiu, muito mais profunda do que o que está visível naquilo que aprendemos de seus ensinamentos.

Parece óbvio, quase uma banalidade, e no entanto geralmente se esquece que toda filosofia política expressa antes de tudo a atitude do filósofo para com as questões práticas dos homens, *pragmata tōn anthrōpōn*, às quais ele próprio pertence; e que essa atitude expressa e envolve ela mesma a relação entre a experiência especificamente filosófica e a nossa experiência quando nos movemos entre os homens. É igualmente óbvio que toda filosofia política parece enfrentar, à primeira vista, a alternativa de ou interpretar a experiência filosófica com categorias que devem sua origem à esfera dos assuntos humanos ou, ao contrário, reclamar prioridade para a experiência filosófica e julgar toda política sob sua luz. Neste caso, a melhor forma de governo seria um estado de coisas em que os filósofos tivessem um máximo de oportunidades para filosofar, e isso significa uma na qual todos se conformem e critérios que provavelmente assegurem as melhores condições para isso. Mas o próprio fato de que somente Platão dentre todos os filósofos ousou projetar um Estado desde um ponto de vista exclusivamente filosófico, projeto que, em termos práticos, jamais foi levado a sério, nem mesmo pelos próprios filósofos, indica que a questão tem um outro lado. O filósofo, embora perceba algo que é mais do que humano, que é divino *(theion ti)*, segue sendo homem, de modo que o conflito entre a filosofia e os assuntos práticos dos homens é, em última instância, um conflito interior do próprio filósofo. Foi este o conflito que Platão racionalizou e generalizou como o conflito entre corpo e alma: ao passo que o corpo habita a cidade dos homens, o divino que a filosofia percebe é visto por algo que é ele próprio divino — a alma — e de alguma forma separado dos assuntos práticos dos homens. Quanto mais se tornar um verdadeiro filósofo, mais o filósofo se separará de seu corpo; e, dado que enquanto estiver vivo essa separação não poderá se consumar, ele tentará fazer o que todo cidadão livre de Atenas fazia para separar-se e libertar-se das necessidades da vida: governar o próprio corpo como o senhor governa seus escravos. Se o filósofo vier a governar a cidade, não fará aos seus habitantes mais do que já fez ao seu próprio corpo. Sua tirania se justificará tanto no sentido do melhor governo quanto no da legitimidade pessoal, isto é, prior obedecer antes de tudo, como mortal, às ordens de sua alma, como filósofo. Ditados como os que dizem que só os que sabem obedecer estão aptos a comandar ou que só os que sabem governar a si próprios têm legitimidade para governar os outros têm suas raízes na relação entre política e filosofia. A metáfora platônica do conflito entre corpo e alma, originalmente concebida para expressar o conflito entre a filosofia e a política, teve um impacto tão tremendo sobre nossa história religiosa e espiritual, que obscureceu o seu fundamento na experiência – da mesma forma como a divisão platônica do homem em dois obscureceu a experiência original do pensamento como diálogo do dois-em-um, *eme emautō*, que é a própria raiz de todas essas divisões. Isso não significa dizer que o conflito entre a filosofia e a política poderia ser facilmente dissolvido em uma teoria da relação entre alma e corpo, mas que, depois de Platão, ninguém mais teve tanta percepção da origem política do conflito nem ousou expressá-la em termos tão radicais.

O próprio Platão descreveu a relação entre filosofia e política em termos da atitude do filósofo para com a pólis. Essa descrição nos é dada na parábola da caverna, que ocupa o centro de sua filosofia política, assim como esta se encontra no centro da *República*. Essa alegoria, em que Platão pretende dar uma espécie de biografia concentrada do filósofo, desdobra-se em três estágios, cada um designando um momento decisivo, uma reviravolta, e os três juntos formando aquela *periagōgē holēs tēs psychēs*, aquela reviravolta da totalidade do ser humano que, para Platão, é a própria formação do filósofo. A primeira reviravolta se dá na própria caverna; o futuro filósofo se liberta dos grilhões que prendem as "pernas e pescoços" dos habitantes da caverna para que "eles só possam olhar o que está à frente", os olhos pregados numa parede na qual aparecem sombras e imagens de objetos. Ao dar a primeira reviravolta, ele vê no fundo da caverna um fogo artificial que ilumina os objetos da caverna tal como realmente são. Interpretando livremente a história, diríamos que essa primeira *periagōgē* é a do cientista, que, insatisfeito com o que as pessoas dizem sobre as coisas, "dá uma reviravolta" para descobrir como elas são em si mesmas, independentemente das opiniões sustentadas pela multidão. Pois as imagens da parede, para Platão, eram as distorções da *doxa*, e ele podia usar metáforas tomadas exclusivamente da visão e da percepção visual, porque a palavra *doxa*, ao contrário da nossa "opinião", tem uma forte conotação de coisa visível. As imagens na parede para as quais os habitantes da caverna ficam olhando são suas *doxai*, o que e como as coisas lhes parecem. Para vê-las como realmente são, eles têm de dar uma reviravolta, isto é, mudar de posição, porque, como já vimos, toda *doxa* depende da posição da pessoa no mundo e a ela corresponde.

Um momento muito mais decisivo na biografia do filósofo sobrevém quando esse aventureiro solitário, insatisfeito com o fogo na caverna e com o que as coisas realmente são, se propõe a descobrir de onde vem o fogo e quais são as causas das coisas. Ele dá outra reviravolta e encontra uma saída da caverna, uma escadaria que o conduz a céu aberto, uma paisagem sem coisas nem homens. Aqui aparecem as idéias, as essências eternas das coisas perecíveis e dos homens mortais iluminadas pelo sol, a idéia das idéias, que permite ao observador ver e às idéias brilhar. Este é certamente o clímax da vida do filósofo e é aqui que começa a tragédia. Sendo ainda mortal, ele não pertence e não pode permanecer nesse lugar, mas deve retornar à caverna, seu lar terreno, onde, por outro lado, já não se sente em casa.

Cada uma dessas reviravoltas resultou em perda de sentido e de orientação. Os olhos, acostumados às aparências obscurecidas na parede, são cegados pelo fogo no fundo da caverna. Os olhos adaptados à luz mortiça do fogo artificial são agora cegados pela luz do sol. Mas o pior de tudo é a perda de orientação que sucede àqueles olhos que, já adaptados à luz brilhante sob o céu das idéias, agora têm de achar o caminho na escuridão da caverna. O motivo de os filósofos não saberem o que é bom para eles – e o modo como se alienam dos assuntos práticos dos homens – é captado nesta metáfora: eles já não conseguem enxergar na escuridão da caverna, perderam seu senso de orientação, aquilo que chamaríamos de senso comum. Ao tentar explicar, em seu retorno, aos habitantes da caverna o que viram lá fora, eles não conseguem se fazer entender; para os habitantes da caverna, tudo que eles dizem faz parecer que o mundo está "virado de cabeça para baixo" (Hegel). O filósofo que retorna está em perigo, porque perdeu o senso comum necessário para se orientar no mundo comum a todos e, ainda mais, porque o que ele abriga em seus pensamentos contradiz o senso comum do mundo.

Faz parte dos aspectos enigmáticos da alegoria da caverna o fato de Platão retratar seus habitantes paralisados, agrilhoados ante uma superfície, sem qualquer possibilidade de fazer coisa alguma ou mesmo de se comunicar entre si. Na verdade, as duas palavras politicamente mais significativas para designar a atividade humana, fala e ação (*lexis* e *praxis*), estão conspicuamente ausentes da história. A única ocupação dos habitantes da caverna é olhar para a parede; é óbvio que lhes encanta ver por ver, independentemente de qualquer necessidade prática.[34] Os habitantes da caverna, em outras palavras, são retratados como homens comuns, mas também naquela qualidade específica que estes compartilham com os filósofos: são representados por Platão como filósofos em potencial, ocupados na escuridão e na ignorância com a única coisa de que o filósofo se ocupa à plena luz e com pleno conhecimento. A alegoria da caverna é, pois, concebida para descrever não exatamente como a filosofia se parece do ponto de vista da política, mas como a política, a esfera dos assuntos humanos, se parece do ponto de vista da filosofia. E seu propósito é descobrir, na esfera da filosofia, parâmetros apropriados para uma cidade de habitantes da caverna, é certo, mas também para habitantes que, embora na escuridão e na ignorância, formaram suas próprias opiniões a respeito dos mesmos temas do filósofo.

O que Platão não nos conta na história, dado que ela foi concebida tendo em vista esses propósitos políticos, é o que distingue o filósofo daqueles que também gostam de ver por ver, ou o que o leva a encetar sua aventura solitária e a romper os grilhões pelos quais ele está preso à parede da ilusão. Uma vez mais, no final da

---

[34] Cf. Aristóteles, *Metafísica* 980 a 22-25.

HANNAH ARENDT

história, Platão menciona de passagem os perigos que aguardam o filósofo que retornou e conclui desses perigos que o filósofo – mesmo desinteressado dos assuntos humanos – deve assumir o exercício do poder no mínimo por medo de ser governado pelo ignorante. Mas não nos diz por que não consegue persuadir seus concidadãos, que, de toda forma, já estão presos à parede e, assim, de certa maneira prontos para receber "coisas mais elevadas", como as chamava Hegel, seguir seu exemplo e optar por sair da caverna.

Para responder a essas questões devemos recordar duas afirmações de Platão que não estão na alegoria da caverna, mas que esta, por assim dizer, tem como certas e sem as quais permaneceria obscura. A primeira delas está no *Teeteto* – diálogo sobre a diferença entre *epistēmē* (conhecimento) e *doxa* (opinião) –, quando Platão define a origem da filosofia: *mala gar philosophou touto to pathos, to thaumadzein; ou gar allē archē philosophias hē hautē* (pois espanto é do que o filósofo mais padece; pois não há outro começo da filosofia que não o espanto...).[35] E a segunda está na *Sétima Carta*, quando Platão fala das coisas que são para ele as mais sérias *(peri hōn egō spoudadzō)*, isto é, não exatamente a filosofia tal como a entendemos, mas seus eternos tema e fim). Ele diz: *rhēton gar oudamōs estin hōs alla mathēmata, all'ek pollēs synousias gignomenēs (...) hoion apō pyros pēdēsantos exaphthen phōs* (é totalmente impossível falar sobre isto como sobre outras coisas que aprendemos; antes, de tanto estar junto com elas (...) uma luz se acende como que de uma faísca).[36] Nessas duas afirmações temos o início e o fim da vida do filósofo, omitidos na história da caverna.

---

[35] 155d.

[36] 341c.

A Promessa da Política ◈ *Sócrates*

Thaumadzein, o espanto com o que é como é, para Platão, é um *pathos*, algo que se padece e, como tal, completamente distinto de *doxadzein*, formar uma opinião sobre algo. O espanto que o homem padece ou que lhe cabe não pode ser relatado em palavras por ser demasiado geral para as palavras. Platão deve ter se deparado com ele pela primeira vez naqueles estados traumáticos, tantas vezes relatados, nos quais Sócrates caía de repente, como que extasiado, em total imobilidade, apenas olhando fixamente sem ver nem ouvir nada. A idéia de que esse mudo espanto é o início da filosofia se tornou um axioma tanto para Platão como para Aristóteles. E é essa relação com uma experiência concreta e única que distinguia a escola socrática de todas as filosofias que a precederam. Para Aristóteles, não menos do que para Platão, a verdade última está além das palavras. Na terminologia de Aristóteles, o recipiente humano da verdade é *nous*, o espírito, cujo conteúdo não tem *logos (hōn ouk esti logos.)* Do mesmo modo como Platão opunha *doxa* a verdade, Aristóteles opõe *phronēsis* (percepção política) a *nous* (espírito filosófico).[37] Esse espanto com tudo que é tal como é nunca é relativo a uma coisa particular, o que Kierkegaard conseqüentemente interpretou como a experiência da coisa-nenhuma, da nulidade. A generalidade específica das afirmações filosóficas, que as distingue das afirmações científicas, provém dessa experiência. A filosofia como disciplina especial – e na medida em que permaneça como tal – nela se baseia. E, tão logo aquele estado de mudo espanto se

---

[37] *Ética a Nicômano* 1142 a 25.

77

HANNAH ARENDT

traduza em palavras, não começará por afirmações, mas formulará, em infinitas variações, o que chamamos de perguntas finais – o que é ser? Quem é o homem? Qual o sentido da vida? etc. –, todas as quais têm em comum a impossibilidade de ser respondidas cientificamente. A afirmação de Sócrates "Sei que nada sei" expressa em termos de conhecimento essa ausência de respostas científicas. Mas, em estado de espanto, essa afirmação perde sua árida negatividade, pois o resultado deixado no espírito da pessoa que padeceu o *pathos* do espanto só pode ser expresso como: agora sei o que significa não saber; *agora* sei que não sei. É da experiência concreta de não-saber, na qual se revela um dos aspectos básicos da condição humana na Terra, que surgem as perguntas finais – não do fato racionalizado e demonstrável de que existem coisas que o homem não sabe – algo que os crentes no progresso esperam ver totalmente corrigido um dia e que os positivistas talvez descartem como irrelevante. Ao fazer as perguntas finais, as perguntas irrespondíveis, o homem se estabelece como um ser fazedor-de-perguntas. Esta é a razão pela qual a ciência, que faz perguntas respondíveis, deve sua origem à filosofia, origem que continua sendo a sua fonte permanente no transcurso das gerações. Se um dia perdesse a sua faculdade de fazer perguntas finais, o homem perderia, por essa mesma razão, a sua faculdade de fazer perguntas respondíveis. Deixaria de ser um ser fazedor-de-perguntas, o que seria o fim não apenas da filosofia, mas também da ciência. No que toca à filosofia, se é verdade que ela começa com a *thaumadzein* e termina sem palavras, então ela termina exatamente onde começou. Aqui, começo e fim são o mesmo, o que constitui o mais fundamental dos círculos ditos viciosos que se podem encontrar em tantos argumentos estritamente filosóficos.

É esse choque filosófico que, segundo Platão, permeia todas as grandes filosofias e separa o filósofo que o padece das pessoas com quem convive. E a diferença entre os filósofos, que são poucos, e a multidão não é de forma alguma – como Platão já assinalou – que a maioria nada sabe do *pathos* do espanto, mas que se recusa a padecê-lo. Essa recusa se expressa como *doxadzein*, formação de opiniões sobre assuntos sobre os quais o homem não pode sustentar opiniões, porque aqui não se aplicam os parâmetros ordinários e geralmente aceitos do senso comum. *Doxa*, em outras palavras, pode se tornar o oposto da verdade, porque *doxadzein* é, de fato, o contrário de *thaumadzein*. Ter opiniões é um mau caminho no que toca àqueles temas que só conhecemos em mudo espanto com o que é.

O filósofo, que, por assim dizer, é especialista em espantar-se e em fazer as perguntas que provêm do espantar-se – e Nietzsche alude à mesma questão quando diz que o filósofo é o homem ao redor de quem coisas extraordinárias acontecem o tempo todo –, se vê em duplo conflito com a pólis. Uma vez que a sua experiência definitiva é ficar sem fala, ele se colocou fora da esfera política, na qual a mais elevada faculdade do homem é, precisamente, o discurso; *logon echōn* é o que faz do homem *dzōon politikon*, um ser político. O choque filosófico, além do mais, atinge o homem em sua singularidade, isto é, não em sua igualdade com todos os outros, tampouco em sua absoluta diferença em relação a eles.

Nesse choque, o homem no singular, por assim dizer, se defronta por um breve instante com a totalidade do universo, como só se defrontará novamente no momento de sua morte. Ele é, até certo ponto, afastado da cidade dos homens, que só pode ver com suspeita tudo que diz respeito ao homem no singular.

De conseqüências ainda mais graves, porém, é o outro conflito que ameaça a vida do filósofo. Dado que o *pathos* do espanto não é estranho ao homem, mas, ao contrário, uma das características mais gerais da condição humana, e dado que a saída, para a maioria, é formar opiniões onde elas não são apropriadas, o filósofo entrará fatalmente em conflito com essas opiniões, que considera intoleráveis. E, dado que sua própria experiência de ficar sem fala só se expressa na proposição de perguntas irrespondíveis, ele tem, de fato, uma desvantagem decisiva no momento em que retorna à esfera política. Ele é o único que não sabe, o único que não tem uma *doxa* distinta e claramente definida para competir com outras opiniões, cuja verdade ou falsidade o senso comum quer decidir — isto é, aquele sexto sentido que não apenas todos temos em comum, mas que também nos ajusta a, e desse modo torna possível, o mundo comum. Ao começar a falar nesse mundo de senso comum, ao qual pertencem também nossos preconceitos e juízos comumente aceitos, o filósofo sempre será tentado a falar em termos de não-sentido ou — para usar uma vez mais a expressão de Hegel — a virar nosso senso comum de cabeça para baixo.

Esse perigo surgiu com o início da nossa grande tradição filosófica, com Platão e, em menor medida, com Aristóteles. Agudamente consciente, devido ao julgamento de Sócrates, da

A Promessa da Política ◈ *Sócrates*

incompatibilidade intrínseca entre as experiências políticas e filosóficas fundamentais, o filósofo generalizou o choque inicial e iniciador da *thaumadzein*. A posição socrática foi perdida nesse processo, não porque Sócrates não deixou escritos ou porque Platão o distorceu deliberadamente, mas porque os lampejos socráticos, nascidos da relação ainda intacta entre a política e a experiência especificamente filosófica, se perderam. Pois o que é verdade para esse espanto com o qual começa toda a filosofia não é verdade para o próprio diálogo solitário que se segue. A solidão, ou o diálogo espiritual do dois-em-um, é parte do ser e do conviver, e nessa solidão também o filósofo não pode deixar de formar opiniões; também ele chega à sua própria *doxa*. O que o distingue de seus concidadãos não é que ele possui uma verdade especial da qual a multidão é excluída, e sim que ele está sempre disposto a padecer o *pathos* do assombro, evitando, dessa forma, o dogmatismo dos meros detentores de opiniões. Para ser capaz de competir com esse dogmatismo da *doxadzein*, Platão propôs prolongar indefinidamente o mudo espanto que está no começo e no fim da filosofia. Tentou transformar em modo de vida (*bios theōrētikos*) o que só pode ser um momento fugaz ou, para tomar a sua própria metáfora, a faísca breve entre duas pedras. Nesse intento o próprio filósofo se constitui, baseando toda a sua existência na singularidade que experimentou ao padecer o *pathos* da *thaumadzein*. E assim ele destrói a pluralidade da condição humana dentro de si mesmo.

É óbvio que esse desenvolvimento, cuja causa original foi política, veio a ser de grande importância para o conjunto da filosofia de Platão. Ele já é manifesto nos curiosos desvios de seu conceito original presentes na sua doutrina das idéias, desvios que se devem exclusivamente, creio, ao seu desejo de tornar a filosofia útil para a política. Mas esse desenvolvimento tem tido uma relevância ainda maior para a filosofia política propriamente dita. A política tornou-se, para o filósofo — quando ele não a considera como inferior à sua dignidade —, a esfera em que as necessidades elementares da vida humana são tratadas e à qual se aplicam parâmetros filosóficos absolutos. É verdade que a política não pôde jamais se amoldar a tais critérios e por isso passou, nos séculos seguintes, quando os resultados filosóficos originalmente formulados em oposição ao senso comum já haviam sido absorvidos pela opinião pública ilustrada, a ser considerada não apenas por filósofos, mas também por muitos outros, como um negócio aético. Política e governo, ou exercício do poder, foram confundidos e passaram a ser considerados, ambos, como reflexo da corruptibilidade da natureza humana, da mesma forma como o registro dos feitos e sofrimentos dos homens passou a ser visto como reflexo de sua pecaminosidade. Mas a filosofia, ainda que o desumano Estado ideal de Platão nunca tenha se tornado realidade e que sua utilidade tenha tido de ser defendida ao longo dos séculos — dado que na ação política concreta ela se revelou totalmente inútil —, prestou um relevante serviço ao homem ocidental. Por ter Platão em certo sentido deformado a filosofia para propósitos políticos, esta seguiu fornecendo parâmetros e regras, padrões e medidas com os quais a mente humana pôde pelo menos entender o que acontecia na esfera dos assuntos humanos. Foi essa utilidade para a compreensão que se exauriu com a aproximação da era moderna. Os escritos de Maquiavel são

A Promessa da Política ◈ *Sócrates*

o primeiro sinal dessa exaustão, e em Hobbes aparece, pela primeira vez, uma filosofia que não vê nenhuma utilidade na filosofia e que pretende partir do que o senso comum tem como certo. E Marx, que é o último filósofo político do Ocidente e que ainda se atém à tradição iniciada com Platão, tentou finalmente virar de cabeça para baixo essa tradição, suas categorias fundamentais e sua hierarquia de valores. Com essa inversão, a tradição havia, de fato, chegado ao seu fim.

A observação de Tocqueville de que "como o passado deixou de lançar sua luz sobre o futuro o espírito do homem vagueia na obscuridade" foi escrita em uma situação em que as categorias filosóficas do passado já não eram suficientes para a compreensão. Vivemos hoje num mundo em que nem mesmo o senso comum faz sentido. O colapso do senso comum no mundo atual indica que a filosofia e a política, apesar de seu antigo conflito, tiveram o mesmo destino. E isso significa que o problema da filosofia e da política, ou a necessidade de uma nova filosofia política que possa dar à luz uma nova ciência política, está novamente na ordem do dia.

A filosofia — a filosofia política, assim como todos os seus outros ramos — nunca poderá negar sua origem na *thaumadzein*, no espanto com o que é tal como é. Se, a despeito de seu necessário afastamento do cotidiano dos assuntos humanos, os filósofos algum dia chegarem a uma verdadeira filosofia política, terão de fazer da pluralidade do homem, da qual emerge a esfera dos assuntos humanos – em sua grandeza e sua baixeza –, o objeto de sua *thaumadzein*. Em termos bíblicos, terão de aceitar – como aceitam em mudo assombro o milagre do universo, do homem e do ser – o milagre de que Deus não criou o Homem, mas "macho e fêmea Ele os criou". Terão de aceitar com algo mais do que resignação para com a fraqueza humana o fato de que "não é bom para o homem estar sozinho".[38]

---

[38] NOTA: Uma versão ligeiramente diferente deste ensaio foi publicada sob o título "Philosophy and Politics" em *Social Research*, volume 157, no. 1, primavera de 1990.

A TRADIÇÃO DO
PENSAMENTO POLÍTICO

Quando falamos em fim da tradição, obviamente não queremos com isso negar que muita gente, talvez até a maioria (embora eu duvide disso), ainda vive de acordo com padrões tradicionais. O que importa é que, desde o século XIX, a tradição manteve um impenetrável silêncio sempre que confrontada com questões especificamente modernas e que a vida política, em todos os lugares onde é moderna e passou por processos de industrialização e igualdade universal, desconsiderou constantemente os seus próprios parâmetros. Essa situação foi sentida pelos grandes pessimistas históricos e encontrou sua expressão mais grandiosa, ainda que muito pouco dramática, na obra de Jacob Burckhardt. O mais surpreendente é que encontramos os primeiros presságios da catástrofe iminente não no sentido físico ou estritamente político, mas como ruptura iminente da continuidade da tradição, em meados no século XVIII, com Montesquieu, e um pouco mais tarde com Goethe. Montesquieu e Goethe, nenhum dos quais foi jamais acusado de profeta do Juízo Final, expressaram-se de maneira absolutamente inequívoca a respeito da questão.

Em *O Espírito das Leis*, Montesquieu escreveu: "A maioria das nações da Europa ainda é dominada por costumes. Mas se por meio de um prolongado mau uso do poder ou de alguma grande conquista o despotismo se estabelecesse num dado momento, não haveria costumes nem clima que lhe opusessem resistência." O temor de Montesquieu era que só restassem os costumes como fator de estabilidade na sociedade do século XVIII e que as leis que, segundo ele, "governam os atos dos cidadãos", assim estabilizando o corpo político como os costumes estabilizam a sociedade, houvessem perdido sua validez. Menos de trinta anos depois, Goethe escreve a Lavater com um espírito similar: "Tal qual uma grande cidade, nosso mundo político e moral está minado por caminhos subterrâneos, porões e esgotos sobre cujas conexões e condições de ocupação ninguém parece refletir ou pensar; mas aqueles que sabem algo sobre isso acharão muito mais compreensível se aqui ou ali, agora ou depois, a terra se esboroa, a fumaça se ergue de uma fenda e se ouvem estranhas vozes." Ambas as passagens foram escritas antes da Revolução Francesa, e levou mais de 150 anos até que os costumes da sociedade européia finalmente cedessem e o mundo subterrâneo saísse à superfície para fazer ouvir a sua voz estranha no concerto político do mundo civilizado. Podemos dizer, creio, que somente então a era moderna, iniciada no século XVII, realmente antecipou o mundo moderno em que hoje vivemos.

Está na natureza de uma tradição ser aceita e absorvida, por assim dizer, pelo senso comum, que ajusta os dados particulares e idiossincráticos de nossos outros sentidos ao mundo que coabitamos e compartilhamos. Nesse sentido geral, o senso comum indica que, na condição humana da pluralidade, os homens aferem e controlam os dados particulares de seus sentidos em face dos dados comuns dos outros (da mesma forma como a visão, a audição e as outras percepções sensoriais pertencem à condição do homem em sua singularidade e garantem que ele possa ver por si mesmo: para a percepção *per se*, ele não precisa de seus congêneres). Quer digamos que é a pluralidade dos homens ou o caráter comum do mundo humano a sua esfera específica de competência, é óbvio que o senso comum opera principalmente na esfera pública da política e da moral, e é essa esfera que deve sofrer quando o senso comum e seus juízos triviais já não funcionam, já não fazem sentido.

Historicamente, o senso comum é tão romano em sua origem quanto a tradição. Não que gregos e hebreus não tivessem senso comum, mas só os romanos desenvolveram-no até que ele se tornasse o parâmetro mais elevado na administração dos assuntos público-políticos. Com os romanos, rememorar o passado tornou-se uma questão de tradição e foi no sentido da tradição que o desenvolvimento do senso comum encontrou sua expressão politicamente mais importante. Desde então, o senso comum tem sido imposto e alimentado pela tradição, de modo que, quando os parâmetros tradicionais deixam de fazer sentido e já não servem como regras gerais sob as quais se possam subsumir todos ou a maior parte dos casos particulares, o senso comum inevitavelmente se atrofia. Por essa mesma razão, o passado, a rememoração do que temos como origem comum, é ameaçado pelo esquecimento. Os juízos do senso comum impostos pela tradição extraíram e preservaram do passado tudo que foi conceptualizado pela tradição *e* era ainda aplicável às presentes condições. Esse método "prático" de rememoração baseado no senso comum não exigiu nenhum esforço, mas nos foi outorgado no mundo comum como nosso legado. Conseqüentemente, sua atrofia causou de imediato uma atrofia na dimensão do passado e deu início ao lento e irresistível movimento de superficialidade que estende o véu da falta de significado sobre todas as esferas da vida moderna.

Em ampla medida, portanto, a própria existência da tradição resultou na sua perigosa identificação com o passado. Essa identificação, enraizada no senso comum, ficou demonstrada na extraordinária consistência e abrangência das categorias tradicionais em face de um sem-número de mudanças, algumas absolutamente radicais. O que poderia ser mais marcante do que sua sobrevivência entre o declínio da Grécia e a ascensão de Roma, entre a queda do Império Romano e sua (até onde diz respeito à tradição do pensamento político) completa absorção pela doutrina cristã? As mudanças radicais em nosso passado histórico são maiores — embora talvez sejamos os piores juízes nessa matéria — do que qualquer coisa que aconteceu desde o começo da era moderna, ainda que todos os parâmetros morais e políticos tradicionais tenham sido contestados pelas revoluções política e industrial dos séculos XVIII e XIX. A magnitude da moderna mudança revolucionária seria muito maior se medida em termos de tradição, mas não se a compararmos com as sublevações políticas de nossa história.

O fim da nossa tradição não é, obviamente, o fim da história nem do passado, falando de modo geral. História e tradição não

A Promessa da Política ◈ *A Tradição do Pensamento Político*

são a mesma coisa. A história tem muitos finais e muitos começos, sendo cada um de seus finais um novo começo e cada um de seus começos um ponto final no que havia antes. Podemos, além disso, estabelecer a origem da nossa tradição com mais ou menos certeza, mas não podemos fazer o mesmo com a nossa história. A moderna consciência histórica — e é muito duvidoso que qualquer período do passado tenha conhecido algo similar — começou e encontrou sua expressão definitiva quando, há não mais de dois séculos, a antiga prática de numerar os séculos a partir de um ponto inicial, a fundação de Roma, por exemplo, ou o nascimento de Cristo, foi abandonada em favor da numeração para a frente e para trás do ano I (cf. Cullmann, *Christ and Time*, Filadélfia, 1950). O decisivo nessa prática não é que o nascimento de Cristo apareça como momento crucial na história do mundo (ele foi, com maior vigor e significado, para muitos dos séculos anteriores sem, no entanto, conduzir a essa moderna cronologia), mas que tanto o passado como o futuro conduzam hoje a um tempo infinito em que se pode prolongar o passado tanto quanto o futuro. Essa dupla perspectiva para o infinito, que corresponde muito estritamente à nossa recém-descoberta consciência histórica, não apenas contradiz de alguma forma o mito bíblico da criação, como também elimina a questão muito mais antiga e geral de se o próprio tempo histórico pode ter um começo. Com sua cronologia, a era moderna estabeleceu uma espécie de imortalidade terrena potencial para a humanidade.

Só uma parte relativamente pequena dessa história está conceptualizada em nossa tradição, e sua relevância reside no fato de que qualquer experiência, pensamento ou feito que não coubessem em alguma de suas categorias e parâmetros prescritivos, desenvolvidos desde o seu início, estavam em constante perigo de esquecimento. Ou, se esse perigo fosse rechaçado por meio da poesia ou da religião, o que não era conceptualizado permanecia seguramente sem expressão na tradição filosófica e conseqüentemente, por mais gloriosa ou piamente rememorado de alguma outra forma, privado dessa influência formativa e direta que somente a tradição — nem a força irretorquível da beleza nem a força irrefreável da piedade — pode carregar e transmitir pelos séculos afora. O caráter imperfeito de nossa tradição com respeito à nossa história é ainda mais pronunciado na tradição do pensamento político do que na tradição da filosofia em geral. Seria fácil e extremamente proveitoso fazer um inventário exaustivo das experiências políticas da humanidade ocidental que permaneceram sem lugar, ao desabrigo por assim dizer, no pensamento político tradicional. Entre elas está a antiga experiência do mundo homérico grego, anterior à pólis, com seu sentido da grandeza dos feitos e empreendimentos humanos, que aparece refletida na historiografia grega. No começo de sua obra, Tucídides diz que vai narrar a Guerra do Peloponeso porque, em sua opinião, ela foi "o mais grandioso movimento já verificado na história". Heródoto escreve não apenas para salvar do esquecimento tudo que os homens haviam dado à luz, mas também para que feitos grandiosos e maravilhosos não deixassem de ser louvados. O louvor é necessário devido à fragilidade da ação humana, que, única dentre todos os tipos de realizações humanas, é ainda mais efêmera do que a própria vida — totalmente dependente da rememoração no louvor dos poetas e nos relatos dos

A Promessa da Política ◈ *A Tradição do Pensamento Político*

historiadores, cujas obras, embora ainda não consideradas maiores do que os próprios feitos, eram sempre reconhecidas como portadoras de mais permanência.

O herói, o "fazedor de grandes feitos e orador de grandes palavras", como foi chamado Aquiles, precisava do poeta – não o profeta, mas o vidente – cujo dom divino vê no passado o que é digno de ser contado no presente e no futuro. Esse passado da Grécia anterior à pólis é a fonte do vocabulário político grego que ainda sobrevive em todas as línguas européias; mas a tradição da filosofia política, tendo começado no momento em que se iniciava a decadência da vida da pólis grega, não podia senão formular e categorizar essas primeiras experiências nos termos da pólis, daí resultando que a nossa palavra "política" deriva e denota essa forma absolutamente específica de vida política, outorgando-lhe uma espécie de validade universal. Somente traços rudimentares do significado original de palavras como *archein* e *prattein* foram preservados, de tal sorte que, saibamos ou não, quando pensamos ou falamos em ação, que é um dos conceitos mais importantes, talvez crucial mesmo, da ciência política, temos em mente um sistema categorial de meios e fins, governantes e governados, interesses e parâmetros morais. Embora esse sistema deva a sua existência ao começo da filosofia política tradicional, nele quase não há espaço para o espírito, que um dia animou as palavras *archein* e *prattein*, de começar um empreendimento e levá-lo até o fim junto com outras pessoas. *Archē* tem dois significados, "começo" e "poder", no grego clássico, mas anteriormente indica que aquele que toma a iniciativa é o líder natural de uma empreitada que necessariamente requer a *prattein* de seguidores para ser realizada.

HANNAH ARENDT

O cerne da questão é que os feitos humanos eram tidos como portadores de uma grandeza específica toda sua, de tal modo que nenhum "fim", nenhum *telos* último, era necessário e sequer podia ser usado para justificá-los. Nada podia ser mais estranho à experiência dos feitos humanos anterior à pólis do que a definição aristotélica de *praxis*, que veio a se tornar autoridade ao longo da tradição: "Com respeito ao belo e ao não-belo as ações diferem não tanto em si mesmas, mas nos fins em prol dos quais são executadas." (*Política*, vii, 1333 a 9-10). A diferença entre as coisas que são dadas pela natureza como parte do universo, bem como o próprio universo, e os assuntos humanos, assuntos que devem sua existência ao homem, não consistia em que estes são menos notáveis, mas em que não são imortais. Nem a mortalidade do homem nem a fragilidade dos assuntos humanos eram ainda argumentos contra a grandeza do homem e a grandeza potencial de seus empreendimentos. A glória, essa possibilidade especificamente humana de imortalidade, era própria a tudo que revelava grandeza. Na percepção da grandeza dos feitos e acontecimentos humanos, os historiadores gregos, Tucídides não menos que Heródoto, foram descendentes de Homero e Píndaro. Ao registrar o que devia ser salvo do esquecimento para a posteridade devido à sua grandeza, sua preocupação não era o cuidado do historiador moderno em explicar e apresentar um fluxo contínuo de acontecimentos. Tal como os poetas, eles narravam suas histórias em prol da glória humana; sob esse aspecto, a poesia e a história ainda têm essencialmente o mesmo objeto, a saber: as ações dos homens, que determinam suas vidas e nas quais reside a sua boa ou má fortuna (cf. Aristóteles, *Poética*, vi, 1450 a 12-13). A

A Promessa da Política ◈ *A Tradição do Pensamento Político*

percepção de que a grandeza humana não pode se revelar em outro lugar senão no fazer e no sofrer é ainda visível na noção de "grandeza histórica" de Burckhardt e sempre esteve presente na poesia e no drama. Ela jamais foi sequer considerada pela nossa tradição de pensamento político, que começou depois que o ideal do herói, o "fazedor de grandes feitos e orador de grandes palavras", deu lugar ao ideal do estadista como legislador cuja função não era agir, mas impor regras permanentes às circunstâncias cambiantes e aos assuntos instáveis dos homens de ação.

Esse insulamento, manifestado pela nossa tradição desde seu começo, em face de todas as experiências políticas que não se encaixassem em sua moldura – mesmo as experiências do passado direto que demandavam a reinterpretação de seu vocabulário e a atribuição de novos significados às suas palavras –, permaneceu como um de seus mais notáveis aspectos. A simples tendência de excluir tudo que não fosse consistente transformou-se num grande poder de exclusão, que a manteve intacta contra todas as experiências novas, contraditórias e conflitivas. Sem dúvida, a tradição não pôde evitar que essas experiências ocorressem, nem que exercessem sua influência formativa sobre a vida espiritual da humanidade ocidental. Às vezes, essa influência era extraordinária devido à inexistência de qualquer pensamento articulado correspondente que servisse de base para discussão ou reconsideração, daí resultando que seu conteúdo era dado como certo. Este é claramente o caso da nossa compreensão da própria tradição, que, apesar de ser romana na origem e basear-se numa experiência política especificamente romana, não tem ela própria quase nenhum papel na história do pensamento político.

HANNAH ARENDT

Em agudo contraste com o início do período anterior à pólis e com a experiência da pólis na história grega está a experiência romana, segundo a qual a ação política consiste na fundação e preservação de uma *civitas*. A convicção do caráter sagrado da fundação como força de coerção para as gerações futuras corresponde, em certo sentido, à experiência política especificamente grega; em umas poucas fontes de sua literatura aprendemos o imenso papel que essa força de coerção deve ter desempenhado na vida de suas cidades-estado: a experiência da colonização, a partida dos cidadãos de casa, a peregrinação à procura de uma nova terra e, finalmente, a fundação de uma nova pólis. Tal é o significado permanente dos sofrimentos e errâncias narrados na *Eneida*, que têm todos um só objetivo e chegam ao seu fim na fundação de Roma – *dum conderet urbem* –, o que, no início de seu épico, Virgílio resume num único verso: *tantae molis erat Romanam condere gentem* (i, 35). Tão grande foi o esforço e a dor da fundação do povo de Roma, alardeada por poetas e historiadores romanos como o início de sua história, que a população de Roma se vinculou à história grega por intermédio da lenda fundacional da *Eneida*, assim como aprendeu seu próprio alfabeto da colônia grega de Cumas. Essa vinculação foi feita com uma precisão pela qual devemos nos sentir para sempre gratos, cheios de admiração por uma história que nunca perdeu de vista, esqueceu ou deixou sem conseqüências qualquer coisa que fosse considerada verdadeiramente grandiosa. Ao mesmo tempo que assumiu a experiência grega da colonização, perdida para o pensamento grego, a história romana incorporou a experiência política não grega do caráter sagrado da casa e da família, com o qual os gregos se defrontaram em Tróia. Ela está preservada no elogio homérico de Heitor, sua despedida de Andrômaca e sua morte, que, ao contrário da de Aquiles, não foi para a sua própria glória imortal, mas em sacrifício à cidade, sua família e seu lar, em suma, a tudo que mais tarde foi circunscrito pela palavra *pietas*, a piedade reverente pelos deuses domésticos (os *penates*) da família e da cidade, verdadeiro conteúdo da religião romana. Na *Eneida*, é como se Heitor tivesse sido destinado a sofrer a sorte de Ulisses, no sentido de que o resultado de suas peregrinações não é o retorno, mas a fundação de um novo lar, por meio do qual a fundação e a casa emergem como um novo e enfático poder.

É por ter a experiência grega da colonização se tornado o acontecimento político central para os romanos que, ao contrário das pólis, Roma foi incapaz de repetir a sua própria fundação por meio do estabelecimento de colônias. A fundação de Roma foi única e irrepetível: os rebentos de Roma na Itália permaneceram sob a jurisdição de Roma como nenhuma colônia grega sob sua mãe pólis. Toda a história de Roma está baseada nessa fundação como um começo para a eternidade. Fundada para a eternidade, até mesmo para nós Roma continua sendo a única Cidade Eterna. Essa santificação do esforço gigantesco, quase sobre-humano e, conseqüentemente, legendário, de fundação, do estabelecimento de um novo lar e uma nova casa, tornou-se a pedra angular da religião romana, na qual as atividades política e religiosa eram uma coisa só. Nas palavras de Cícero, "em nenhuma outra coisa a virtude humana está mais de acordo com a sagrada inspiração [*numen*] dos deuses do que na fundação de uma nova *civitas* ou na preservação de uma já estabelecida" *(De res publica*, vii, 12).

HANNAH ARENDT

A religião era a força que protegia a fundação concedendo ao deuses um lugar de moradia entre os homens. Os deuses romanos moravam nos templos de Roma, ao contrário dos gregos, que, embora protegessem as cidades dos homens e nelas pudessem morar temporariamente, tinham a sua própria casa no Olimpo, longe das casas dos mortais.

Essa religião romana, baseada na fundação, tornou obrigação sagrada preservar tudo que fosse transmitido pelos ancestrais, os *maiores*. A tradição assim se tornou sagrada e não apenas impregnou a República Romana como também sobreviveu à sua transformação em Império Romano. Ela preservava e transmitia a autoridade, que se baseava no testemunho da sagrada fundação pelos ancestrais. Religião, autoridade e tradição tornaram-se, pois, inseparáveis, expressando a sagrada força de coerção de um início de autoridade a que se permanecia vinculado pela força da tradição. Aonde quer que a *pax Romana* do Império Romano levasse o que finalmente veio a ser a civilização ocidental, essa trindade fincou raízes ao lado da noção romana de comunidade humana como *societas*, a convivência dos *socii*, homens unidos sobre a base da boa-fé. Mas a plena força do espírito romano, ou a força de uma fundação segura o bastante para a edificação de comunidades políticas, só se revelou depois da queda do Império Romano, quando a nova Igreja Cristã se tornou tão profundamente romana que reinterpretou a ressurreição de Cristo como a pedra angular sobre a qual uma outra instituição permanente seria fundada. Com a repetição da fundação de Roma por meio da fundação da Igreja Católica, a grande trindade romana religião, tradição e autoridade pôde ser trazida até a era cristã, onde resultou num milagre de longevidade só comparável ao milagre da história milenar da Roma antiga.

A Promessa da Política ◇ *A Tradição do Pensamento Político*

A Igreja Cristã, instituição pública que herdou a concepção política romana de religião, foi capaz de superar a forte tendência antiinstitucional do credo cristão tão presente no Novo Testamento. Convocada por Constantino ainda antes da queda de Roma para conquistar para o Império decadente a proteção do "mais poderoso dos deuses" e rejuvenescer a religião romana, cujos deuses já não eram suficientemente poderosos, a Igreja já possuía uma tradição própria baseada na vida e nos feitos de Jesus tal como narrados nos Evangelhos. Sua pedra fundamental veio a ser, e assim permaneceu desde então, não a mera fé cristã ou a obediência judaica à lei divina, mas o testemunho dado pelos *autores*, dos quais deriva a sua autoridade e que ao mesmo tempo a transmite (*tradere*) como tradição de geração em geração. Por ter mantido, em seu papel de nova protetora do Império Romano, intacta a trindade essencialmente romana religião, autoridade e tradição, a Igreja pôde finalmente se tornar a herdeira de Roma e oferecer aos homens "membros da Igreja Cristã o sentido de cidadania que Roma e a municipalidade já não podiam lhes oferecer" (R.H. Barrow, *The Romans* [1949], p. 194). O fato de essa fórmula ter sobrevivido intacta no medievo cristão por meio da simples troca da fundação de Roma pela fundação da Igreja Católica é, talvez, o maior triunfo do espírito romano. A ruptura dessa tradição pela Reforma não foi um término, uma vez que contestou somente a autoridade da Igreja Católica, mas não a própria trindade religião, autoridade e tradição. A ruptura resultou em várias "igrejas" em lugar de uma Igreja Católica única, mas não aboliu, e nunca pretendeu abolir, uma religião que repousa sobre a autoridade daqueles que testemunharam a sua fundação como acontecimento histórico singular e cujo testemu-

HANNAH ARENDT

nho é mantido vivo pela tradição. Desde então, porém, o colapso de qualquer das três – religião, autoridade ou tradição – inevitavelmente tem levado ao colapso das outras duas. Sem a sanção da crença religiosa, nem a autoridade nem a tradição estão a salvo. Sem o apoio das ferramentas tradicionais da compreensão e do juízo, a religião e a autoridade estão fadadas a vacilar. E é um equívoco da tendência autoritária no pensamento político acreditar que a autoridade possa sobreviver ao declínio da religião institucional e à quebra de continuidade da tradição. Todas três foram condenadas quando, com o início da era moderna, a velha crença no caráter sagrado da fundação num passado longínquo deu lugar à nova crença no progresso e no futuro como um progresso infindável cujas ilimitadas possibilidades podiam não apenas ser jamais vinculadas a qualquer fundação passada, mas também interrompidas e frustradas em sua ilimitada potencialidade por qualquer nova fundação.

A transformação, antes mencionada, da ação em dominar e ser dominado – isto é, os que ordenam e os que cumprem ordens – produz-se inevitavelmente quando o modelo para se compreender a ação é extraído da esfera privada da vida doméstica e transposto para a esfera público-política, onde a ação propriamente dita se dá apenas como atividade entre *pessoas*.[39] Considerar a

---

[39] Cf. H. Arendt, "Prologue", *Responsibility and Judgement*, org. J. Kohn (Nova York: Schocken Books, 2003), pp. 12-14, onde "pessoa" deriva de *per-sonare*, uma voz que "soa através" de uma máscara pública. Aqui, "pessoas" é usado no sentido romano para se referir aos portadores de direitos e obrigações civis. (N.O.)

A Promessa da Política ◈ *A Tradição do Pensamento Político*

ação como execução de ordens e distinguir, por conseguinte, na esfera política, entre aqueles que *sabem* e aqueles que *fazem* fez-se inerente ao conceito de exercício do poder precisamente porque tal conceito chegou à teoria política por intermédio de experiências filosóficas muito especiais bem antes que pudesse ser justificado pela experiência política geral. Antes de coincidir com necessidades políticas no declínio e ruína dos antigos corpos políticos, o desejo de governar era ou a vontade tirânica de dominar ou o resultado da incapacidade do filósofo de ajustar seu modo de vida e suas preocupações à esfera público-política, onde, para ele não menos do que para todos os outros gregos, possibilidades especificamente humanas podiam se mostrar como plenamente adequadas. O conceito de exercício do poder, tal como encontrado em Platão e como se tornou autoridade na tradição do pensamento político, tem duas fontes distintas na experiência privada. Uma foi a experiência que Platão compartilhou com os gregos, segundo a qual o exercício do poder consistia primordialmente em dominar escravos e se expressava como a relação senhor-escravo de mandar e obedecer. Outra foi a necessidade "utópica" do filósofo de se tornar o governante da cidade, isto é, de impor à cidade "idéias" que só podem ser concebidas na solidão. Estas não podem ser comunicadas à multidão à maneira convencional da persuasão, modo especificamente grego de conquistar proeminência e predomínio, porque sua revelação e percepção não são comunicáveis pela via do discurso e menos ainda pelo modo de discurso que caracteriza a persuasão.

Assim, embora a experiência de fundação tenha exercido uma profunda influência em nosso sistema jurídico e, principal-

HANNAH ARENDT

mente, no desenvolvimento de nossa história religiosa e espiritual, sua importância política teria sido perdida não fossem as revoluções do século XVIII na França e na América, que não apenas foram encenadas, como disse Marx, em trajes romanos, como também reviveram concretamente a contribuição fundamental de Roma para a história ocidental. Seja qual for o entusiasmo que a própria palavra "revolução" despertava outrora nos corações dos homens derivava do orgulho e do sentimento de reverência pela grandeza da fundação, ao passo que a razão pela qual a experiência da fundação pouco influenciou a nossa tradição de pensamento político – apesar da avassaladora influência de Roma sobre nossos conceitos de tradição e autoridade – é, paradoxalmente, o respeito romano pela fundação onde quer que ela esteja. A filosofia grega, embora nunca totalmente aceita e às vezes até veementemente combatida, especialmente por Cícero, impôs não obstante as suas categorias ao pensamento político, porque os romanos reconheceram-na como a única e, conseqüentemente, eterna fundação da filosofia, da mesma forma como exigiram que a fundação de Roma fosse reconhecida pelo mundo inteiro como a única verdadeira e eterna fundação política do mundo. É um erro acreditar que o que nós na civilização ocidental chamamos de tradição – e cuja ruptura temos observado e sofrido durante a ascensão da era moderna – é idêntico às sociedades limitadas pela tradição dos povos ditos primitivos ou à perene indiferenciação das antigas civilizações asiáticas, embora seja verdade que o colapso da nossa tradição tenha acarretado e disseminado o colapso das sociedades tradicionais por todo o globo. Sem a santificação romana da fundação como aconteci-

A Promessa da Política ◈ *A Tradição do Pensamento Político*

mento único, a civilização grega, incluindo a filosofia grega, nunca teria se convertido em fundação de uma tradição, ainda que fosse preservada de um modo não coercitivo e não impositivo pelos esforços dos eruditos de Alexandria. A nossa tradição propriamente dita começa com a aceitação romana da filosofia grega como a fundação coercitiva inquestionável e autorizada do pensamento, o que impossibilitou Roma de desenvolver uma filosofia, mesmo uma filosofia política, e deixou, conseqüentemente, a sua própria experiência especificamente política sem interpretação adequada.

Embora não seja nosso interesse direto, cabe mencionar de passagem que as conseqüências da noção romana de tradição não foram menos fatais para a história da filosofia do que foram para a história do pensamento político. Diferentemente da política, onde a trindade tradição, autoridade e religião tem uma base autêntica na experiência de fundação e preservação da *civitas*, a filosofia é, por assim dizer, antitradicional por natureza. Se confiarmos na afirmação do próprio Platão, foi sua compreensão de que a filosofia tem origem na *thaumadzein*, o maravilhar-se e ser tomado de espanto, o padecer, que é o mister do filósofo *(mala gar philosophou touto to pathos, to thaumadzein; ou gar allē archē philosophias hē hautē [Teeteto, 155d])*, afirmação mais tarde citada quase que literalmente por Aristóteles, embora com uma interpretação diferente *(Metafísica, i, 982b9)*. Ao assinalar que a origem da filosofia é o *pathos* do espanto com tudo que é, Platão não estava, é certo, consciente de que a tradição, cuja principal função é dar respostas a todas as perguntas canalizando-as para categorias predeterminadas, pode ameaçar a existência mesma da

HANNAH ARENDT

filosofia. Mas essa ameaça está implícita nos filósofos modernos Leibniz e Schelling, e explícita em Heidegger, quando declaram que a origem da filosofia está na pergunta irrespondível: "Por que existe alguma coisa, em vez de coisa alguma?" O violento tratamento dispensado por Platão a Homero, que na época se considerava ter sido durante séculos "o educador de toda a Hélade", ainda é para nós o mais vigoroso sinal de uma cultura consciente de seu passado, mas destituída de qualquer senso da autoridade coercitiva da tradição. Qualquer coisa mesmo que remotamente semelhante a isso é absolutamente inconcebível na literatura romana. Pode-se, no entanto, ver o que teria acontecido à filosofia se o senso de tradição romano não fosse constantemente questionado pela filosofia grega na observação feita por Cícero numa de suas obras ditas filosóficas, onde exclama, num contexto aqui irrelevante: "Não é uma desgraça para os filósofos duvidar daquilo que nem mesmo os camponeses achariam duvidoso?" (De officiis, iii, 77), como se não tivesse sido sempre o importuno mister do filósofo duvidar do que cada um de nós dá por estabelecido na vida cotidiana, e como se não valesse a pena duvidar de nada nem refletir filosoficamente sobre aquilo que, nas palavras de Kant, pertence às plausibilidades (Selbstverständlichkeiten) da vida e do mundo. Onde e quando alcançou verdadeira grandeza, a filosofia teve de quebrar até mesmo a sua própria tradição, o que não se pode dizer do pensamento político, daí resultando que a filosofia política se tornou mais presa à tradição do que qualquer outro ramo da metafísica ocidental.

Em nenhuma outra situação, talvez, é mais patente o caráter falho da nossa tradição com respeito ao leque de experiências

A Promessa da Política ◈ *A Tradição do Pensamento Político*

políticas atuais da humanidade ocidental do que no silencioso abandono pela escolástica das experiências políticas decisivas do cristianismo primitivo. Desde que Agostinho se tornou neoplatônico e Tomás de Aquino neo-aristotélico, suas filosofias políticas só extraíram dos Evangelhos aqueles aspectos que correspondiam, como a *civitas terrena* e a *civitas Dei*, à dicotomia platônica entre a vida vivida na "caverna" dos assuntos humanos e a vida vivida na luz brilhante da verdade das "idéias"; ou entre a *vita activa* e a *vita contemplativa* derivada da hierarquia aristotélica, em que a *bios politikos* é inferior à *bios theōrētikos* porque somente a *theōrein*, isto é, a "visão" que conduz ao conhecimento, tem uma dignidade própria, ao passo que a ação se dá sempre em prol de alguma outra coisa. Com isso não quero negar que essas dicotomias receberam um significado completamente diferente na filosofia cristã nem que o conteúdo da *civitas Dei* e da *vita contemplativa* tinha pouca semelhança substancial com suas predecessoras na filosofia antiga. Antes, a questão é que quaisquer experiências que não se encaixassem nessas dicotomias, como esboçado nas filosofias políticas de Platão e Aristóteles, simplesmente não entravam no campo da teoria política, permanecendo atadas a uma esfera religiosa onde gradualmente foram perdendo importância para a ação até acabar, depois da ascensão da secularização, em pias banalidades.

Este foi notoriamente o caso da ousada e singular conclusão que Jesus de Nazaré tirou da única perplexidade da ação humana que acometeu tanto as antigas considerações políticas quanto as modernas considerações históricas. A incerteza da ação, no sentido de que nunca sabemos realmente o que estamos fazendo

HANNAH ARENDT

quando começamos a atuar dentro da rede de inter-relacionamentos e dependências recíprocas que constituem a esfera da ação, foi considerada pela filosofia antiga como o supremo argumento contra a seriedade dos assuntos humanos. Essa incerteza está na origem das proverbiais afirmações ulteriores de que os homens de ação se movem numa rede de erros e inevitável culpa. A filosofia cristã da época moderna, ainda mais que a medieval, via o dedo da Providência no fato de que, nas palavras de Bossuet, "não há poder humano que não promova, contra a própria vontade, outros planos que não os seus" (*Discours sour l'histoire universelle*, iii, 8); para Kant e Hegel, uma força secreta operando por trás dos homens, o "ardil da natureza" ou a "astúcia da razão", era um *deus ex machina* necessário para explicar que a história, que é feita por homens que nunca sabem o que estão fazendo e sempre acabam desencadeando algo diferente do que pretendiam e queriam que acontecesse, pode ainda fazer sentido e ainda é portadora de significado. Por oposição a essa ocupação tradicional com um "poder mais alto" a que sabem estar sujeitos os que agem, e comparado ao qual os feitos humanos parecem os alegres trejeitos de um deus que move os cordões de fantoches (Platão, *Leis*, vii, 803) ou os gestos deliberados da Divina Providência, está o interesse político imediato de encontrar um remédio, na natureza da própria ação humana, para proteger a convivência dos homens contra a sua incerteza fundamental e os erros e a culpa inevitáveis. Jesus encontrou esse remédio na capacidade humana de perdoar, que é igualmente baseada na idéia de que na ação nós nunca sabemos o que estamos fazendo (Lucas 23:34); portanto, já que não podemos parar de agir ao longo de nossa vida, também nunca devemos parar de perdoar (Lucas 17:3-4). Jesus chegou a negar explicitamente que perdoar é prerrogativa exclusiva de Deus (Lucas 5:21-24) e ousou pensar que a misericórdia de Deus para com os pecados dos homens pode depender, em última instância, da boa vontade do homem para perdoar as transgressões dos outros (Mateus 6:14-15).

A grandiosa ousadia e a inigualável dignidade do conceito de perdão como relação básica entre humanos não residem na aparente conversão da calamidade da culpa e do erro nas possíveis virtudes da magnanimidade e da solidariedade. Trata-se, antes, de que o perdão busca o aparentemente impossível, desfazer o que foi feito, e ele consegue forjar um novo começo onde começos já não parecem possíveis. O homem não saber o que faz com relação aos outros, poder fazer o mal pretendendo fazer o bem e vice-versa e mesmo assim querer da ação a mesma concretização de desígnios que marca seu império no intercurso com as coisas naturais, materiais, tem sido o grande tópico da tragédia desde a antiguidade grega. A tradição nunca perdeu de vista esse elemento trágico de toda ação nem deixou de entender, embora em geral em contextos não políticos, que o perdão é uma das maiores virtudes humanas. Foi somente com a súbita e desconcertante investida dos gigantescos desenvolvimentos técnicos posteriores à Revolução Industrial que a experiência da fabricação atingiu uma predominância avassaladora a ponto de relegar as incertezas da ação ao total esquecimento; foi possível começar a falar em "fabricar o futuro" e "construir e aperfeiçoar a sociedade" como se se tratasse da fabricação de cadeiras e da construção e reforma de casas.

O que se perdeu na tradição do pensamento político e sobreviveu somente na tradição religiosa, onde permaneceu válido

HANNAH ARENDT

para os *homines religiosi*, foi a relação entre fazer e perdoar como elemento constitutivo do intercurso entre homens atuantes, novidade especificamente política, por oposição à religiosa, dos ensinamentos de Jesus. (A única expressão política encontrada pelo perdão foi o direito puramente negativo de anistia, prerrogativa dos chefes de Estado de todos os países civilizados.) A ação, que é antes de tudo o começo de algo novo, possui o atributo autolimitante de causar a formação de uma cadeia de conseqüências imprevisíveis que tendem a sujeitar para sempre o agente. Cada um de nós sabe que é ao mesmo tempo agente e vítima nessa cadeia de conseqüências que os antigos denominavam "destino", os cristãos "Providência", e nós, modernos, rebaixamos arrogantemente a mero acaso. O perdão é a única ação estritamente humana que liberta a nós e aos outros da cadeia e padrão de conseqüências que toda ação humana engendra; como tal, o perdão é uma ação que garante a continuidade da capacidade de agir, de começar de novo, a todo ser humano; sem perdoar e ser perdoado, nos pareceríamos com os personagens de contos de fada que são eternamente castigados com a realização dos desejos que lhes são concedidos.

Nossa compreensão da tradição e da autoridade tem sua origem no ato político da fundação, que, como anteriormente observado, só sobreviveu nas grandes revoluções do século XVIII. As poucas definições filosóficas do homem que levam em conta não somente homens convivendo em mútua interdependência conforme o modelo aristotélico, mas também o homem como ser atuante, ocorrem fora do contexto da filosofia política, ainda quando seus autores tratam especificamente de política. Este é particularmente o caso da notável frase de Agostinho: *Initium ut esset homo creatus est ante quem nemo fuit*, "Para que houvesse um começo, o homem foi criado antes de todos", que vincula a ação, a capacidade de começar, ao fato de que todo ser humano já é por natureza um novo começo nunca antes revelado nem visto no mundo. Mas esse conceito do homem como um começo não teve nenhuma conseqüência para a filosofia política de Agostinho nem para sua compreensão da *civitas terrena*. E Kant nunca pensou que sua concepção de atividade espiritual como espontaneidade, pelo que se referia tanto à capacidade de começar uma nova linha de pensamento quanto à capacidade de formar juízos sintéticos – juízos, isto é, que não são deduzidos de fatos dados nem de regras impostas –, podia ter qualquer relação com a sua filosofia política, que ele, tal como Agostinho, delineou como se esse outro pensamento nunca tivesse lhe ocorrido. Esse tipo de incompatibilidade é talvez mais notável em Nietzsche, que, ao discutir a vontade de poder, definiu certa vez o homem como "o animal capaz de prometer" sem se dar conta de que essa definição é mais impregnada de uma verdadeira "transvaloração de todos os valores" do que quase todos os demais componentes positivos de sua filosofia.[40]

Existem, é claro, razões pelas quais a tradição do pensamento político perdeu de vista, desde o começo, o homem como ser

---

[40] A Genealogia da Moral, II, 1-2. Cf. H. Arendt, *The Human Condition* (Chicago: University of Chicago Press, 1998), p. 245 e n. 83. (N. O.)

atuante. As duas definições filosóficas prevalecentes do homem como *animal rationale* e como *homo faber* se caracterizam por essa omissão. Em ambas o homem é visto como se existisse no singular, pois podemos conceber a razão e também a fabricação na condição de singularidade do gênero humano. O interesse da tradição do pensamento político na pluralidade humana é como se ela indicasse não mais do que o somatório dos seres racionais, que, devido a alguma falha crítica, são obrigados a conviver e formar um corpo político. Mas as três experiências políticas que estão fora da tradição, a experiência da ação como começo de um novo empreendimento na Grécia anterior à pólis, a experiência romana da fundação e a experiência cristã da vinculação entre ação e perdão, isto é, o conhecimento de que quem age deve estar pronto para perdoar e de que quem perdoa concretamente age, têm especial importância, porque permanecem relevantes para a nossa história apesar de terem sido evitadas pelo pensamento político. Todas dizem respeito fundamentalmente ao único traço da condição humana sem o qual a política não seria possível nem necessária: o fato da pluralidade dos homens por oposição à unicidade de Deus, quer seja este compreendido como "idéia" filosófica ou como o deus pessoal das religiões monoteístas.

A pluralidade dos homens, indicada nas palavras do Gênese, que nos diz não que Deus criou o homem, mas que "macho e fêmea Ele *os* criou", constitui a esfera política. Assim é, primeiramente, no sentido de que nenhum ser humano jamais *existe* no singular, o que dá à ação e ao discurso sua importância especificamente política como as únicas atividades que são não apenas afetadas pelo fato da pluralidade, como todas as atividades humanas, mas completamente inimagináveis fora dela. É possível conceber um mundo humano no sentido de um artifício sintético erigido na Terra sob a condição da unicidade do homem, e Platão efetivamente deplora o fato de existirem muitos homens em vez de um único homem sobre a Terra. Ele deplora o fato de que certas "coisas são por natureza privadas, como olhos, ouvidos, mãos", porque elas impedem que a maioria seja incorporada num corpo político em que todos viveriam e se comportariam como se fossem "um" (*Leis*, v, 739). Platão concebeu este "um" no lado inefável e inativo do pensamento, que é a percepção da verdade como possibilidade suprema de, por assim dizer, se estar à altura da unicidade da "idéia" ou de Deus. Mas não se pode conceber um ser atuante e falante que exista no singular. Segundo, a condição humana da pluralidade não é nem a pluralidade dos objetos fabricados de acordo com um modelo único (*eidos*, como diria Platão) nem a pluralidade de variações no interior de uma espécie. Assim como não existe o ser humano como tal, mas somente homens e mulheres que em sua absoluta distinção são iguais, ou seja, *humanos*, essa indiferenciação humana comum é a *igualdade* que, por sua vez, só se manifesta na diferença absoluta de um igual em relação ao outro. Tanto é assim, que o fenômeno dos gêmeos de aparência idêntica sempre nos causa certa surpresa. Se, por conseguinte, ação e discurso são as duas atividades políticas por excelência, diferença e igualdade são os dois elementos constitutivos dos corpos políticos.

A REVISÃO DA TRADIÇÃO
EM MONTESQUIEU

Em seu *O Espírito das Leis*, Montesquieu reduz as formas de governo a três – monarquia, república e tirania – e introduz de pronto uma distinção totalmente nova: *"Il y a cette différence entre la nature du gouvernement et son principe que sa nature est ce qui le fait être tel, et son principe ce qui le fait agir"* (III, 1), vale dizer, a natureza do governo o faz ser como é, e seu princípio o faz agir e mover-se. Montesquieu explica que por "natureza" se refere à "estrutura particular do governo", ao passo que o "princípio", como logo veremos, é o que o anima. Ao descrever a natureza, essência ou estrutura particular do governo, Montesquieu nada de novo tem a dizer, mas observa que essa estrutura considerada em si mesma seria totalmente incapaz de ação ou movimento.[41] As ações concretas de cada governo e dos cidadãos que

---

[41] Arendt tem plena consciência, como deixa claro em outras partes deste manuscrito, de que "a fama [de Montesquieu] repousa sobre a descoberta dos três ramos do governo, o legislativo, o executivo e o judiciário, isto é, sobre a grande descober-

A Promessa da Política ◈ *A Revisão da Tradição em Montesquieu*

vivem sob as várias formas de governo não podem ser explicadas em conformidade com os dois pilares conceituais das definições tradicionais do poder como distinção entre governar e ser governado e a lei como limitação desse poder.

A razão dessa curiosa imobilidade, que, até onde sei, foi Montesquieu o primeiro a descobrir, é que os termos "natureza" ou "essência" do governo, tomados em seu sentido platônico original, indicam permanência por definição, uma permanência que se tornou, por assim dizer, ainda mais permanente quando Platão buscou o melhor de todos os governos. Para ele, era natural que a melhor forma de governo fosse também a mais imutável e inamovível em meio às circunstâncias instáveis dos homens. A suprema prova de que a tirania é a pior forma de governo é ainda, para Montesquieu, o fato de ela estar sujeita a ser destruída por dentro – a decair por sua própria natureza – ao passo que as outras forma de governo são destruídas fundamentalmente por circunstâncias externas. Foi somente nas *Leis*, não na *República* nem no *Político*, que Platão pensou que a legalidade em si mesma, as leis da cidade, podia ser concebida de modo a impedir toda perversão possível do governo, a única mudança que levou em conta. Mas a legalidade, tal como Montesquieu a entendia, só

---

ta de que o poder *não* é indivisível e [de que ele] é completamente separado de qualquer conotação de violência". Sua questão, porém, é a de que os "três ramos do governo representam para Montesquieu as três principais atividades políticas dos homens: a elaboração de leis, o cumprimento de decisões e os juízos que acompanham ambas". "As origens [do poder] residem nas múltiplas capacidades dos homens para a ação, e essas ações não têm fim enquanto o corpo político estiver vivo." (N.O.)

HANNAH ARENDT

pode impor limites às ações, nunca inspirá-las. A grandeza das leis de uma sociedade livre é que elas nunca nos dizem o que devemos fazer, mas somente o que não devemos. Em outras palavras, Montesquieu, precisamente por ter tomado como ponto de partida a legalidade dos governos, viu que direito e poder não são suficientes para explicar tanto as ações concretas e constantes dos cidadãos que vivem entre os muros da lei quanto o desempenho dos próprios corpos políticos, cujo "espírito" é tão obviamente diverso.

Por conseguinte, Montesquieu introduziu três princípios de ação: a virtude, que inspira as ações numa república; a honra, que inspira os súditos de uma monarquia; e o medo, que guia as ações numa tirania, a saber: o medo que os súditos têm do tirano e dos outros súditos e o medo que o tirano tem dos súditos. Da mesma forma como o orgulho do súdito de uma monarquia é distinguir-se e ser objeto da *honra* pública, o orgulho do cidadão de uma república é não ser mais notório em assuntos públicos do que seus concidadãos, a sua *virtude*. Tais princípios de ação não devem ser confundidos com motivações psicológicas. Eles são, mais exatamente, os critérios orientadores que inspiram as ações de governantes e governados e pelos quais todas as ações na esfera pública são julgadas para além do padrão meramente negativo da legalidade. A virtude ser o princípio da ação em uma república não significa que os súditos de uma monarquia não saibam o que é virtude nem que os cidadãos de uma república não saibam o que é honra. Significa que a esfera público-política se inspira numa ou noutra, de modo que a honra numa república e a virtude numa monarquia se tornam assunto mais ou menos privado.

A Promessa da Política ◈ *A Revisão da Tradição em Montesquieu*

Significa também que, se esses princípios já não são válidos, se perdem sua autoridade de modo que já não se creia na virtude numa república ou na honra numa monarquia, ou se, numa tirania, o tirano deixa de temer seus súditos ou os súditos deixam de ter medo de si mesmos e de seu opressor, então cada uma dessas formas de governo chega ao seu fim.

Por debaixo das observações assistemáticas e até fortuitas de Montesquieu sobre a relação entre a natureza dos governos e seus princípios de ação, jaz uma profunda percepção da unidade das civilizações históricas. Seu *esprit général*, unindo a estrutura do governo ao seu princípio de ação correspondente, veio a ser o pano de fundo das ciências históricas e da filosofia da história no século XIX. O *Volksgeist*, ou espírito do povo, de Herder, bem como o "espírito do mundo", ou *Weltgeist*, de Hegel, exibem nítidos traços de sua ancestralidade. Mas a descoberta original dos princípios da ação por Montesquieu é menos metafórica e ainda mais fértil para o estudo da política. Dela surge a questão das origens da virtude e da honra, cuja resposta levou Montesquieu a resolver inadvertidamente o problema de por que tão poucas formas foram julgadas suficientes ao longo de uma história tão longa e tão cheia de mudanças radicais.

A virtude, diz Montesquieu, brota do amor à igualdade, e a honra do amor à diferença, ou seja, do "amor" por um ou outro dos dois traços fundamentais e interconectados da condição humana da pluralidade. Infelizmente, Montesquieu não nos diz de qual aspecto da condição humana surge o medo, princípio inspirador da ação nas tiranias. Em todo caso, esse "amor", ou, como diríamos, a experiência fundamental da qual brotam os princípios da ação, é para Montesquieu o traço-de-união entre a estrutura de um governo representado pelo espírito de suas leis e as ações de seu corpo político. A experiência fundamental da igualdade encontra expressão política adequada nas leis republicanas, ao passo que o amor por ela, chamado virtude, inspira as ações nas repúblicas. A experiência fundamental nas monarquias, assim como nas aristocracias e outras formas hierárquicas de governo, é sermos diferentes uns dos outros por nascimento e, por conseguinte, nos empenharmos em nos distinguir, em manifestar nossa distinção natural ou social; a honra é a distinção pela qual uma monarquia reconhece publicamente a diferença de seus súditos. Em ambos os casos, somos confrontados com o que somos por nascimento: nascemos iguais na absoluta diferença e distinção em relação aos outros.

Igualdade republicana não é o mesmo que igualdade de todos os homens perante Deus ou igual destino de todos os homens perante a morte (nenhum dos quais tem relação imediata nem relevância para a esfera política). A cidadania já foi baseada na igualdade sob condições de escravismo e da antiga convicção de que nem todos os homens são igualmente humanos. Inversamente, durante muitos séculos as igrejas cristãs foram indiferentes à questão da escravidão ao mesmo tempo que se aferravam à doutrina da igualdade de todos os homens perante Deus. Politicamente, nascer igual significa igualdade de força independentemente de todas as outras diferenças, o que permitiu a Hobbes definir igualdade como igual capacidade de matar. Uma concepção similar é inerente à noção de estado da natureza de Montesquieu, que a define como "medo de todos", por oposição

A Promessa da Política ◈ *A Revisão da Tradição em Montesquieu*

à idéia hobbesiana de uma primordial "guerra de todos contra todos". A experiência sobre a qual repousa o corpo político de uma república é a convivência dos que são iguais em força e a sua virtude, que governa a vida pública, a alegria de não estar só no mundo. Estar só significa não ter iguais: "Um é um e mais ninguém e sempre será sem ninguém",[42] conforme uma rima infantil medieval ousou indicar o que pode ser humanamente concebido como a tragédia de *um único* Deus. É só na medida em que estou entre iguais que não estou só, e nesse sentido o amor pela igualdade que Montesquieu chama de virtude é também gratidão por ser humano, e não igual a Deus.

A distinção monárquica ou aristocrática também só é possível por causa da igualdade, sem a qual as distinções nem sequer poderiam ser medidas. Mas a experiência fundamental sobre a qual ela repousa é a experiência da singularidade de todo ser humano, que na esfera política só se pode revelar medindo-se uns em relação aos outros. Quando a honra é o princípio de ação, a orientação inspiradora das atividades de um corpo político é proporcionar a cada súdito a possibilidade de sair-se bem, de tornar-se um indivíduo singular que nunca foi antes e nunca será outra vez e, como tal, conquistar reconhecimento em sua posição social. A vantagem específica dos governos monárquicos é que os indivíduos nunca são confrontados com uma massa indistinta e indistinguível de "todos os outros", contra a qual um indivíduo não pode congregar senão uma desesperada minoria de um só. O perigo específico dos governos baseados na igualdade é que a

---

[42] No original, *One is one and all alone and evermore shall be.* (N. T.)

estrutura da legalidade, em cujo marco a igualdade de poder recebe significado, direção e restrição, pode se esgotar.

Quer o corpo político repouse sobre a experiência da igualdade ou da distinção, em ambos os casos viver e agir juntos aparecem como a única possibilidade humana na qual a força, dada pela natureza, pode se transformar em poder. É assim que os homens, que apesar de sua força ficam essencialmente impotentes no isolamento, incapazes até de desenvolver a própria força, estabelecem a única esfera da existência na qual eles próprios, e não a natureza, Deus ou a morte, podem ser poderosos. A razão pela qual Montesquieu não se deu ao trabalho de nos dizer a experiência fundamental da qual surge o medo no governo tirânico é que ele, como toda a tradição, não pensava na tirania como um autêntico corpo político. O medo como princípio de ação público-política tem uma estreita ligação com a experiência fundamental de falta de poder que todos conhecemos de situações nas quais, por alguma razão, somos incapazes de agir. A razão pela qual essa experiência é fundamental – e nesse sentido a tirania pertence às formas elementares de governo – é que todas as ações humanas, e por essa mesma razão todas as possibilidades de poder humano, têm limites. Politicamente falando, o medo (e não estou falando de angústia) é o desespero com a própria impotência quando atingimos os limites dentro dos quais a ação é possível. Cedo ou tarde, toda vida humana experimenta esses limites.

Por conseguinte, o medo não é, propriamente falando, um princípio de ação, mas um princípio antipolítico dentro do mundo comum. De acordo com a teoria tradicional, o medo nas tiranias ou provém de uma democracia pervertida, quando as leis que pretendem limitar a força daqueles considerados iguais são rompidas em tal medida que a força de um cancela a força do outro, ou se deve à usurpação dos meios de violência por um tirano que apaga as fronteiras legais. Ilegalidade significa em cada caso não apenas que o poder, gerado por homens agindo juntos, já não é possível, mas também que a impotência pode ser artificialmente criada. Dessa falta de poder generalizada surge o medo, e desse medo provêm tanto a vontade do tirano de subjugar todos os outros quanto a preparação de seus súditos para padecer a dominação. Se a virtude é o amor pela igualdade no compartilhamento do poder, o medo é a vontade de poder proveniente da impotência, a vontade de dominar ou ser dominado. Mas essa sede de poder nascida do medo nunca pode ser aplacada, porque o medo e a desconfiança mútua tornam impossível, como disse Burke, "agir concertadamente", de modo que as tiranias, enquanto persistem, ficam cada vez menos poderosas. As tiranias são condenadas porque destroem a união dos homens: isolando os homens uns dos outros, elas buscam destruir a pluralidade humana. As tiranias se baseiam na única experiência fundamental na qual estou totalmente só, que é estar impotente (como Epicteto definiu a solidão), incapaz de angariar a ajuda de meus semelhantes.

DE HEGEL A MARX

I

Só existe uma diferença essencial entre Hegel e Marx, embora, verdade seja dita, de importância catastrófica: Hegel projetou a sua visão histórico-mundial exclusivamente para o passado e deixou a sua consumação esbater-se no presente, ao passo que Marx, "profeticamente", projetou-a, ao contrário, para o futuro e compreendeu o presente como um simples trampolim. Por mais revoltante que pudesse parecer a satisfação de Hegel com as circunstâncias concretas então existentes, ele estava correto, em seu instinto *político*, em restringir seu método ao que era compreensível em termos puramente contemplativos e abrir mão de usá-lo para estabelecer objetivos para a vontade política e fazer melhoramentos aparentes no futuro. Na medida, porém, em que tinha necessariamente de compreender o presente como o fim da história, Hegel já havia, em termos políticos, desacreditado e contraditado a sua visão histórico-mundial, quando Marx então a usou para introduzir na política o princípio real e mortalmente antipolítico...[43]

A objeção de Marx a Hegel diz: a dialética do espírito do mundo não se move ardilosamente por trás dos homens, usando atos da vontade que parecem provir dos homens para seus próprios fins, mas é, ao contrário, o estilo e o método da própria ação humana. Enquanto o espírito do mundo foi "inconsciente", isto é, enquanto as leis da dialética permaneceram ocultas, a ação se apresentou como evento no qual o "absoluto" se revelava. Uma vez que abandonemos nosso preconceito de que um "absoluto" se nos revela por trás de nós *e* que conheçamos as leis da dialética, podemos realizar o absoluto.[44]

II

As obras de Marx e Hegel aparecem juntas no fim da grande tradição da filosofia ocidental, mas também em estranha contradição e em estranha correspondência recíprocas. Marx descreveu seu afastamento de Hegel – e Hegel era para ele a encarnação de toda a filosofia pregressa – como uma inversão, como colocar tudo de cabeça para baixo, da forma como Nietzsche definiu a sua "transvaloração dos valores" como uma reversão do platonismo.

---

[43] *Denktagebuch*, abril de 1951.
[44] *Denktagebuch*, setembro de 1951.

O mais surpreendente nessas auto-interpretações é que inversão e reversão só podem se dar no marco de um conjunto de dados que devem primeiro ser aceitos com tais. A "transvaloração dos valores" põe de cabeça para baixo a *hierarquia* de valores platônica, mas não sai dos limites desses valores. Algo similar acontece quando Marx, ao adotar a dialética hegeliana, faz com que o processo histórico comece com a matéria, em lugar do espírito. Uma rápida comparação das principais apresentações da história em Marx e Hegel nos basta para perceber que seus conceitos de história são fundamentalmente similares.

Tais reversão e inversão são, no entanto, extraordinariamente importantes em si mesmas. Elas sugerem que a hierarquia tradicional dos valores, se não necessariamente o seu conteúdo, é estabelecida arbitrariamente, ou de acordo com a vontade, como diria Nietzsche. O fim da tradição, ao que parece, começa com o colapso de sua autoridade, e não com o questionamento de seu conteúdo substancial. Com sua inigualável concisão, Nietzsche chamou o resultado desse colapso da autoridade de "pensamento perspectivo", isto é, pensamento capaz de transitar de acordo com a vontade (vale dizer, ditado somente pela vontade individual) dentro do contexto da tradição — e de tal maneira que tudo que anteriormente fora tido como verdadeiro assume agora o aspecto de uma perspectiva, em contraposição à qual deve haver a possibilidade de um grande número de perspectivas igualmente legítimas e igualmente fecundas.

E foi, na verdade, esse pensamento perspectivo que o marxismo introduziu em todos os campos do saber humanístico. O que chamamos de marxismo em um sentido especificamente

A Promessa da Política ◈ *De Hegel a Marx*

político não chega a fazer justiça à extraordinária influência de Marx nas humanidades. Essa influência nada tem a ver com o método do marxismo vulgar – nunca empregado pelo próprio Marx – que explica todos os fenômenos políticos e culturais a partir das circunstâncias materiais do processo de produção. O que havia de novo e extraordinariamente eficaz na visão de Marx era a forma como ele considerava a cultura, a política, a sociedade e a economia em um *único* contexto funcional, que, como logo se viu, pode ser arbitrariamente transposto de uma perspectiva a outra. O estudo de Max Weber sobre o advento do capitalismo com base na mentalidade da ética protestante deve tanto à historiografia marxista – e faz um uso mais produtivo de seus resultados – quanto qualquer pesquisa histórica estritamente materialista. Qualquer que seja o ponto de partida adotado pelo pensamento perspectivo-histórico – seja a chamada história das idéias, a história política, as ciências sociais ou a economia –, o resultado é um sistema de relações derivado de cada uma dessas mudanças de perspectiva, do qual, para dizê-lo sem meias palavras, tudo pode ser explicado sem jamais gerar uma verdade coercitiva análoga à autoridade da tradição.

O que ocorreu no pensamento moderno, por intermédio de Marx, por um lado, e de Nietzsche, por outro, foi a adoção do marco da tradição com a rejeição simultânea de sua autoridade. Este é o verdadeiro significado histórico da inversão de Hegel por Marx e da reversão de Platão por Nietzsche. Toda operação desse gênero, em que o pensamento se atém ao marco dos conceitos tradicionais ao mesmo tempo que "meramente" rejeita a autoridade substancial da tradição, contém, no entanto, a mesma

HANNAH ARENDT

devastadora contradição que inevitavelmente se aloja em todas as muitas discussões sobre a secularização de idéias religiosas. Tradição, autoridade e religião são conceitos cujas origens remontam à Roma pré-cristã e cristã; eles se completam, assim como "guerra, comércio e pirataria, a trindade indivisível" (Goethe, *Fausto*, ii, 11187-88). O passado, na medida em que seja transmitido como tradição, tem autoridade; a autoridade, na medida em que se apresente como história, torna-se tradição; e a autoridade, se não proclama, no espírito de Platão, que "Deus [e não o homem] é a medida de todas as coisas", é tirania arbitrária, e não autoridade. A aceitação da tradição sem uma autoridade fundada na religião é sempre não coercitiva porque qualquer coisa aceita nessas condições perdeu tanto seu verdadeiro conteúdo quanto seu direito manifesto sobre os homens em forma de autoridade. Foi por se ater a tal formalização − não menos parte do pensamento conservador do que o pensamento francamente rebelde à autoridade da tradição − que Marx pôde dizer que fora dessa mesma tradição (que para ele se concluíra em Hegel) que tomara o método dialético. Em outras palavras, o que Marx tomou da tradição foi um componente à primeira vista puramente formal para usá-lo da maneira que quisesse.

Não há, obviamente, necessidade alguma de entrar na controvérsia de que o método não faz diferença, pois o modo como abordamos qualquer assunto define não apenas o *como* de nossa investigação, mas também o *o que* de nossos achados. O mais importante aqui é o fato de que a dialética só pôde começar a se desenvolver como método depois que Marx a privou de seu conteúdo substancial concreto. Em nenhum outro lugar a aceitação da tradição com a perda concomitante de sua autoridade substancial se revelou mais custosa do que na adoção da dialética hegeliana por Marx. Ao converter a dialética em método, Marx a libertou dos conteúdos que a mantinham delimitada e atada à realidade substancial. E assim ele tornou possível o gênero de pensamento-processo característico das ideologias do século XIX, culminando na lógica devastadora dos regimes totalitários cujo aparato de violência não está sujeito às restrições da realidade.

A metodologia formal que Marx adotou de Hegel é o conhecido processo tríplice em que a tese leva, por meio da antítese, à síntese, que se converte por sua vez na primeira etapa da tríade seguinte, isto é, torna-se ela própria uma nova tese da qual então, automaticamente por assim dizer, surgem a antítese e a síntese, num processo infindável. O importante aqui é que esse pensamento pode partir, digamos, de um único ponto, que um processo que no essencial não pode mais ser detido começa com a primeira proposição, a primeira tese. Esse pensamento, no qual toda a realidade é reduzida a estágios de um único e gigantesco processo de desenvolvimento — algo totalmente desconhecido para Hegel —, abre caminho para o pensamento verdadeiramente ideológico, que, por sua vez, era também algo desconhecido para Marx. Esse passo da dialética como método para a dialética como ideologia se completa quando a primeira proposição do processo dialético se torna uma premissa lógica da qual tudo mais pode ser deduzido com uma conseqüencialidade totalmente independente de qualquer experiência. A filosofia hegeliana apresenta o absoluto — isto é, o espírito do mundo ou a divindade — em seu movimento dialético, que é como ele se revela à consciência humana. Nas ideologias totalitárias, a lógica se apodera de certas "idéias" e as perverte em premissas. Entre estas duas está o materialismo dialético, em que fatores experimentalmente verificáveis, isto é, as condições materiais de produção, se desenvolvem dialeticamente a partir de si mesmos. Marx formaliza a dialética hegeliana do absoluto na história como um *desenvolvimento*, um processo auto-impulsionado, e a esse propósito é importante lembrar que tanto Marx quanto Engels eram adeptos da teoria da evolução de Darwin. Essa formalização despoja da tradição a substância de sua autoridade mesmo permanecendo em seu marco. Na verdade, só falta um estágio para que o conceito marxista de desenvolvimento se converta em pensamento-processo ideológico — aquele que conduz, em última instância, à dedução coercitiva totalitária baseada em uma única premissa. É aqui que o fio da tradição começa a ser realmente rompido, e essa ruptura é um evento que nunca pode ser "explicado" por tendências intelectuais ou influências demonstráveis com base na história das idéias. Olhando essa ruptura sob a perspectiva do caminho que leva de Hegel a Marx, podemos dizer que ela ocorreu no momento em que não a idéia, mas a lógica desencadeada pela idéia, se apoderou das massas.

O próprio Marx explicou a essência de sua relação e seu distanciamento de Hegel numa frase contida na chamada décima primeira tese sobre Feuerbach: "Os filósofos se limitaram a *interpretar* o mundo de diversas formas; a questão é *transformá-lo*". No contexto de sua obra integral e seu propósito dominante, essa observação do jovem Marx, de 1845, pode ser reformulada da seguinte maneira: Hegel interpretou o passado como história e desse modo descobriu a dialética como a lei fundamental da mudança histórica. Essa descoberta nos permite moldar o futuro como história. Para Marx, política revolucionária é ação que faz a história coincidir com a lei fundamental da mudança histórica. Isto torna supérflua a "astúcia da razão" de Hegel (o termo de Kant era "ardil da natureza"), cujo papel fora conferir à ação política uma racionalidade política retrospectiva, isto é, torná-la compreensível. Hegel e Kant tiveram de recorrer a esse comportamento estranhamente sutil da Providência, porque, por um lado, eles supunham – conforme a tradição – que a ação política como tal tem menos a ver com a verdade do que qualquer outra atividade humana e, por outro, estavam confrontados com o problema moderno de uma história que – apesar das ações contraditórias dos homens, que no conjunto sempre resultam em algo diferente do pretendido por cada um – é uniformemente compreensível e, portanto, aparentemente "racional". Como os homens não detêm o controle das ações que iniciaram e nunca podem realizar plenamente suas intenções originais, a história tem necessidade de "astúcia", algo que nada tem a ver com "esperteza" e que, de acordo com Hegel, consiste no "grande mecanismo que obriga os outros a serem o que são em e para si mesmos" (*Jenenser Realphilosophie*, edição Meiner, vol. xx, p. 199). Marx, embora ainda se considerando ligado ao impulso da filosofia hegeliana, rejeita a idéia de que a ação em e por si mesma, e na ausência da astúcia da Providência, é incapaz de revelar a verdade ou mesmo de produzi-la. Ele rompe, destarte, com todas as avaliações tradicionais no marco da filosofia política, segundo as quais o pensamento é hierarquicamente superior

HANNAH ARENDT

à ação, e a política existe apenas para tornar possível e salvaguardar a *bios theōrētikos* – a vida contemplativa dos filósofos ou a contemplação de Deus pelos cristãos apartados do mundo.

Mas essa ruptura de Marx com a tradição se dá, da mesma forma, no marco da tradição. O que Marx nunca duvidou foi da relação entre o pensar e o agir como tais. A tese sobre Feuerbach afirma claramente que somente porque e depois que os filósofos interpretaram o mundo é que pode chegar o momento de transformá-lo. Foi também por isso que pôde levar a sua política revolucionária, ou melhor, a sua visão revolucionária da política, a completar-se com a imagem de uma "sociedade sem classes" – uma imagem nitidamente orientada pelos ideais de lazer e tempo livre da pólis grega. Mas sua conclusão não foi, é claro, essa fugaz mirada retrospectiva sobre uma utopia passada, mas a reavaliação da política como tal.

Com o antecipado desaparecimento do poder e da dominação na sociedade sem classes de Marx, "liberdade" se torna uma palavra sem sentido a menos que concebida em um sentido completamente novo. Dado que Marx, aqui como em outras partes, não se deu ao trabalho de redefinir seus termos, atendo-se assim ao marco conceitual da tradição, Lenin não estava tão errado em concluir que, se aquele que domina outros não pode ser livre, então a liberdade é um preconceito ou uma ideologia – mesmo que assim despojasse a obra de Marx de um de seus impulsos mais importantes. O ater-se à tradição é também a razão de um erro ainda mais fatal de Marx, e de Lenin também – o de que a mera administração, por oposição ao governo, é a forma adequada da convivência humana em condições de igualdade radical e universal. Eles supunham que administração era não-governo, quando ela só pode ser, efetivamente, governo de ninguém, isto é, burocracia, uma forma de governo na qual ninguém assume responsabilidades. A burocracia é uma forma de governo da qual o componente pessoal do ato de governar desapareceu e também é verdade que tal governo pode governar no interesse de nenhuma classe. Mas esse governo-de-ninguém, o fato de que numa autêntica burocracia ninguém ocupa a cadeira de governante, não significa que as condições de dominação desapareceram. Esse ninguém domina muito eficazmente, quando visto pelo lado dos governados, e, o que é pior, tem uma importante característica comum com o tirano.

A tradição define o poder tirânico como poder arbitrário, o que originalmente significava um regime que não devia prestação de contas e não era responsável perante quem quer que fosse. O mesmo vale para o regime burocrático de ninguém, ainda que por uma razão totalmente diferente. Em uma burocracia há muitas pessoas que podem exigir prestação de contas, mas não há ninguém para fazê-lo, porque "ninguém" não pode responsabilizar-se. Em lugar das decisões arbitrárias do tirano, encontramos resultados fortuitos de procedimentos universais, destituídos de malícia e de arbitrariedade porque não têm uma vontade atrás de si, mas pelos quais também não se tem interesse. Do lado dos governados, a rede de parâmetros a que estão sujeitos é muito mais perigosa e mortal do que a arbitrariedade tirânica. Mas não se deve confundir burocracia com dominação totalitária. Se a Revolução de Outubro pudesse ter seguido o curso prescrito por Marx e Lenin, o que não foi o caso, teria provavelmente resultado num governo burocrático. O governo de ninguém – e não a anarquia, o desaparecimento do governo ou a opressão – é o perigo que sempre estará a rondar qualquer sociedade baseada na igualdade universal. Na tradição do pensamento político, o conceito de igualdade universal significa apenas que nenhum homem é livre.

O que em Marx substitui a "astúcia da razão" é, como sabemos, o interesse, no sentido de interesse de classe. O que torna a história compreensível é o conflito de interesses; o que a faz significativa é a suposição de que o interesse da classe laboriosa se identifica com o interesse da humanidade, o que para Marx quer dizer que se identifica com o interesse não da maioria de todos os homens, mas da humanidade essencial da raça humana. Postular o interesse como motor da ação política não constitui novidade. Os reis governam os países, e os interesses governam os reis, reza a famosa máxima de Rohan. Em Marx, tal proposição é um mero resultado de seus estudos econômicos e sua dependência da filosofia aristotélica. O que é novo, se não decisivo, é vincular o interesse, isto é, algo material, à humanidade essencial do homem. E o que *é* decisivo é vincular o interesse não tanto à classe trabalhadora quanto ao próprio trabalho como atividade humana preeminente.

Por trás da teoria marxiana do interesse está a convicção de que a única satisfação legítima de um interesse reside no labor. Em todos os seus escritos, essa convicção fundamental é sustentada por uma nova definição do homem, segundo a qual a sua humanidade essencial não está em sua racionalidade (*animal rationale*), nem na capacidade de produzir artefatos (*homo faber*), nem em ter sido criado à imagem de Deus (*creatura Dei*), mas no labor, que a tradição rejeitara unanimemente como incompatível com a existência humana plena e livre. Marx foi o primeiro a definir o homem como um *animal laborans*, como uma criatura laboriosa. Sob essa definição, ele subsume tudo que a tradição transmitiu como traço distintivo da humanidade: o labor é o princípio da racionalidade, e suas leis, que no desenvolvimento das forças produtivas determinam a história, tornam a história compreensível à razão. O labor é o princípio da produtividade; é ele que produz o mundo verdadeiramente humano na Terra. É, como disse Engels em seu epigrama deliberadamente blasfemo, que não faz senão reduzir várias das afirmações de Marx a uma única fórmula, "o Criador da humanidade".

Não podemos tratar aqui do que realmente diz e implica esse novo auto-entendimento do homem como *animal laborans*. Contentemo-nos em sugerir que, por um lado, ele corresponde precisamente ao acontecimento sociológico crucial da história recente, que, a partir da concessão de direitos civis iguais à classe laboriosa, passou a definir toda atividade humana como labor e interpretá-la como produtividade. A economia clássica nunca diferenciou o labor simples, que produz para o consumo imediato, da produção de objetos no sentido do *homo faber*. O crucial aqui é que, em sua teoria das forças produtivas baseadas no labor humano, Marx resolveu essa confusão em favor do labor, assim conferindo ao labor uma produtividade que ele definitivamente não possui. Mas essa glorificação e esse entendimento equivocado do labor, embora cegos às realidades mais elementares da vida humana, correspondem perfeitamente às necessidades de sua época. Essa correspondência é, evidentemente, a verdadeira razão da extraordinária influência do marxismo em todas as partes do globo. Quando se consideram as reais inter-relações entre as coisas, não se surpreende que, no marco da tradição em que Marx sempre trabalhou, dificilmente o resultado poderia ter sido outro senão uma nova guinada da filosofia determinista, para a qual, tradicionalmente, a liberdade "necessariamente" procede, de uma ou outra forma, da necessidade. Pois a glorificação do labor em Marx não eliminou nenhuma das razões levantadas pela tradição para negar a igualdade política e a plena liberdade humana ao homem como laborador. Nem Marx nem o advento da maquinaria foram capazes de desfazer o fato de que o homem é obrigado a laborar para viver, de que o labor não é, portanto, uma atividade livre e produtiva, e sim inextricavelmente ligada àquilo que nos compele: as necessidades provenientes do mero fato de estarmos vivos. A grande realização de Marx foi ter colocado o labor no centro de sua teoria, por ser precisamente o labor aquilo de que toda a filosofia política desviava o seu olhar no momento em que já não se atrevia a justificar a escravidão. Apesar disso, ainda não temos uma resposta para a questão política colocada pela necessidade do labor na vida humana e pelo papel supremo que ele desempenha no mundo moderno.

O FIM DA TRADIÇÃO

I

Inevitavelmente, a tradição do pensamento político contém, antes de mais nada, a atitude tradicional dos filósofos para com a política. O pensamento político é mais antigo do que nossa tradição filosófica, que começa com Platão e Aristóteles, assim como a própria filosofia é mais antiga e contém muito mais do que a tradição ocidental acabou por aceitar e desenvolver. No início, portanto, não de nossa história política ou filosófica, mas de nossa tradição de filosofia política está o desprezo de Platão pela política, sua convicção de que "os assuntos práticos e as ações dos homens *(ta tōn anthrōpōn pragmata)* não são merecedores de grande seriedade" e de que a única razão de o filósofo ter de se ocupar deles é o fato de que, infelizmente, a filosofia – ou, como diria Aristóteles um pouco mais tarde, a vida a ela dedicada, a *bios theōrētikos* – é materialmente impossível sem um razoável meio-termo de ajuste dos assuntos práticos que dizem respeito à convivência entre os homens. No começo da tradição, a política

HANNAH ARENDT

existe porque os homens estão vivos e são mortais, ao passo que a filosofia se ocupa das questões eternas, como o universo. Na medida em que o filósofo é também um mortal, também ele se interessa pela política. Mas esse interesse tem uma relação meramente negativa com sua posição de filósofo: ele teme, como Platão deixou abundantemente claro, que a má condução dos assuntos políticos o impeça de dedicar-se à filosofia. Tal qual o latino *otium*, o termo grego *scholē* não designa ócio como tal, mas ócio em relação à obrigação política, não participação na política; por conseguinte, liberdade do espírito para ocupar-se do eterno (*aei on*), o que só é possível se as necessidades básicas da vida mortal estiverem atendidas. De um ponto de vista especificamente filosófico, portanto, já em Platão a política começa a abranger mais do que as *politeuesthai*, aquelas atividades que caracterizam a antiga pólis grega, para as quais o mero atendimento das necessidades básicas da vida era uma condição pré-política. A política começou, por assim dizer, a expandir a sua esfera em direção às necessidades básicas da vida para que ao desprezo dos filósofos pelos efêmeros assuntos práticos dos mortais fosse acrescentado o desprezo especificamente grego por tudo que é necessário à mera sustentação da vida. Como observou Cícero com ironia em sua vã tentativa de desmentir a filosofia grega neste particular — a sua atitude para com a política —, se "pudéssemos satisfazer todas as nossas necessidades básicas com uma varinha de condão, como nas lendas, todo homem de grande capacidade largaria suas responsabilidades para dedicar-se exclusivamente ao conhecimento e à ciência"[45]. Em

---

[45] *De Officiis*, I, xliv. (N. O.)

A Promessa da Política ◈ *O Fim da Tradição*

suma, quando os filósofos começaram a se preocupar com a política de maneira sistemática, esta imediatamente se converteu para eles em um mal necessário.

Desde o seu nascimento, portanto, desgraçadamente, a nossa tradição de filosofia política privou os assuntos políticos, ou seja, as atividades concernentes à esfera pública comum que se apresenta onde quer que exista a convivência humana, de toda dignidade própria. Em termos aristotélicos, a política é um meio de se atingir um dado fim; não tem finalidade alguma em si mesma e por si mesma. Mais do que isso, a finalidade específica da política é, de certa forma, o seu contrário, a saber, a não-participação nos assuntos políticos, *schōle* em grego, a condição da filosofia, ou melhor, a condição da vida devotada à filosofia. Em outras palavras, nenhuma outra atividade parece tão antifilosófica, tão hostil à filosofia, quanto a atividade política em geral e a ação em particular, exceto, é claro, aquela que nunca foi considerada como uma atividade estritamente humana – o mero laborar. Spinoza polindo lentes pôde tornar-se a figura simbólica do filósofo, da mesma forma como inumeráveis exemplos extraídos das experiências de trabalho, artesanato e artes liberais desde a época de Platão puderam servir para conduzir, por analogia, ao conhecimento mais elevado das verdades filosóficas. Desde Sócrates, porém, nenhum homem de ação, isto é, ninguém cuja experiência original fosse política, Cícero, por exemplo, pôde jamais aspirar a ser levado a sério pela filosofia, e nenhum feito ou grandeza humana especificamente política expressa em ação pôde jamais servir de exemplo na filosofia, a despeito da glória nunca esquecida do elogio homérico do herói. A filosofia está ainda mais distante da *praxis* do que da *poiesis*.

HANNAH ARENDT

Ainda mais relevante, talvez, para a degradação da política é o fato de que, à luz da filosofia — para a qual origem e princípio, *archē*, são idênticos —, ela nem sequer tem uma origem própria: só veio a existir devido ao fato elementar e pré-político da necessidade biológica, que leva os homens a precisarem uns dos outros no desempenho da árdua tarefa de se manterem vivos. Em outras palavras, a política é duplamente secundária, pois tem como origem os dados pré-políticos da vida biológica e como fim a possibilidade suprema, pós-política, do destino humano. E, dado que a maldição das necessidades pré-políticas é requerer labor, podemos hoje dizer que a política está limitada desde baixo pelo labor e desde cima pela filosofia. Ambos estão excluídos da política em sentido estrito, aquele como sua reles origem, esta como seu nobre objetivo ou fim. De modo muito similar à atividade da classe dos guardiões na *República* de Platão, a política deve, por um lado, observar e tratar da subsistência e das necessidades ordinárias do labor e, por outro, receber suas instruções da apolítica *theōria* da filosofia. O apelo de Platão por um rei-filósofo não significa que a filosofia devesse, ou mesmo pudesse, ser realizada num sistema de governo ideal, mas que os governantes que dão mais valor à filosofia do que a qualquer outra atividade deveriam poder governar de tal forma que pudesse haver filosofia, que os filósofos teriam *scholē* e não seriam incomodados por assuntos decorrentes das necessidades do convívio humano, que, por sua vez, é originário, em última instância, das imperfeições da vida.

A filosofia política nunca se recuperou desse golpe desferido pela filosofia contra a política nos primórdios da nossa tradição.

A Promessa da Política ◈ *O Fim da Tradição*

O desprezo pela política, a convicção de que a atividade política é um mal necessário, devido, em parte, às necessidades básicas da vida que obrigam os homens a viver como laboradores ou a comandar escravos que os atendam, e em parte, aos males que provêm do próprio convívio, isto é, ao fato de que a multidão, que os gregos chamavam de *hoi polloi*, ameaça a segurança e até mesmo a existência de cada pessoa individual, é uma linha a percorrer os séculos que separam Platão da era moderna. Nesse contexto, é irrelevante se essa atitude se expressa em termos seculares, como em Platão e Aristóteles, ou se o faz em termos cristãos. Foi Tertuliano o primeiro a argüir que, como cristãos, *nulla res nobis magis aliena quam res publica* ("nada nos é mais estranho que os assuntos públicos"); não obstante, ele ainda insistia na necessidade da *civitas terrena*, o governo secular, devido à pecaminosidade do homem e também porque, como diria Lutero muito mais tarde, verdadeiros cristãos *wohnen fern voneinander*, isto é, moram longe uns dos outros e se sentem tão isolados e infelizes no meio da multidão quanto os antigos filósofos. O importante é que essa mesma noção foi assumida, novamente em termos seculares, pela filosofia pós-cristã, enquanto sobrevivia a todas as outras mudanças e reviravoltas radicais, expressando-se agora na melancólica reflexão de James Madison, segundo a qual o governo não é, seguramente, mais do que uma reflexão sobre a natureza humana e que ele não seria necessário se os homens fossem anjos; e também nas palavras iradas de Nietzsche, para quem não pode ser bom um governo com que os súditos tenham de se preocupar. No que toca à avaliação da política, embora só aqui, é irrelevante se a *civitas Dei* confere significado e ordem à

HANNAH ARENDT

civitas terrena ou se a *bios theōrētikos* prescreve suas regras e é o fim último da *bios politikos*.

Além da degradação intrínseca de toda essa esfera da vida nas mãos da filosofia, o importante aqui é a radical separação entre aquilo que os homens só podem atingir e lograr vivendo e agindo juntos e aquilo que os homens percebem e abordam em sua singularidade e solidão. E aqui, novamente, não importa se em sua solidão o homem busca a verdade e a alcança na muda contemplação da *idéia* das idéias ou se está ocupado com a salvação da sua alma. O que importa é o abismo insuperável que se abriu e nunca mais se fechou, não entre o chamado indivíduo e a chamada comunidade (modo tardio e falso de postular um antigo e autêntico problema), mas entre a solidão e o convívio. Comparado a essa perplexidade, até o problema igualmente antigo e embaraçoso da relação, ou ausência de relação, entre ação e pensamento é de importância secundária. Nem a radical separação entre política e contemplação, entre conviver e viver só como dois modos de vida distintos, nem a sua estrutura hierárquica jamais foram postas em dúvida depois de estabelecidas por Platão. Aqui uma vez mais, a única exceção é Cícero, que, com sua imensa experiência política romana, duvidou da validez da superioridade da *bios theōrētikos* sobre a *bios politikos*, da solidão sobre a *communitas*. Acertada mas inutilmente, Cícero objetou que o indivíduo devotado ao "saber e ciência" fugiria da "solidão e buscaria companhia para seu estudo, para ensinar e para aprender, para ouvir e para falar".[46] Aqui como alhures, os romanos paga-

---

[46] *De Officiis*, I, xliv; cf. ibid. xliii. (N. O.)

ram um elevado preço por seu desprezo pela filosofia, que diziam ser "não prática". O resultado foi a vitória indiscutível da filosofia grega e a perda da experiência romana para o pensamento político ocidental. Por não ser filósofo, Cícero foi incapaz de contestar a filosofia.

A questão de se Marx, que no ocaso da tradição contestou a formidável unanimidade sobre a relação entre filosofia e política, era um filósofo no sentido tradicional, ou mesmo num sentido autêntico, não precisa ser resolvida. Os dois enunciados decisivos que abruptamente e, por assim dizer, inarticuladamente resumem o seu pensamento sobre a questão – "Os filósofos se limitaram a *interpretar* o mundo (...) a questão, porém, é *transformá-lo*" e "Não se pode suplantar [*aufheben* no triplo sentido hegeliano de conservar, levar a um nível mais alto e abolir] a filosofia sem realizá-la" – estão tão intimamente expressos na terminologia de Hegel e presente em suas frases, que, tomados em si mesmos, quase podem ser vistos, não obstante o seu conteúdo explosivo, como uma continuação informal e natural da filosofia hegeliana. Pois ninguém antes de Hegel poderia ter concebido a filosofia como mera interpretação, do mundo ou do que fosse, e que ela pudesse realizar-se fora da *bios theōrētikos*, a vida do próprio filósofo. E o que deve realizar-se, além do mais, não é uma filosofia específica ou uma nova filosofia, não é, por exemplo, a filosofia do próprio Marx, mas o destino mais elevado do homem tal como o definiu, culminando em Hegel, a filosofia tradicional.

II

Seguindo Montesquieu, vimos que um dos pilares conceituais sobre o qual repousam as definições de nossas formas de governo, o conceito de dominação, é questionável no sentido de ter sido introduzido muito antes que experiências reais na esfera política pudessem justificar o lugar central por ele ocupado desde o início de nossa tradição. Vimos como essas definições transformaram e deformaram as experiências concretas e podemos suspeitar que, por meio de sua força conceitual, elas prescreveram as diretrizes segundo as quais experiências posteriores, experiências reais de dominadores e dominados, foram compreendidas e transmitidas.

Voltando-nos agora para a teoria do Estado de Marx, é como se devêssemos considerar a alternativa diametralmente oposta na definição de governo. Não apenas o conceito de lei passa para o segundo plano, mas também o conceito de governo, tal como descrito por Montesquieu, é totalmente eliminado, porque todos os sistemas jurídicos positivos, de acordo com Marx, são ideologias, pretextos para o exercício da dominação de uma classe sobre outra. O mesmo não acontece, porém, com o Estado, ainda que este seja também freqüentemente visto por Marx como um instrumento de dominação de classe e, conseqüentemente, um fenômeno secundário. A dominação de classe realiza-se diretamente no governo político, e, portanto, o Estado retém uma realidade que excede em muito a função meramente ideológica das leis. O poder do Estado é a expressão do antagonismo de classe, sem cujo poder físico real, expresso na posse dos meios de vio-

A Promessa da Política ◈ *O Fim da Tradição*

lência e representado, para Marx, principalmente pelo exército e pela polícia, sua exigência de uma ditadura do proletariado como último estágio da dominação e da opressão não faria sentido algum. Para Marx, a esfera política foi completamente tomada pela divisão entre dominar e ser dominado, entre oprimir e ser oprimido, o que, por sua vez, baseia-se a na divisão entre explorar e ser explorado. A única lei que Marx reconhece como força positiva, não ideológica, é a lei da história, cujo papel na esfera política é, no entanto, primordialmente antilegal; sua força se faz sentir no esfacelamento dos sistemas legais, na abolição da velha ordem, e só surge à luz do dia quando, nas guerras e revoluções, "desempenha o papel de parteira em [uma] velha sociedade que está grávida da nova" ordem.[47]

O importante em nosso contexto é que essa lei nunca pode ser usada para estabelecer a esfera pública. A lei da história – e o mesmo vale para todas as leis de desenvolvimento do século XIX – é uma lei de movimento e, desse modo, em flagrante contradição com todos os outros conceitos de lei que conhecemos de nossa tradição. Tradicionalmente, leis são fatores de estabilização na sociedade, ao passo que lei aqui indica o movimento previsível e cientificamente observável da história em desenvolvimento. Desse novo conceito de lei nenhum código de prescrições legais – o que significa dizer nenhuma lei postulada, positiva – jamais pode ser deduzido, porque ele necessariamente carece de estabilidade e não é em si mesmo senão indicador e expoente de movimento. Assim, Marx equipara o legislador a um "cientista

---

[47] *Capital* (Nova York: Modern Library, 1959), 824. (N.O.)

HANNAH ARENDT

natural que não faz ou inventa leis, mas somente as formula".
Enquanto ainda for possível, embora não muito exato, ver nessa
lei de movimento da história em desenvolvimento traços da velha
lei universal, o grego *nomos* que governa todas as coisas, ou a lei
natural que impregna toda a legislação, é óbvio que a função política das leis foi abolida a um grau em que – e isso é decisivo na
filosofia política de Marx – nem mesmo novas leis para o melhor
governo ou a melhor sociedade do futuro são imaginadas. A solução de Lenin para o problema resultante é característica: em *O*
Estado e a Revolução, ele escreve: "Nós (...) não (...) negamos a
possibilidade (...) de excessos da parte de pessoas individuais
(...) Mas nenhuma (...) máquina especial de (...) repressão é
necessária para isso; isso será feito (...) tão simples e prontamente quanto qualquer grupo de pessoas civilizadas, mesmo na
sociedade moderna, separa duas pessoas que estão brigando ou
interfere para evitar que uma mulher seja atacada." Quando já
não houver pobreza, esses excessos inevitavelmente "se desva-
necerão". Importa-nos aqui não a convicção um tanto ingênua de
que padrões morais são ponto pacífico bastando que as pessoas
possam conservá-los ou (como diz Lenin na mesma obra) de que
eles foram descobertos em sua simplicidade fundamental há
milhares de anos e são evidentes por si mesmos, muito embora
essa ingenuidade, em certo sentido, separe tanto Marx quanto
Lenin de seus sucessores, tornando-os ainda essencialmente
figuras de um mundo do século XIX em que já não vivemos. O que
importa é que o conceito de lei em Marx não pode ser usado, em
nenhuma circunstância concebível, para o propósito de estabelecer um corpo político ou de assegurar à esfera pública a sua

A Promessa da Política ◈ *O Fim da Tradição*

relativa permanência se comparada à futilidade da vida humana e dos feitos humanos. Ao contrário, na teoria do Estado de Marx a permanência provém diretamente do fato da dominação. Essa permanência é vista como um obstáculo por meio do qual a força do desenvolvimento, que em sua forma mais elementar é o desenvolvimento das capacidades produtivas do homem, é constantemente contida e obstaculizada. Por meio do exercício do poder, a classe dominante procura evitar, e consegue de fato retardar, a chegada ao poder e a sua tomada pela nova classe que ela oprime e explora. A permanência tornou-se um obstáculo, mas, na medida em que existe, reside na dominação, e não na lei.

Na medida em que o conceito de Estado de Marx eliminou completamente o elemento jurídico, não podemos falar propriamente de formas marxianas de governo. Todas as formas tradicionais de governo seriam tiranias, e Engels o admite implicitamente quando diz (numa carta de 1875 a Bebel) que "é puro absurdo falar de um Estado do povo livre; enquanto o proletariado ainda utilizar o Estado, não o fará no interesse da liberdade, mas para submeter seus adversários, e tão logo seja possível falar em liberdade o Estado como tal deixará de existir". O que Marx conhece são quatro formas de dominação que em várias interpretações e contextos aparecem em sua obra, dos primeiros escritos à fase madura: a história começa com a dominação sobre os escravos, que constitui o corpo político da Antigüidade; segue com a dominação da nobreza sobre os servos, que constitui o corpo político do feudalismo; culmina em sua própria época com a dominação da burguesia sobre a classe trabalhadora; e chegará à sua conclusão na ditadura do proletariado, em que a dominação do Estado "se desvanecerá" porque os dominadores não encontrarão nenhuma nova classe para oprimir ou da qual tenham de se defender.

A grandeza da concepção de dominação de Marx é que ela lança luzes sobre uma das fontes a partir da qual a noção de poder iniciou sua trajetória até chegar a definições de corpos políticos sólidos que, tomados em si mesmos, pareciam corresponder a nada menos do que a divisão dos cidadãos em governantes e governados. As quatro formas marxianas de exercício do poder são apenas variações da primeira, o antigo poder sobre os escravos, no qual ele acertadamente viu uma dominação que subjaz a todas as antigas formas de governo. O importante é que, antes da tradição, essa dominação era uma parte tão pequena da esfera pública, que constituía a condição *sine qua non* privada para a admissão nela. Aristóteles distingue três classes (para usar a terminologia de Marx) de homens: aqueles que laboram para outros e são escravos; aqueles que laboram para si mesmos para ganhar a vida e não são cidadãos livres; e aqueles que, por possuir escravos e não laborar nem para si mesmos nem para outros, são admitidos na esfera pública. O fato de a experiência viva e real do exercício do poder não estar situada na esfera pública, mas na esfera privada da vida doméstica, cujo chefe mandava em sua família e seus escravos, é ainda manifesto nos muitos exemplos que se deram desde o início da nossa tradição, e que quase sempre são tomados dessa instituição da vida privada. Já em Platão, as implicações dessa imagem da vida doméstica sobre a ação estão claramente indicadas: "Pois a ciência verdadeiramente régia [da condução dos assuntos públicos] não deve ela própria

A Promessa da Política ◈ *O Fim da Tradição*

agir [*prattein*], mas governar [*archein*] sobre aqueles que podem agir e efetivamente agem". Ela os leva a agir, "pois percebe o começo e o princípio [*archē*] do que é necessário para a pólis, ao passo que os outros só fazem aquilo que se lhes diz para fazer" (*Político*, 305d). Aqui, a relação mais antiga entre *archein* e *prattein*, entre começar alguma coisa e, junto com outros que são necessários e voluntariamente congregados, levá-la a termo, é substituída por uma relação característica da função de supervisão de um senhor dizendo aos seus serviçais como realizar e executar uma dada tarefa. Em outras palavras, a ação se torna mera execução, determinada por alguém que sabe e, conseqüentemente, não age ele próprio.

Ao reinterpretar a tradição do pensamento político e levá-la ao seu fim, é crucial que Marx conteste não a filosofia, mas sua alegada impraticabilidade. Ele contesta a resignação dos filósofos que não fazem mais do que buscar um lugar para si mesmos no mundo, em vez de mudá-lo e torná-lo, por assim dizer, filosófico. E isso não apenas vai além, mas também é decisivamente diferente do ideal platônico de filósofos que governem como reis, porque implica não o governo da filosofia sobre os homens, mas que todos os homens possam se tornar, por assim dizer, filósofos. A conseqüência que Marx extraiu da filosofia da história de Hegel (e toda a obra filosófica de Hegel, incluindo a *Lógica*, tem um único tema – a história) é que a ação, ou *praxis*, contrariamente a toda a tradição, estava tão distante de ser o oposto do pensamento, que era o autêntico e verdadeiro veículo do pensamento, e que a política, longe de estar infinitamente abaixo da dignidade da filosofia, era a única atividade intrinsecamente filosófica.

143

INTRODUÇÃO *NA* POLÍTICA

I

O QUE É POLÍTICA?

A política se baseia no fato da pluralidade humana. Deus criou *o homem*, mas *os homens* são um produto humano, terreno, um produto da natureza humana. A filosofia e a teologia, visto que se ocupam sempre d*o homem* e que suas afirmações só estariam corretas se existissem um ou dois homens ou apenas homens idênticos, não encontraram nenhuma resposta filosófica válida para a pergunta: O que é política? Ainda pior: para todo pensamento científico – para a biologia e a psicologia, como para a filosofia e a teologia – só existe *o homem*, da mesma forma como para a zoologia só existe *o* leão. Só leões se ocupariam de leões.

Notável em todos os grandes pensadores – mesmo Platão – é a diferença de categoria entre suas filosofias políticas e o restante de suas obras. Suas políticas jamais atingem a mesma profundidade. Essa falta de profundidade não é senão uma incapacidade de perceber as profundezas onde a política se ancora.

A Promessa da Política ◈ *Introdução na Política*

Política diz respeito à coexistência e associação de homens *diferentes*. Os homens se organizam politicamente segundo certos atributos comuns essenciais existentes em, ou abstraídos de, um absoluto caos de diferenças. Visto que os corpos políticos são baseados na família e concebidos à sua imagem, o parentesco em todos os seus graus é visto, por um lado, como algo capaz de unir diferenças individuais extremas *e*, por outro, como um meio pelo qual grupos assimilados a indivíduos podem ser isolados e contrastados.

Nessa forma de organização, toda diferenciação original é efetivamente erradicada, assim como a igualdade essencial de todos os homens, na medida em que estamos lidando com *o homem*, é destruída. A ruína da política, nos dois casos, provém da forma como os corpos políticos se desenvolvem a partir da família. Aqui já está indicado o que se torna simbólico na imagem da Sagrada Família — a saber: que Deus criou não apenas o homem, mas também a própria família.

Na medida em que vemos a família como mais do que participação, ou seja, a participação ativa de uma pluralidade, começamos a fazer o papel de Deus, agindo como se pudéssemos escapar naturalmente do princípio humano da diferenciação. Em vez de engendrar um ser humano, tentamos criar *o homem* à nossa própria imagem.

Em termos prático-políticos, porém, a profunda importância da família repousa sobre o fato de estar o mundo organizado de tal modo que não há nele lugar para o indivíduo, ou seja, para quem quer que seja diferente. As famílias são fundadas como abrigos, poderosas fortalezas num mundo inóspito e estranho no

145

qual queremos introduzir o parentesco. Este desejo conduz à perversão fundamental da política, porque abole o atributo básico da pluralidade, ou melhor, confisca-a pela introdução do conceito de parentesco.

O homem, tal como o conhecem a filosofia e a teologia, só existe – ou só se realiza – na política na forma de direitos iguais que os absolutamente diferentes garantem uns aos outros. Essa garantia voluntária e essa outorga do direito à igualdade jurídica reconhecem a pluralidade dos homens, que podem então dar graças a si mesmos por sua pluralidade e ao criador do *homem* por sua existência.

Há duas boas razões para a filosofia nunca ter encontrado um lugar onde a política pudesse concretizar-se. A primeira é a suposição de que há *no* homem algo de político que pertence à sua essência. Isso simplesmente não acontece; *o homem* é apolítico. A política surge *entre os homens*; portanto, absolutamente *fora do homem*. Não existe, por conseguinte, nenhuma substância política. Hobbes o compreendeu perfeitamente.

A segunda é o conceito monoteísta de Deus, a cuja imagem se diz que o homem foi criado. Sobre essa base só pode, é claro, existir *o homem*, do qual *os homens* são apenas uma repetição mais ou menos bem-sucedida. O homem, criado à imagem da solidão de Deus, está na base do "estado da natureza" de Hobbes como uma "guerra de todos contra todos". É a revolta de cada um contra todos os outros, odiados porque existem sem significado – sem significado para o homem criado à imagem da solidão de Deus.

A solução do Ocidente para escapar da impossibilidade da política no marco do seu mito da criação é transformar a política

A Promessa da Política ◈ *Introdução na Política*

em história ou substituí-la por esta. Na idéia de história mundial, a multiplicidade de homens é dissolvida em *um único* indivíduo humano, que passa a ser chamado de humanidade. Tal é a origem do aspecto monstruoso e desumano da história, que atinge seu fim pleno e brutal antes de tudo na política.

É muito difícil entender que existe uma esfera em que podemos ser verdadeiramente livres, isto é, nem movidos por nós mesmos nem dependentes dos dados da existência material. A liberdade só existe no singular espaço intermediário da política. E nós queremos escapar dessa liberdade na "necessidade" da história. Um total absurdo.

Pode ser que a tarefa da política seja construir um mundo tão transparente no que toca à verdade quanto é a criação de Deus. Nos termos do mito judaico-cristão, isso significaria que a*o homem*, criado à imagem de Deus, foi concedida a energia procriadora necessária para organizar *os homens* à imagem da criação divina. Um absurdo, provavelmente. Mas seria a única demonstração possível do conceito de lei natural e a sua única justificativa.

A criação divina da pluralidade d*os homens* se materializa na diferença absoluta de todos os homens entre si, que é maior do que a diferença relativa entre povos, nações e raças. Aqui, no entanto, não há lugar para a política. Desde o começo, a política organiza os absolutamente diferentes, tendo em vista a sua *relativa* igualdade e em contraposição a suas *relativas* diferenças.[48]

---

48 *Denktagebuch*, agosto de 1950.

II

O Preconceito Contra a Política e O Que É,
de Fato, a Política Hoje

Qualquer discurso sobre a política em nossa época deve começar pelos preconceitos que todos nós, que não somos políticos profissionais, temos contra a política. Nossos preconceitos comuns são, eles próprios, políticos em sentido amplo. Eles não provêm da arrogância dos ilustrados nem do cinismo dos que viram demais e compreenderam de menos. Uma vez que brotam no nosso próprio pensamento, não podemos ignorá-los; e, dado que se referem a realidades inegáveis e refletem fielmente a nossa situação presente precisamente em seus aspectos políticos, não podemos silenciá-los com argumentos. Tais preconceitos não são, porém, juízos. Eles indicam que nos deparamos com uma situação na qual não sabemos, pelo menos não ainda, conduzir-nos politicamente. O perigo é a política vir a desaparecer inteiramente do mundo. Os preconceitos invadem nosso pensamento; jogam o bebê fora junto com a água do banho, confundem a política com aquilo que levaria ao seu próprio fim e apresentam essa catástrofe como algo que é inerente à natureza das coisas e, portanto, inevitável.

Por trás dos nossos preconceitos atuais contra a política estão a esperança e o medo: o medo de que a humanidade se autodestrua por meio da política e dos meios de força que tem hoje à sua disposição; e a esperança, ligada a esse medo, de que a humanidade recobre a razão e livre o mundo não de si própria, mas da

A Promessa da Política ◈ *Introdução na Política*

política. Um meio de fazê-lo seria a criação de um governo mundial que transformasse o Estado numa máquina administrativa, resolvesse burocraticamente os conflitos políticos e substituísse os exércitos por forças policiais. Essa esperança é, evidentemente, pura utopia enquanto a política for definida no sentido usual, ou seja, como relação entre dominadores e dominados. Tal ponto de vista levaria não à abolição da política, mas a um despotismo de proporções colossais no qual o abismo que separa os governantes dos governados seria gigantesco a ponto de tornar impossível qualquer espécie de rebelião, para não dizer qualquer forma de controle dos governados sobre os governantes. O fato de nenhum indivíduo – nenhum déspota, *per se* – poder ser identificado nesse governo mundial não mudaria de forma alguma o seu caráter despótico. O governo burocrático, o governo anônimo do burocrata, não é menos despótico porque "ninguém" o exerce. Ao contrário, é ainda mais assustador porque não se pode dirigir a palavra a esse "ninguém" nem reivindicar o que quer que seja.

Mas, se política significa um domínio global em que as pessoas aparecem antes de tudo como seres atuantes que conferem aos assuntos humanos uma permanência que de outra forma não teriam, então essa esperança não é nem um pouco utópica. Há inúmeras situações na história, embora jamais numa escala global, em que a participação ativa das pessoas foi alijada – na forma de tiranias hoje aparentemente obsoletas que soltam as rédeas da vontade de um único homem, ou do totalitarismo moderno, em que os seres humanos são escravizados a serviço de pretensas "forças históricas" e processos superiores e impessoais. A natureza dessa forma de dominação, que num sentido profundo é verdadeiramente apolítica, evidencia-se precisamente na dinâmica que ela mesma gera e que lhe é peculiar; uma dinâmica em que tudo e todos que ontem eram considerados "grandes" podem e devem – para que o movimento conserve o seu impulso – ser hoje relegados ao esquecimento. Não é alívio suficiente para as nossas preocupações sermos compelidos a observar como, nas democracias de massa, por um lado, uma impotência similar se espalha por assim dizer espontaneamente e sem necessidade de terror e, por outro, um processo análogo, auto-alimentado, de consumo e esquecimento cria raízes, ainda que no mundo livre, onde não há terror, tais fenômenos se limitem às esferas da economia e da política no sentido restrito da palavra.

Mas os preconceitos contra a política – a idéia de que a política interna é uma teia de mentiras e ardis tecida por interesses escusos e ideologias ainda mais escusas e a política externa um pêndulo a oscilar entre a propaganda insulsa e o exercício da força bruta – remonta a uma época muito anterior à invenção dos artefatos capazes de destruir toda a vida orgânica do planeta. No que tange à política interna, esses preconceitos são pelo menos tão antigos quanto a democracia partidária – isto é, pouco mais de um século –, que pela primeira vez na história moderna pretendeu representar o povo, algo em que o próprio povo nunca acreditou. A origem da política externa pode ser situada nas primeiras décadas da expansão imperialista da virada do século, quando o Estado nacional começou, não em prol da nação, mas dos interesses econômicos nacionais, a estender o domínio europeu por todo o globo. Mas aquilo que hoje dá ao amplo preconceito contra a política a sua força real – a fuga na impotência,

A Promessa da Política ◈ *Introdução* na *Política*

o desejo desesperado de exonerar-se da capacidade de agir – era naqueles dias preconceito e privilégio de uma pequena classe que acreditava, nas palavras de Lorde Acton, que "o poder corrompe, e o poder absoluto corrompe absolutamente". Ninguém, talvez, mais do que Nietzsche – em sua tentativa de reabilitar o poder – reconheceu mais claramente que essa condenação do poder refletia claramente os anseios ainda inarticulados das massas, embora também ele, bem ao espírito da época, identificasse, ou confundisse, o poder – que indivíduo algum é capaz de possuir, dado que só pode surgir da ação cooperativa de muitos – com o uso da força, cujos meios um indivíduo pode tomar e controlar.

Preconceito e Juízo

Nossos preconceitos, que tomamos como evidentes por si mesmos e que podemos externar em conversas sem necessidade de explicações, são, como já observado, em si mesmos políticos no sentido mais geral do termo – isto é, participam dos assuntos humanos que constituem o contexto onde vivemos nossas vidas cotidianas. O fato de tais preconceitos desempenharem um papel tão importante na vida cotidiana e, conseqüentemente, na política não é algo que devamos lamentar ou tentar mudar. O homem não pode viver sem preconceitos e não simplesmente porque ser humano algum teria inteligência e percepção suficientes para formar juízos originais sobre todas as questões que lhe são submetidas no transcurso de sua vida, mas também porque essa absoluta ausência de preconceito exigiria uma vigilância sobre-

HANNAH ARENDT

humana. É por isso que em todas as épocas e lugares é tarefa da política esclarecer e dissipar os preconceitos, o que não significa que seja sua tarefa treinar as pessoas para serem não preconceituosas ou que aqueles que atuam em prol desse esclarecimento sejam eles próprios livres de preconceito. Se é certo que o grau de vigilância e descortino existente em uma dada época determina a sua fisionomia geral e o nível de sua vida política, não se concebe uma época em que as pessoas possam não recorrer aos seus preconceitos e confiar neles para formar juízos e tomar decisões em áreas importantes de suas vidas.

É óbvio que essa justificação do preconceito como parâmetro para a formação de juízos na vida cotidiana tem limites. Na verdade, ela só se aplica aos preconceitos autênticos — isto é, àqueles que não se arrogam juízos. Preconceitos autênticos são geralmente reconhecidos por seu apelo sem peias à autoridade do "dizem" ou "a opinião geral é de que", embora, é claro, esse apelo não precise ser explicitamente declarado. Preconceitos não são idiossincrasias pessoais, que, embora isentas de prova, têm sempre uma base na experiência pessoal, em cujo contexto reclamam a evidência da percepção sensorial. Por existir à margem da experiência, porém, os preconceitos nunca podem fornecer tal evidência, mesmo para quem a eles está sujeito. Mas, precisamente por não estarem atados à experiência pessoal, eles podem contar com o pronto assentimento dos outros sem precisar de esforço para convencê-los. Nisso o preconceito difere do juízo. O que eles têm em comum, porém, é a maneira como as pessoas reconhecem a si próprias e à sua característica comum, de modo que a pessoa que incorre em preconceitos tem a certeza de estar

A Promessa da Política ◈ *Introdução* na *Política*

exercendo um efeito sobre as outras, ao passo que a idiossincrasia dificilmente prevalece na esfera público-política; seu efeito é restrito à intimidade da vida privada. Conseqüentemente, o preconceito desempenha um importante papel na arena social. Não há, na verdade, estrutura social alguma que não seja mais ou menos baseada em preconceitos que incluem certas pessoas e excluem outras. Quanto mais livre o indivíduo de preconceitos de todo tipo, menos adequado ele é para a esfera puramente social. Neste âmbito não se faz questão alguma de julgar, e tal renúncia, a substituição do juízo pelo preconceito, só se torna perigosa quando se estende à arena política, onde não se pode absolutamente atuar sem juízo, base de todo o pensamento político.

A força e o perigo dos preconceitos se explicam, entre outros, pelo fato de terem sempre oculto dentro de si algo do passado. Examinando com atenção, percebemos que um preconceito genuíno sempre esconde algum juízo anteriormente formado que em sua origem teve uma base apropriada e legítima na experiência e evoluiu como preconceito por ter sido arrastado ao longo do tempo sem ter sido reexaminado ou revisto. Nesse aspecto, expressar um preconceito é coisa bem diferente de "dar um palpite". Este não vai além do âmbito da conversa, onde as opiniões e juízos mais heterogêneos são jogados de um lado para outro como fragmentos de vidro em um caleidoscópio. O perigo do preconceito é o fato de sempre estar ancorado no passado — tão notavelmente bem ancorado, muitas vezes, que não só antecipa e bloqueia o juízo, mas também torna impossíveis tanto o próprio juízo quanto a autêntica experiência do presente. Para dissipar os preconceitos, devemos primeiramente descobrir dentro deles os juízos passados, ou seja, desvelar a verdade que possam conter. Do contrário, batalhões de oradores ilustrados e bibliotecas inteiras não servem para nada, como deixam cristalinamente claro os esforços infindáveis e infindavelmente infrutíferos para resolver questões carregadas de antigos preconceitos, como os problemas dos judeus ou dos negros nos Estados Unidos.

Dado que o preconceito se antecipa ao juízo recorrendo ao passado, sua justificação temporal se limita aos períodos da história — em termos quantitativos a maior parte dela — em que o novo é relativamente raro e o velho predomina no tecido político e social. Em nossa utilização geral, a palavra "juízo" tem dois significados que se devem distinguir com clareza, mas que se confundem sempre que falamos. Juízo significa, primeiramente, organização e subsunção do individual e particular ao geral e universal, procedendo-se então a uma avaliação ordenada com a aplicação de parâmetros pelos quais se identifica o concreto e de acordo com os quais se tomam decisões. Por trás de todos esses juízos há um prejulgamento, um preconceito. Somente o caso individual é julgado, não o próprio parâmetro ou a questão de ele ser ou não uma medida adequada do objeto que está sendo medido. Num dado momento, emitiu-se um juízo sobre o parâmetro, mas agora esse juízo foi adotado, tornando-se, por assim dizer, um meio para se emitirem futuros juízos. Mas juízo pode significar algo totalmente diferente e sempre significa de fato quando nos confrontamos com algo que nunca vimos e para o que não temos nenhum parâmetro à disposição. Esse juízo que não conhece parâmetro só pode recorrer à evidência do que está sendo julgado, e seu único pré-requisito é a faculdade de julgar, o que

A Promessa da Política ◈ *Introdução na Política*

tem muito mais a ver com a capacidade humana de discernir do que com a de organizar e subordinar. Tais juízos sem parâmetros nos são bastante familiares quando se trata de questões de estética e gosto, que, como observou Kant, não se podem "discutir", mas de que se pode, seguramente, discordar e concordar. Na nossa vida cotidiana isso se verifica sempre que dizemos, em face de uma situação desconhecida, que fulano ou beltrano fez um juízo correto ou equivocado.

Em toda crise histórica, são os preconceitos os primeiros a se esboroar e deixar de ser confiáveis. Precisamente porque no livre contexto do "dizem" e do "há quem pense", no contexto limitado em que os preconceitos são usados e justificados, já não se pode contar com a sua aceitação, e eles facilmente se ossificam, convertendo-se em algo que, por natureza, definitivamente não são: pseudoteorias, visões de mundo e ideologias fechadas com explicação para tudo e pretensão de compreender toda a realidade histórica e política. Se a função do preconceito é poupar o indivíduo que julga da necessidade de se abrir e confrontar reflexivamente cada aspecto da realidade, então as visões de mundo e ideologias cumprem-na tão bem, que acabam protegendo-nos de toda experiência por meio da provisão ostensiva de toda a realidade. É essa pretensão de universalidade que distingue muito claramente ideologia de preconceito (sempre parcial por natureza). A ideologia afirma peremptoriamente que não devemos mais nos fiar em preconceitos – e não só neles, como também em nossos parâmetros de juízo e nos prejulgamentos baseados nesses parâmetros – declarados como literalmente inapropriados. A falta de padrões no mundo moderno – a impossibilidade de formar novos juízos sobre o que aconteceu e o que acontece todos os dias com base em padrões sólidos, reconhecidos por todos, e de subsumir esses eventos a princípios gerais bem conhecidos, assim como a dificuldade, estreitamente associada, de se proverem princípios de ação para o que deve acontecer agora – tem sido freqüentemente descrita como niilismo inerente à nossa época, como desvalorização de valores, uma espécie de crepúsculo dos deuses, uma catástrofe na ordem moral do mundo. Todas essas interpretações pressupõem tacitamente que só se pode esperar que os seres humanos emitam juízos se tiverem parâmetros, que a faculdade de julgar não é, portanto, mais do que a habilidade de consignar casos individuais aos seus lugares corretos e adequados dentro de princípios gerais aplicáveis e sobre os quais estão todos de acordo.

É verdade, sabemos que a faculdade de julgar insiste e deve insistir em formar juízos diretamente e sem quaisquer parâmetros, mas as áreas onde isso ocorre – decisões de todo tipo, pessoais e públicas, e questões ditas de gosto – não são elas próprias tomadas a sério. A razão disso é que tais juízos, na verdade, nunca são de natureza compulsória, nunca obrigam que outros se ponham de acordo no sentido de uma conclusão logicamente irrefutável; eles só podem persuadir. Além disso, a idéia de que há algo de compulsório nesses juízos é ela própria um preconceito. Não há prova compulsória inerente aos parâmetros enquanto eles forem vigentes; os parâmetros se baseiam nas mesmas limitadas evidências inerentes a um juízo sobre o qual nos pusemos de acordo e não precisamos mais discutir ou divergir. A única prova compulsória resulta de categorizarmos, de medirmos e

A Promessa da Política ◈ *Introdução na Política*

aplicarmos os parâmetros, de nosso *método* de ordenar o individual e concreto, que, pela própria natureza da empreitada, supõe a validade do parâmetro. Este categorizar e ordenar, em que nada está decidido, salvo se estamos abordando nossa tarefa de uma forma demonstravelmente correta ou incorreta, está mais para o pensar como raciocínio dedutivo do que como ato de formação de juízo. A perda de parâmetros, que define sem dúvida o mundo moderno em sua facticidade e não pode ser revertida por qualquer espécie de retorno aos bons tempos nem pela promulgação arbitrária de novos parâmetros e valores só é, por conseguinte, uma catástrofe no mundo moral se se supõe que as pessoas são efetivamente incapazes de julgar as coisas *per se*, que sua faculdade de julgar é inadequada para formar juízos originais e que o máximo que podemos exigir delas é a correta aplicação de regras conhecidas derivadas de parâmetros já estabelecidos.

Se fosse assim, se a natureza do pensamento humano fosse tal que só pudesse formar juízos tendo à mão parâmetros acabados, então seria de fato correto dizer, como parece que geralmente se supõe, que na crise do mundo moderno não é tanto o mundo quanto o próprio homem que está fora dos eixos. Essa suposição prevalece nos meios acadêmicos de hoje em dia e é absolutamente evidente no fato de que as disciplinas históricas que tratam da história do mundo e do que nela acontece foram dissolvidas primeiro nas ciências sociais e depois na psicologia. Isto é uma indicação inequívoca de que o estudo de um mundo historicamente construído segundo hipotéticas camadas cronológicas foi abandonado em favor do estudo dos modos de comportamentos social, primeiro, e individual, depois. Modos de comportamento não podem jamais ser objeto de investigação sistemática, ou só podem sê-lo se se exclui o homem como agente ativo, autor de eventos demonstráveis no mundo, e o rebaixa à condição de criatura que meramente se comporta de diferentes maneiras em diferentes situações, que pode ser objeto de experimentos e que, é de se esperar, pode ser posto sob controle. Ainda mais significativa do que essa disputa entre acadêmicos na qual, é verdade, jogos de poder nada acadêmicos têm surgido, é um deslocamento similar do centro de interesse, do mundo para o homem, evidenciada nos resultados de uma pesquisa recente. A resposta à pergunta "Qual é o principal objeto de sua preocupação atualmente?" foi quase unânime: o homem. Seu sentido manifesto não era, porém, a ameaça que a bomba atômica representa para a raça humana (preocupação absolutamente justificada), mas, claramente, a natureza do homem, independentemente do que cada respondente entendesse por tal. Em ambos os casos – e poderíamos, é claro, citar vários outros – não há a menor de dúvida de que foi o homem que perdeu o rumo ou corre o risco de perdê-lo e que, em qualquer caso, é o que precisamos mudar.

Independentemente de como as pessoas respondem à questão de se é o homem ou o mundo que está em perigo na crise atual, uma coisa é certa: qualquer resposta que coloque o homem no centro das preocupações atuais e sugira que ele deve mudar para que a situação melhore é profundamente apolítica. Pois no centro da política jaz a preocupação com o mundo, não com o homem – com um mundo, na verdade, constituído dessa ou daquela maneira, sem o qual aqueles que são ao mesmo tempo

A Promessa da Política ◈ *Introdução na Política*

preocupados e políticos não achariam que a vida é digna de ser vivida. E não podemos mudar o mundo mudando as pessoas que vivem nele – à parte a total impossibilidade prática de tal empresa – tanto quanto não podemos mudar uma organização ou um clube tentando, de alguma forma, influenciar seus membros. Se queremos mudar uma instituição, uma organização, uma entidade pública qualquer existente no mundo, tudo que podemos fazer é rever sua constituição, suas leis, seus estatutos e esperar que o resto cuide de si mesmo. Isto é assim porque onde quer que os seres humanos se juntem – em particular ou socialmente, em público ou politicamente – gera-se um espaço que simultaneamente os reúne e os separa. Esse espaço tem uma estrutura própria que muda com o tempo e se revela em contextos privados como costume, em contextos sociais como convenção e em contextos públicos como leis, constituições, estatutos e coisas afins. Onde quer que as pessoas se reúnam, o mundo se introduz entre elas e é nesse espaço intersticial que todos os assuntos humanos são conduzidos.

O espaço entre os homens, que é o mundo, não pode, é claro, existir sem eles, e um mundo sem seres humanos, por oposição a um universo sem seres humanos e uma natureza sem seres humanos, seria uma contradição em termos. Mas isto não significa que o mundo e as catástrofes que nele ocorrem devem ser vistos como ocorrência puramente humana, e menos ainda reduzidos a algo que acontece ao *homem* ou à natureza do homem. Pois o mundo e as coisas deste mundo, em meio aos quais os assuntos humanos têm lugar, não são a expressão da natureza humana, isto é, a marca da natureza humana exteriorizada, mas,

HANNAH ARENDT

ao contrário, resultam do fato de que os seres humanos produzem o que eles próprios não são — isto é, coisas — e de que mesmo as esferas ditas psicológica e intelectual só se tornam realidades permanentes nas quais as pessoas podem viver e se mover na medida em que essas esferas estejam presentes como coisas, como um mundo de coisas. É nesse mundo de coisas que os seres humanos atuam e são eles próprios condicionados, e, por serem condicionados pelo mundo, todas as suas catástrofes se refletem neles, os afetam. Podemos conceber uma catástrofe tão monstruosa, tão devastadora do mundo, que afetasse também a capacidade do homem produzir o seu mundo e as suas coisas e o deixasse tão sem mundo como um animal. Podemos inclusive imaginar que tais catástrofes aconteceram no passado pré-histórico e que certos povos ditos primitivos são o seu resíduo, seus vestígios sem mundo. Podemos também imaginar que a guerra nuclear, se é que ainda haveria vida humana em sua esteira, pode precipitar tal catástrofe destruindo o mundo inteiro. A razão pela qual os seres humanos hão de perecer, no entanto, não são eles próprios, mas, como sempre, o mundo, ou melhor, o curso do mundo sobre o qual eles não mais têm domínio, do qual se encontram tão alienados, que as forças automáticas inerentes a todo processo podem conservar rédea solta. E a antes mencionada preocupação moderna com o homem nem sequer aborda tais possibilidades. Mas o que há de mais terrível e assustador nessa preocupação é que ela não está nem um pouco atenta para essas "externalidades", para o perigo real definitivo portanto, mas se refugia num interior onde, na melhor das hipóteses, é possível a reflexão, mas não a ação e a mudança.

A Promessa da Política ◈ *Introdução na Política*

Pode-se, é claro, apresentar a objeção fácil de que o mundo, do qual falamos aqui, é o mundo dos homens, que ele é o resultado da produtividade humana e da ação humana, o que quer que se entenda por isso. Mas se essas capacidades, que realmente pertencem à natureza do homem, se revelam inadequadas, não deveríamos, então, mudar a natureza do homem para ter a possibilidade de mudar o mundo? O cerne dessa idéia é uma antiga objeção, que pode apelar à melhor de todas as testemunhas – Platão –, que censurava Péricles por, depois de sua morte, não ter deixado os atenienses em situação melhor do que estavam antes.

Qual é o Significado da Política?

A resposta à questão do significado da política é tão simples e conclusiva que se poderia pensar que todas as outras são absolutamente irrelevantes. A resposta é: o significado da política é a liberdade. Sua simplicidade e força conclusiva não estão no fato de serem tão velhas quanto a pergunta – que claramente provém da dúvida e é inspirada pela desconfiança –, mas na existência da política como tal. Na verdade, hoje essa resposta não é nem autoevidente nem imediatamente plausível. Deixa-o patente o fato de que hoje a questão já não se resume a uma pergunta sobre o significado da política, como ocorria na época do surgimento da política a partir de experiências de natureza não política e até antipolítica. Hoje a pergunta provém das experiências bem reais que temos tido com a política; ela é suscitada pelo desastre que a política causou em nosso século e o desastre ainda maior que ameaça causar. Trata-se, portanto, de uma pergunta muito mais radical, agressiva e desesperada: a política ainda tem algum significado?

Formulada desse modo — e é como ela se coloca atualmente para todo mundo —, a pergunta envolve dois importantes fatores: primeiro, nossa experiência com regimes totalitários em que a totalidade da vida humana é pretensamente tão politizada, que sob eles já não há nenhuma liberdade. Vista a coisa sob este ângulo — o que significa, entre outros, sob condições que são especificamente modernas — surge a pergunta de se política e liberdade são compatíveis, de se a liberdade não começa precisamente onde termina a política, de tal modo que a liberdade não pode existir onde e quando a política ainda não encontrou o seu limite e o seu fim. Talvez as coisas tenham mudado tanto desde a época clássica, quando política e liberdade eram consideradas idênticas, que hoje, nas condições modernas, elas devem ser definitivamente separadas.

O segundo fato a impor a pergunta é o monstruoso desenvolvimento dos modernos meios de destruição que são monopólio dos Estados, mas que não poderiam ter sido desenvolvidos sem esse monopólio e só na arena política podem ser empregados. Aqui a questão não é meramente a liberdade, mas a própria vida, a continuação da existência da humanidade e talvez de toda a vida orgânica no planeta. A pergunta que surge torna problemática toda a política; faz parecer duvidoso se a política e a preservação da vida são sequer compatíveis nas condições modernas e exprime uma secreta esperança de que as pessoas tenham o bom senso de renunciar à política antes que a política nos destrua a todos. Sim, pode-se objetar que a esperança de que todos os Estados se

A Promessa da Política ◈ *Introdução na Política*

extingam ou de que a política desapareça por outros meios é ela própria utópica e se supõe que a maior parte das pessoas concordaria com tal objeção. Mas isso absolutamente não altera a esperança nem a pergunta. Se a política é causadora de desastres e não se pode aboli-la, só nos resta o desespero ou a esperança de que não tenhamos de tomar nossa sopa tão quente quanto sai do fogo – esperança bastante tola em nosso século, já que, desde a Primeira Guerra Mundial, toda sopa política que fomos obrigados a engolir veio da cozinha muito mais quente do que qualquer cozinheiro teria desejado.

Essas duas experiências – o totalitarismo e a bomba atômica – suscitam a pergunta sobre o significado da política em nossa época. Trata-se de experiências fundamentais de nossa época. Ignorá-las é como nunca ter vivido no mundo que é o nosso mundo. Há, não obstante, uma diferença entre as duas. Por oposição à experiência de politização total e a conseqüente natureza problemática da política nos regimes totalitários, temos de lidar com o fato de que, desde a Antigüidade, ninguém acredita que o sentido da política seja a liberdade e com o fato adicional de que, no mundo moderno, quer teórica ou praticamente, a política tem sido vista como meio de proteção dos recursos vitais da sociedade e da produtividade de seu desenvolvimento livre e aberto. Como reação à ambigüidade da política tal como experimentada nos regimes totalitários, haveria também um recuo teórico para um ponto de vista historicamente anterior – como se nada desse melhor prova da justeza do pensamento liberal e conservador do século XIX do que os regimes totalitários. O que há de mais perturbador no surgimento, no âmbito da política, da possibilidade de aniquilação física absoluta é que ela torna esse recuo totalmente impossível. Pois aqui a política ameaça justamente aquilo que, de acordo com a opinião moderna, é a sua máxima justificação, qual seja a possibilidade básica da vida para toda a humanidade. Se é verdade que a política nada mais é que um mal necessário para a sustentação da vida humana, então ela de fato começou a banir a si própria do mundo e a transformar seu significado em falta de significado.

Essa falta de significado não é um problema inventado. É um fato real, que experimentaríamos todos os dias se nos déssemos ao trabalho de não apenas ler o jornal, mas também, por indignação com a balbúrdia em que se transformaram todos os problemas políticos, de levantar a questão de como, dada essa situação, as coisas poderiam ser feitas de forma melhor. A falta de significado em que se encontra a política evidencia-se no fato de que todas as questões políticas tomadas individualmente terminam em impasse hoje em dia. Por mais que nos esforcemos para compreender a situação e levar em conta os fatores individuais representados pela dupla ameaça de Estados totalitários e armas nucleares – que a conjunção dos dois só faz agravar –, não conseguimos sequer pensar numa solução satisfatória, mesmo supondo a maior boa vontade de todas as partes, que, como sabemos, não funciona na política, já que boa vontade hoje não é nenhuma garantia de boa vontade amanhã. Partindo da lógica inerente a esses fatores e admitindo que nada exceto essas condições que conhecemos hoje determina o curso presente e futuro do nosso mundo, podemos dizer que uma mudança decisiva para melhor só pode resultar de uma espécie de milagre.

Para nos perguntarmos seriamente que aspecto teria esse milagre, e dissipar a suspeita de que esperar ou, mais precisa-

A Promessa da Política ◈ *Introdução na Política*

mente, contar com milagres é uma atitude tola e frívola, é preciso começar por esquecer o papel que os milagres sempre tiveram na fé e na superstição – isto é, nas religiões e pseudo-religiões. Para nos libertarmos do preconceito de que milagres não são mais que fenômenos autenticamente religiosos por meio dos quais algo de sobrenatural e sobre-humano intervém nos eventos naturais ou no curso natural dos assuntos humanos, seria útil lembrar rapidamente que toda a estrutura da nossa existência física – a existência da Terra, da vida orgânica na Terra e da própria espécie humana – repousa sobre uma espécie de milagre. Pois, do ponto de vista dos eventos universais e das probabilidades estatisticamente calculáveis que os controlam, a formação da Terra é uma "improbabilidade infinita". E o mesmo vale para a gênese da vida orgânica a partir dos processos da natureza inorgânica e da origem da espécie humana a partir dos processos evolutivos da vida orgânica. Tais exemplos tornam claro que toda nova ocorrência irrompe num contexto de processos previsíveis como algo inesperado, imprevisível e, em última instância, inexplicável em termos causais – como um milagre. Em outras palavras, todo novo começo é por natureza um milagre quando visto e vivenciado desde o ponto de vista dos processos que ele necessariamente interrompe. Nesse sentido – ou seja, no contexto dos processos dentro dos quais irrompe – a transcendência demonstravelmente real de cada começo corresponde à transcendência religiosa da crença em milagres.

Isto, sem dúvida, é apenas um exemplo para explicar que o que chamamos de real já é uma trama tecida com realidades terrenas, orgânicas e humanas cuja existência, no entanto, se deve à adição de infinitas improbabilidades. Tomando-o como metáfora do que realmente ocorre na esfera dos assuntos humanos, esse exemplo logo se mostra inadequado. Pois os processos de que estamos tratando são, como dissemos, de natureza histórica, o que significa que não se desenrolam segundo padrões naturais de desenvolvimento, mas são cadeias de eventos cuja estrutura é tão freqüentemente intercalada de improbabilidades infinitas, que falar de milagre nos soa estranho. Mas isso é simplesmente porque o processo histórico nasceu de iniciativas humanas e é constantemente interrompido por novas iniciativas. Se o vemos puramente como processo – que é, evidentemente, o que ocorre em todas as filosofias da história para as quais o processo histórico não resulta da ação conjunta dos homens, mas do desenvolvimento e coincidência de energias extra-humanas, sobre-humanas e sub-humanas das quais o homem é excluído como agente ativo –, todo novo começo, para bem ou para mal, é tão infinitamente improvável, que qualquer grande acontecimento parece um milagre. Vistas objetivamente e desde fora, as chances de o dia de amanhã transcorrer como o de hoje são esmagadoras – e, portanto, em termos humanos, aproximadamente, se não exatamente, tão ínfimas quanto as de a Terra ter se desenvolvido a partir de ocorrências cósmicas, de a vida ter surgido de processos inorgânicos e de o homem, o não-animal, ter resultado da evolução de outras espécies animais.

A diferença crucial entre as improbabilidades infinitas nas quais se baseia a vida humana na Terra e os acontecimentos milagrosos na arena dos assuntos humanos está, é claro, no fato de que neste caso há um fazedor de milagres – isto é, de que o pró-

A Promessa da Política ◈ *Introdução na Política*

prio homem tem, evidentemente, um talento fantástico e misterioso para fazer milagres. A palavra usual, corriqueira, disponível na linguagem para tal talento é "ação". A ação é absolutamente singular no sentido de pôr em marcha processos que, em seu automatismo, se parecem muito com os processos naturais, mas também no de marcar o começo de alguma coisa, começar algo novo, tomar a iniciativa ou, em termos kantianos, forjar a sua própria corrente. O milagre da liberdade é inerente a essa capacidade de começar, ela própria inerente ao fato de que todo ser humano, simplesmente por nascer em um mundo que já existia antes dele e seguirá existindo depois, é ele próprio um novo começo.

A idéia da identidade de liberdade e começo ou, para usar uma vez mais um termo kantiano, de liberdade e espontaneidade parece-nos estranha, porque, de acordo com a nossa tradição de pensamento conceitual e suas respectivas categorias, liberdade é igual a livre-arbítrio, por sua vez entendido como uma escolha entre coisas dadas – entre o bem e o mal, para dizê-lo com todas as letras. Nós não vemos a liberdade como o simples querer que isto e aquilo sejam de tal ou qual maneira. Essa tradição tem, com certeza, as suas razões, que não precisamos abordar aqui, salvo observar que desde os anos remotos da Antigüidade clássica, ela vem sendo extraordinariamente reforçada pela convicção disseminada de que a liberdade não está na ação nem na política, mas só é possível quando o homem renuncia à ação e se retira do mundo para dentro de si próprio, evitando totalmente a política. Essa tradição conceitual e categorial é contraditada pela experiência de todos, seja ela pública ou privada, e é contraditada acima de tudo pela evidência encontrada nas línguas clássicas, nunca com-

167

HANNAH ARENDT

pletamente esquecida, de que o verbo grego *archein* significa tanto começar como conduzir, ou seja, ser livre, e o verbo latino *agere* significa colocar algo em movimento, desencadear um processo.

Se estamos, pois, à espera de milagres devido ao impasse em que se encontra o nosso mundo, tal expectativa de forma alguma nos expulsa da esfera política em seu sentido original. Se o significado da política é a liberdade, isso quer dizer que nessa esfera – e em nenhuma outra – nós temos efetivamente o direito de esperar milagres. Não por acreditarmos supersticiosamente em milagres, mas porque os seres humanos, saibam eles ou não, na medida em que são capazes de agir, estão aptos a realizar, e realizam mesmo, constantemente, o improvável e o imprevisível. A questão de se a política ainda tem algum significado inevitavelmente nos envia, do exato ponto onde termina, numa crença em milagres – e onde mais poderia terminar? –, de volta à questão do significado da política.

O Significado da Política

A desconfiança com relação à política e a questão do significado da política são ambas muito antigas, tão antigas quanto a tradição da filosofia política. Elas remontam a Platão e talvez até a Parmênides, e nasceram com as experiências bastantes reais desses filósofos com a pólis, uma forma organizacional de vida em comum humana tão exemplar e definitivamente determinante daquilo que ainda entendemos por política, que até a palavra "política" deriva, em todas as línguas européias, do grego *polis*.

A Promessa da Política ◈ *Introdução na Política*

Tão antigas quanto a questão do significado da política são as respostas que dão justificação à política, e quase todas as suas definições são, em nossa tradição, essencialmente justificações. Em termos bastante gerais, podemos dizer que todas essas justificações e definições acabam caracterizando a política como um meio para se atingirem fins mais elevados, ainda que as definições de quais deveriam ser esses fins variem substancialmente ao longo dos séculos. Não obstante essa variedade, elas podem ser reduzidas a algumas poucas respostas básicas, fato este que traduz a simplicidade elementar do objeto de que estamos tratando.

A política, segundo se diz, é absolutamente necessária à vida humana, não apenas da sociedade, como do indivíduo também. Como o homem não é auto-suficiente, mas é dependente de outros para sua existência, são necessários provimentos que afetam a vida de todos e sem os quais a vida comum seria impossível. A tarefa, a finalidade última, da política é salvaguardar a vida em seu sentido mais amplo. A política possibilita ao indivíduo perseguir seus próprios fins sem ser, por assim dizer, importunado pela política – e não faz diferença alguma quais são as esferas da vida que aspiram à salvaguarda em relação à política, quer seja o seu propósito, como pensavam os gregos, tornar possível a uns poucos se ocupar da filosofia ou, mais modernamente, assegurar para a maioria a vida, o sustento e um mínimo de felicidade. E além disso, como observou Madison, dado que nossa preocupação é a vida coletiva dos homens, e não dos anjos, o provimento da existência humana só pode ser realizado pelo Estado, que detém o monopólio da força bruta e impede a guerra de todos contra todos.

Essas respostas dão como auto-evidente que a política existe em todas as épocas e lugares onde haja vida humana em comum em qualquer sentido histórico e civilizatório. Tal suposição costuma apelar à definição aristotélica do homem como animal político, apelo que não é de menor importância, uma vez que a pólis moldou decisivamente, em linguagem e conteúdo, o conceito europeu do que é de fato e que significado tem a política. Também não é de menor importância que esse apelo a Aristóteles se baseie num mal-entendido muito antigo, embora pós-clássico. Para Aristóteles, a palavra *politikon* era um adjetivo aplicável à organização da pólis, não uma designação de quaisquer formas de vida em comum humana, e ele certamente não pensava que todos os homens são políticos ou que sempre existe política, ou seja, uma pólis, onde quer que vivam as pessoas. Sua definição excluía não apenas os escravos, mas também os bárbaros dos impérios asiáticos, de cuja humanidade ele nunca duvidou, a despeito de seus sistemas despóticos de governo. O que ele quis dizer foi simplesmente que é exclusividade do homem *poder* viver numa pólis e que a pólis organizada é a forma mais elevada de vida em comum humana, algo especificamente humano e, portanto, eqüidistante dos deuses, que podem existir em e de si mesmos em total liberdade e independência, e dos animais, cuja vida em comum, se é que existe algo assim, é uma questão de necessidade. Como era praxe em tantas outras partes de seus escritos políticos, Aristóteles não tanto exprimia, aqui, a sua opinião pessoal como refletia um ponto de vista comum, ainda que muito pouco estruturado, a todos os gregos de seu tempo. A política no sentido aristotélico

A Promessa da Política ◇ *Introdução na Política*

não é, pois, auto-evidente e com toda a certeza não está em todo lugar onde os homens vivam em comunidade. Tal como os gregos a viam, ela só existiu na Grécia – e, mesmo assim, durante um curto período de tempo.

O que distingue a vida em comum na pólis de todas as outras formas de vida humana em comum – com as quais os gregos estavam seguramente familiarizados – é a liberdade. Isto não significa, porém, que a esfera política era entendida como um meio de tornar possível a liberdade humana – uma vida livre. Ser livre e viver na pólis eram, em certo sentido, a mesma coisa. Mas apenas em certo sentido, pois para poder viver numa pólis o homem precisava já ser livre sob outro aspecto – não podia estar submetido como escravo à dominação de outro ou como trabalhador à necessidade de ganhar o pão de cada dia. O homem devia primeiro ser libertado ou libertar-se a si próprio para poder desfrutar a liberdade, e ser libertado da dominação das necessidades da vida era o verdadeiro significado da palavra grega *scholē*, ou da latina *otium* – o que hoje chamamos de ócio, lazer. Em contraste com a liberdade, essa libertação era um fim que podia, e tinha de ser, conquistado por certos meios. O meio crucial era a escravidão, a força bruta pela qual um homem obrigava outros a desonerá-lo dos encargos da vida cotidiana. Ao contrário de todas as formas de exploração capitalista, que buscam primordialmente fins econômicos voltados ao aumento da riqueza, a exploração dos escravos na Grécia clássica visava a libertar completamente seus senhores do trabalho para que pudessem desfrutar a liberdade da arena política. Essa libertação, obtida por meio da força e da coação, baseava-se na dominação absoluta que cada chefe de família exercia sobre a sua casa. Mas essa dominação não era ela própria política, embora fosse um pré-requisito indispensável de tudo que era político. A política, se se quer entendê-la no contexto das categorias meios e fins, era para os gregos, como para Aristóteles, primordialmente um fim, e não um meio. E esse fim não era a liberdade como tal, como se realizava na pólis, mas a libertação pré-política para o exercício da liberdade na pólis. Aqui o significado da política, em contraposição ao seu fim, é o de que os homens, em sua liberdade, podem interagir uns com os outros sem coação, força nem dominação, como iguais entre iguais, comandando-se e obedecendo-se mutuamente somente nas emergências – vale dizer, em tempos de guerra – e, quanto ao mais, conduzindo todos os seus assuntos por meio do diálogo e da persuasão.

A "política", no sentido grego da palavra, está, portanto, centrada na liberdade, com o que esta é entendida negativamente como o estado de quem não é dominado nem dominador e positivamente como um espaço que só pode ser criado por homens e no qual cada homem circula entre seus pares. Sem esses que são meus iguais, não existe liberdade, razão pela qual o homem que domina outros – e que precisamente por essa razão é diferente deles em princípio – é, de fato, mais feliz e invejável do que aqueles que ele domina, embora nem um pouco mais livre. Também ele se move em um espaço onde não há liberdade. Para nós isso é difícil de entender por associarmos igualdade ao conceito de justiça, não ao de liberdade, razão pela qual atribuímos um significado equívoco à palavra grega para uma constituição livre, *isonomia*, qual seja igualdade perante a lei. Mas *isonomia* não signifi-

A Promessa da Política ◆ *Introdução na Política*

ca que todos os homens são iguais perante a lei ou que a lei é a mesma para todos, mas que todos têm o mesmo direito à atividade política; na pólis, essa atividade assumiu fundamentalmente a forma de falar uns com os outros. *Isonomia* é, por conseguinte, essencialmente o direito igual de falar e, como tal, o mesmo que *isēgoria*; mais tarde, em Políbio, ambos são simplesmente *isologia*.[49] Falar na forma de mandar e ouvir na forma de obedecer não eram considerados como o falar e o ouvir concretos; eles não eram livres porque eram ligados a um processo definido não pelo falar, mas pelo fazer e laborar. As palavras, nesse caso, eram meros substitutos do fazer algo, na verdade de algo que supunha o uso da força e ser coagido. Quando os gregos diziam que escravos e bárbaros eram *aneu logou* (destituídos de palavras), o que queriam dizer era que a sua situação os tornava inaptos à livre expressão. O déspota, que só conhece o mandar, encontra-se na mesma situação; para falar, ele precisaria de outros, seus iguais. A liberdade não requer uma democracia igualitária no sentido moderno, mas uma oligarquia ou aristocracia muito estritamente limitada, uma arena na qual pelo menos uns poucos, ou os melhores, possam interagir entre si como iguais entre iguais. Essa igualdade não tem, evidentemente, nada a ver com justiça.

A questão fundamental que envolve esse tipo de liberdade política é ser um construto espacial. Aquele que deixa a sua pólis ou dela é banido perde não apenas sua terra natal ou pátria; perde também o único espaço onde pode ser livre – e a companhia dos seus iguais. Mas, no que toca à vida e à provisão de suas necessi-

---

[49] *Isēgoria* e *isologia* designam explicitamente igual liberdade de expressão.(N. O.)

dades, esse espaço de liberdade não era essencial, tampouco indispensável; na verdade, era mais propriamente um estorvo. Os gregos sabiam por experiência própria que um tirano sensato (o que hoje chamaríamos de um déspota esclarecido) era muito vantajoso para o bem-estar da cidade e o florescimento de suas artes materiais e intelectuais. Mas o tirano trazia consigo o fim da liberdade. Os cidadãos eram banidos para as suas casas, e a ágora, o espaço onde se dava a interação dos iguais, abandonada. Não havia mais um espaço para a liberdade, o que significava que a liberdade política não mais existia.

Aqui não é o lugar para discutir o que mais se perdia com essa perda de espaço político, que na Grécia clássica coincide com perda da liberdade. Nossa única preocupação aqui é lançar um breve olhar retrospectivo sobre o conteúdo original do conceito de política, de modo a nos curarmos do preconceito moderno de que a política é uma necessidade inelutável, de que ela sempre existiu, em todos os tempos e lugares. Uma necessidade – quer no sentido de uma necessidade imperiosa da natureza humana, como a fome, ou o amor, quer no sentido de uma instituição indispensável à vida em comum humana – é precisamente o que a política não é. Na verdade, a política começa onde termina a esfera das necessidades materiais e da força física. A política como tal existiu tão raramente e em tão poucos lugares, que, falando historicamente, só umas poucas épocas extraordinárias a conheceram e a tornaram realidade. Esses raros e felizes acasos históricos têm sido, no entanto, cruciais; somente neles o significado da política – com seus benefícios e seus males – se manifesta plenamente. E essas épocas estabeleceram um padrão, não de modo que

A Promessa da Política ◈ *Introdução* na *Política*

suas formas organizacionais intrínsecas pudessem ser imitadas, mas de que certas idéias e conceitos, nelas plenamente realizados por um breve período de tempo, também determinam as épocas às quais foi negada uma experiência plena de realidade política.

A mais importante dessas idéias, aquela que continua sendo uma parte inegavelmente válida do nosso conceito de política e que por isso sobreviveu a todas as reviravoltas históricas e transformações teóricas, é, sem dúvida alguma, a de liberdade. A idéia de que política e liberdade são inseparáveis e a tirania o pior dos regimes políticos, um regime antipolítico na verdade, percorre todo o pensamento e ação da cultura européia até os tempos recentes. Até o surgimento dos regimes totalitários e das ideologias que lhes correspondem, ninguém ousou cortar esse fio — nem mesmo o marxismo, que, a essa altura, havia anunciado o reino da liberdade e uma ditadura do proletariado (concebida no sentido romano) como instrumento temporário de revolução. O que há de verdadeiramente novo e aterrorizante no totalitarismo não é a negação da liberdade ou a afirmação de que ela não é boa nem necessária para a humanidade, mas a noção de que a liberdade humana deve ser sacrificada ao desenvolvimento histórico, processo que só pode ser obstaculizado quando os seres humanos agem e interagem em liberdade. Esta é uma visão comum a todos os movimentos políticos especificamente ideológicos, para os quais a questão teórica crucial é a de que a liberdade não está na ação e interação dos seres humanos nem no espaço que se constitui entre eles, mas remete-se a um processo que se desenrola por trás daqueles que agem e realiza seu trabalho em segredo, além da arena visível dos assuntos públicos. O modelo desse con-

HANNAH ARENDT

ceito de liberdade é um rio que flui livremente; toda tentativa de bloquear esse fluxo constitui um impedimento arbitrário. Aqueles que, no mundo moderno, assimilam a velha dicotomia liberdade e necessidade à dicotomia liberdade e ação arbitrária encontram nesse modelo uma velada justificativa. Em todos esses casos, o conceito de política, em todas as suas formas, é substituído pelo moderno conceito de história. Os acontecimentos políticos e a ação política são absorvidos no processo histórico, e história passa a significar, num sentido bastante literal, o fluir da história. A diferença entre esse pensamento ideológico difuso e os regimes totalitários está em que estes últimos descobriram os meios políticos de integrar os seres humanos de maneira que eles estejam tão inteiramente envolvidos na "liberdade" da história, em seu "livre fluxo", que já não podem obstruí-la, mas, ao contrário, convertem-se em impulso para a sua aceleração. Isto se faz por meio do terror coercitivo aplicado de fora e do pensamento ideológico coercitivo aplicado de dentro — uma forma de pensamento que se associa à corrente da história, tornando-se, por assim dizer, inerente ao seu fluir. Esse desenvolvimento totalitário é, sem sombra de dúvida, o passo decisivo rumo à abolição da liberdade no mundo real. O que não significa, porém, que o conceito de liberdade já não tenha desaparecido em teoria em todo lugar onde o pensamento moderno substituiu o conceito de política pelo de história.

Nascida dentro da pólis grega, a idéia de que a política está inevitavelmente atada à liberdade foi capaz de sustentar-se durante milênios, o que é ainda mais notável e animador porquanto é improvável que exista algum outro conceito e experiên-

A Promessa da Política ◈ *Introdução na Política*

cia do pensamento ocidental que tenha sofrido tal mudança e enriquecimento ao longo do tempo. Liberdade significa, originalmente, não mais do que ser capaz de ir aonde se queira, mas isso envolvia bem mais do que entendemos hoje por liberdade de movimento. Mais do que simplesmente não estar sujeito à coação de outra pessoa, liberdade significava a possibilidade de afastar-se completamente do âmbito da coação – a vida doméstica, junto com sua "família" (ela própria um conceito romano que Mommsen certa vez traduziu de forma apressada como "servidão" [Theodor Mommsen, *Römische Geschichte*, vol. I, p. 62]). Só o senhor da casa tinha essa liberdade, que consistia não em seu domínio sobre os demais membros da casa, mas em que, sobre a base desse domínio, ele podia afastar-se de sua casa, de sua família em sentido clássico. É óbvio que havia desde o começo, inerente a essa liberdade, um elemento de risco, de temeridade. O lar, que o homem livre podia deixar ao seu bel-prazer, era não apenas o lugar onde o homem era dominado pela necessidade e pela coação, mas também o lugar onde a vida de cada indivíduo – embora atada a essa necessidade e coação – estava assegurada, onde tudo estava organizado para atender às necessidades vitais. Só era, portanto, livre o homem disposto a arriscar a própria vida, e de alma escrava e servil aquele que professava um apego excessivo à vida – vício para o qual a língua grega tem uma palavra especial: *philopsychia.*[50]

A noção de que só é livre aquele que está disposto a arriscar a própria vida nunca desapareceu completamente da nossa cons-

---

[50] Literalmente, amor pela vida, com a conotação de fraqueza de caráter. (N. O.)

HANNAH ARENDT

ciência; o mesmo vale, em geral, para a conexão da política com o perigo e o risco. A coragem é a mais antiga de todas as virtudes políticas, e ainda hoje uma de suas poucas virtudes cardeais, porque somente saindo de nossa existência privada e dos relacionamentos familiares a que nossas vidas estão ligadas podemos chegar ao mundo público comum que é o nosso espaço verdadeiramente político. Há muito que o espaço adentrado pelos que ousavam cruzar o limiar de suas casas deixou de ser uma esfera de aventuras e empreendimentos grandiosos em que um homem podia se engajar com esperança de sobreviver desde que estivesse junto de seus iguais. Embora fosse, é bem verdade, público o mundo que se abria a esses aventureiros intrépidos e empreendedores, não se tratava ainda de um espaço verdadeiramente político. A esfera na qual se aventuravam esses homens destemidos tornou-se pública por estarem eles entre seus iguais, capazes de ver, ouvir e admirar os feitos que, por intermédio das sagas de poetas e contadores de histórias pósteros, valeram a cada um fama duradoura. Em contraste com o que ocorre em privado e no âmbito da família, na segurança de suas próprias quatro paredes, tudo aqui aparece sob uma luz que só pode ser gerada no espaço público, isto é, na presença de outros. Mas essa luz, pré-requisito de todas as reais aparências no mundo, é enganosa enquanto for meramente pública, mas não política. O espaço público da aventura e do empreendimento desaparece no momento em que tudo chega ao fim, uma vez que o exército tenha levantado acampamento e os "heróis" – que em Homero significam simplesmente homens livres – tenham voltado para casa. Esse espaço público não se torna político até que esteja assegurado dentro de uma

A Promessa da Política ◈ *Introdução na Política*

cidade, ou seja, ligado a um lugar concreto que sobreviva a esses feitos memoráveis e aos nomes de seus memoráveis feitores e possa assim transmiti-los à posteridade de geração em geração. Essa cidade que oferece abrigo permanente aos homens mortais e seus feitos e palavras transientes é a pólis; ela é política e, portanto, diferente de outros assentamentos (para os quais os gregos tinham uma palavra específica: *astē*), porque foi intencionalmente construída ao redor de um espaço público, a ágora, onde a qualquer momento os homens livres podem se encontrar como iguais.

Essa íntima ligação entre a política e as narrativas homéricas é de enorme importância para o entendimento do nosso próprio conceito político de liberdade e de como ele surgiu na pólis grega. E isso não apenas porque Homero tornou-se o educador da pólis, mas também porque para o modo grego de pensar a fundação da pólis como instituição se liga estreitamente a experiências contidas nos relatos homéricos. Os gregos não tiveram, pois, dificuldade de transferir o conceito central de uma pólis livre, livre da dominação de qualquer tirano – isto é, o conceito de *isonomia* e *isēgoria* –, que remonta aos tempos homéricos, porque o exemplo da grandiosa experiência das possibilidades da vida entre iguais já estava presente nos épicos homéricos; e, o que talvez fosse mais importante, era possível interpretar a ascensão da pólis como resposta a essas experiências. Isto podia se dar, por assim dizer, negativamente – da forma como Péricles se refere a Homero em sua oração fúnebre: a pólis tinha de ser fundada para assegurar à grandeza dos feitos e palavras humanos um abrigo mais seguro do que a celebração que o poeta registrara e perpetuara em seu poema (Tucídides, ii, 41). Mas podia também se dar

HANNAH ARENDT

positivamente – da forma sugerida por Platão em sua *Décima Primeira Carta* (359b): a pólis surgiu da conjunção de grandes eventos guerreiros ou outros feitos – isto é, da atividade política e sua grandeza intrínseca. Em ambos os casos, é como se o exército homérico não tivesse se dispersado, mas se reunido em seu retorno à pátria e estabelecido a pólis, assim fundando um espaço onde pudesse continuar para sempre intacto. Fossem quais fossem as mudanças futuras dessa permanência, a substância do espaço da pólis permanecia ligada às suas origens no mundo homérico.

É perfeitamente natural que em um espaço político no sentido autêntico da palavra o que se entende por liberdade mude de significado. A questão do empreendimento e da aventura perde força pouco a pouco, ao passo que o que era, por assim dizer, apenas um complemento necessário dessas aventuras – a presença constante de outros, o lidar com outros no espaço público da ágora, a *isēgoria* de Heródoto – agora se torna a real substância de uma vida livre. Ao mesmo tempo, a mais importante atividade de uma vida livre muda da ação para o discurso, de atos livres para a livre expressão.

Essa mudança tem grande importância e validade ainda maior para a tradição do nosso conceito de liberdade – em que as noções de ação e discurso são mantidas separadas por princípio, correspondendo, por assim dizer, a duas faculdades humanas inteiramente diferentes – do que jamais teve na história da Grécia. Um dos aspectos dos mais notáveis e fascinantes do pensamento grego é o de que desde o começo, vale dizer ainda nos tempos de Homero, essa separação de princípio entre discurso e

A Promessa da Política ◈ *Introdução na Política*

ação não existia, dado que o fazedor de grandes feitos devia ser ao mesmo tempo um orador de grandes palavras – e não apenas porque grandes palavras eram necessárias para acompanhar e explicar grandes feitos, que de outra forma cairiam em silencioso esquecimento, mas também porque o próprio discurso era desde o começo considerado uma forma de ação. O homem não pode escapar dos golpes do destino, das cavilações dos deuses, mas pode resistir a eles em palavras e responder-lhes, e, embora a resposta não mude nada, não desvie o infortúnio nem traga boa sorte, essas palavras pertencem ao acontecimento como tal. Se as palavras têm estatuto de acontecimento, se, como dito no final da *Antígona*, "grandes palavras" respondem e pagam na mesma moeda aos "grandes golpes vindos do alto", então o que acontece é em si mesmo algo grandioso e digno de recordação e fama. Nesse sentido, o discurso é uma forma de ação, e nossa queda pode vir a ser um feito se vociferarmos contra ela mesmo enquanto morremos. A tragédia grega – seu drama, seus acontecimentos – baseia-se nessa convicção fundamental.

Esse entendimento do discurso, que também subjaz à descoberta pela filosofia grega do poder autônomo do *logos*, já começa a se diluir na experiência da pólis para logo desaparecer inteiramente na tradição do pensamento político. Desde muito cedo, a liberdade de opinião – o direito de ouvir as opiniões de outros e de fazer ouvir as próprias opiniões, que para nós ainda constitui um componente inalienável da liberdade política – deslocou essa outra versão de liberdade, que, embora não contradiga a liberdade de opinião, está peculiarmente associada à ação e ao discurso na medida em que discurso é ato. Essa liberdade consiste no que

HANNAH ARENDT

chamamos de espontaneidade, que, de acordo com Kant, se baseia na capacidade que tem todo ser humano de iniciar uma seqüência, de forjar uma nova corrente. A melhor ilustração, talvez, dentro da arena da política grega, de que liberdade de ação é a mesma coisa que começar de novo e iniciar algo é a palavra *archein*, que significa tanto começar quanto conduzir. Esse duplo significado indica manifestamente que o termo "líder" foi originalmente usado para a pessoa que iniciava alguma coisa e buscava companheiros para ajudar a realizá-la; e esse realizar, esse levar a termo algo que se começou, era o significado original da palavra grega para ação, *prattein*. A mesma ligação entre ser livre e começar algo está nas idéias romanas de que a grandeza dos antepassados estava contida na fundação de Roma e de que a liberdade dos romanos tinha sempre de ser remetida a essa fundação – *ab urbe condita* – onde um começo fora feito. Agostinho aduziu, então, a base ontológica dessa liberdade tal como experimentada pelos romanos, dizendo que o próprio homem é um começo, um *initium*, uma vez que não existiu sempre, mas vem ao mundo pela via do nascimento. Apesar da filosofia política de Kant, que, pela via de sua experiência na Revolução Francesa, tornou-se uma filosofia da liberdade, com seu cerne construído ao redor do conceito de espontaneidade, foi somente em nossa própria época que viemos a perceber a extraordinária importância política de uma liberdade que reside em sermos capazes de começar algo novo – precisamente porque, é provável, os regimes totalitários não se contentaram simplesmente em reprimir a liberdade de opinião, mas trataram também de destruir por princípio a espontaneidade humana em todas as esferas. Isto,

A Promessa da Política ◈ *Introdução na Política*

por sua vez, é inevitável em todo lugar onde o processo histórico-político seja definido em termos determinísticos como algo que é preordenado de antemão a seguir suas próprias leis e, por conseguinte, é plenamente reconhecível. O que se opõe a toda predeterminação e conhecimento do futuro é o fato de que o mundo se renova diariamente pelo nascimento e é constantemente arrastado para o imprevisivelmente novo pela espontaneidade de cada nova chegada. Somente roubando aos recém-nascidos sua espontaneidade, seu direito de começar algo novo, pode a trajetória do mundo ser definida deterministicamente e, conseqüentemente, prevista.

A liberdade de opinião e sua expressão, determinantes para a pólis, diferem da liberdade inerente à capacidade que tem a ação de produzir um novo começo, porque dependem mais e mais da presença de outros e do confronto de opiniões. É verdade que a ação nunca pode se dar em isolamento, dado que a pessoa que começa alguma coisa só pode aventurar-se nela depois de ter granjeado a ajuda de outros. Nesse sentido, toda ação é ação "concertada", como Burke costumava dizer; "é impossível agir sem amigos e companheiros confiáveis" (Platão, *Sétima Carta*, 325d); impossível, bem entendido, no sentido do verbo grego *prattein*, pôr em prática e completar. Mas este é na verdade apenas um estágio da ação, embora, como aquele que determina em última instância o resultado e o aspecto dos assuntos práticos humanos, seja o estágio politicamente mais importante. Ele é precedido pelo começo, *archein*; mas essa iniciativa, que determina quem será o líder ou *archon*, o *primus inter pares*, depende realmente do indivíduo e de sua coragem de se lançar numa empreitada. Um único indivíduo, Hércules por exemplo, pode, é claro, agir sozinho se os deuses o ajudam a realizar grandes feitos; ele só precisa de outras pessoas para assegurar que as notícias de seus feitos se difundam. Embora toda liberdade política perca seu melhor e mais profundo significado sem a liberdade da espontaneidade, esta é, por assim dizer, pré-política; a espontaneidade só depende das formas organizacionais da vida em comum na medida em que somente o mundo pode, em última instância, organizá-la. Mas como em última análise surge do indivíduo, mesmo em condições muito desfavoráveis – o ataque de um tirano, por exemplo –, a espontaneidade ainda consegue se preservar. Ela se revela na produtividade do artista, como de todos os que produzem coisas do mundo isolados dos demais, e pode-se dizer que nenhuma produção é possível sem primeiramente ter sido criada por essa capacidade de agir. Muitas atividades humanas, no entanto, só podem se dar distanciadas da esfera política, distanciamento que é, na verdade, uma condição essencial para certos tipos de produtividade humana.

Este não é absolutamente o caso da liberdade de falar uns com os outros, que só é possível em interação com os demais. A liberdade de expressão sempre teve muitas formas e significados diferentes, e já na Antiguidade exibia a estranha ambigüidade que carrega até hoje. A questão chave, porém, tanto naquela época como agora, não é que o indivíduo possa dizer o que lhe aprouver nem que tenha o direito inerente de se expressar tal como é, mas que sabemos por experiência que ninguém pode,

A Promessa da Política ◇ *Introdução na* Política

por si só, apreender adequadamente o mundo objetivo em sua plena realidade, porque este sempre se mostra e se revela desde uma única perspectiva, que corresponde e é determinada pelo lugar que o indivíduo ocupa no mundo. Só se pode ver e experimentar o mundo tal como "realmente" é entendendo-o como algo que é compartilhado por muitas pessoas, que está entre elas, que as separa e as une, revelando-se de modo diverso a cada uma, enfim, que só é compreensível na medida em que muitas pessoas possam falar *sobre* ele e trocar opiniões e perspectivas em mútua contraposição. Somente na liberdade de falarmos uns com os outros é que surge, totalmente objetivo e visível desde todos os lados, o mundo sobre o qual se fala. Viver num mundo real e falar uns com os outros sobre ele são basicamente a mesma coisa, e aos gregos a vida privada parecia "idiota", porque carecia da diversidade que provém de falar sobre alguma coisa e da experiência de como as coisas realmente acontecem no mundo.[51]

Essa liberdade de movimento, pois – quer como liberdade de partir e começar algo novo e inaudito, quer como liberdade de interagir oralmente com muitos outros e experimentar a diversidade que é a totalidade do mundo – , com toda a certeza não era e não é o objetivo último da política, isto é, algo que possa ser alcançado por meios políticos, mas, ao contrário, a substância e o significado de tudo que é político. Nesse sentido, política e liberdade são idênticas, e onde inexiste esse tipo de liberdade inexiste espaço verdadeiramente político. Por outro lado, os meios pelos quais se pode estabelecer um espaço político e

---

[51] Em grego, *idion* significa privado, próprio, peculiar. (N. O.)

defender sua existência não são sempre, nem necessariamente, meios políticos. Os gregos, por exemplo, de forma alguma consideravam os meios utilizados para formar e manter o espaço político como legitimamente políticos – isto é, como um gênero de ação contida na essência da pólis. Eles acreditavam que o estabelecimento da pólis requeria um ato legislativo, mas esse legislador não era um cidadão da pólis, e o que ele fazia definitivamente não era "político". Acreditavam também que a pólis não precisava proceder politicamente na relação com outros Estados, mas que podia recorrer à força – fosse porque sua existência era ameaçada pelo poder de outras comunidades, fosse por querer a sua subserviência. Em outras palavras, isto que hoje chamamos de "política externa" não era para os gregos política em nenhum sentido real. Mais adiante voltaremos a essa questão. Por ora, o fundamental é entender a própria liberdade como política, e não como um objetivo, talvez o mais elevado, a ser obtido por meios políticos, e perceber que a coação e a força bruta, em qualquer caso meios de proteger e estabelecer, ou expandir, o espaço político, em si mesmas e por si mesmas, definitivamente não são políticas. São fenômenos periféricos à política; portanto, não a própria política.

O espaço político como tal realiza e garante a liberdade de todos os cidadãos e a realidade discutida e testemunhada pela maioria. Mas a busca de um significado para além da esfera política só pode ser levada a cabo se, como os filósofos da pólis, se opta por interagir com a minoria e se convence de que falar livremente com outros sobre alguma coisa não produz realidade, mas engano, e não cria verdade, mas mentiras.

A Promessa da Política ◈ *Introdução na Política*

Parmênides parece ter sido o primeiro a assumir esse ponto de vista. O crucial em seu caso não foi, por exemplo, separar a maioria dos sem valor da minoria de homens bons, como fez Heráclito e era típico do espírito agonal que marcava a vida política grega, em que cada homem se esforçava o tempo todo para ser o melhor. Parmênides distinguia o caminho da verdade, aberto somente ao indivíduo como indivíduo, dos caminhos do engano trilhados por todos que estão na estrada com seus semelhantes para quaisquer propósitos. Platão o seguiu, em certa medida, nessa questão. Mas a adoção de Parmênides por Platão vem a ser aqui politicamente significativa precisamente porque, ao fundar a Academia, Platão não insistiu no indivíduo, mas tomou a idéia fundamental dos poucos capazes de filosofar entre si com liberdade de expressão e fez dela uma realidade.

Platão, o pai da filosofia política ocidental, tentou de várias formas se opor à pólis e ao que ela entendia por liberdade por meio de uma teoria política na qual os critérios políticos eram derivados não da política, mas da filosofia, de uma constituição detalhada cujas leis correspondiam a idéias somente acessíveis ao filósofo e, finalmente, influenciando um governante para que transformasse essa legislação em realidade – intento que quase lhe custou a liberdade e a própria vida. A fundação da Academia foi outro de tais intentos, ao mesmo tempo em oposição à pólis, por situar a Academia fora da arena política, e em consonância com o conteúdo desse espaço político especificamente greco-ateniense, que é o fato de falarem os homens uns com os outros. Com isso emergiu, ao lado da esfera da liberdade política, um novo espaço de liberdade que sobreviveu até a nossa época na forma da liberdade das universidades e liberdade acadêmica. Embora criada à imagem de uma liberdade originalmente experimentada como política e presumivelmente entendida por Platão como cerne ou gênese da definição da vida em comum da maioria no futuro, essa liberdade resultou efetivamente na introdução de um novo conceito de liberdade no mundo. Em contraposição a uma liberdade puramente filosófica válida somente para o indivíduo, para o qual tudo que é político é tão remoto que somente o corpo do filósofo habita a pólis, essa liberdade da minoria é política por natureza. O espaço livre da Academia devia ser um substituto plenamente válido da praça do mercado, a ágora, o espaço central de liberdade na pólis. Para se manter como tal, a minoria tinha de exigir que sua atividade, seu falar uns com os outros, fosse dispensada das atividades da pólis da mesma forma como os cidadãos de Atenas eram dispensados das atividades destinadas a ganhar o pão de cada dia. Ela precisava ser libertada da política no sentido grego, isto é, para ser livre no espaço da liberdade acadêmica, da mesma forma como o cidadão tinha de se libertar das necessidades práticas da vida para estar livre para a política. Para entrar no espaço "acadêmico", os poucos tinham de sair do espaço da política real, da mesma forma como os cidadãos tinham de deixar a privacidade de seus lares para ir à praça do mercado. Assim como a libertação do trabalho e das preocupações cotidianas era um pré-requisito para a liberdade do homem político, a libertação da política era um pré-requisito para a liberdade do acadêmico.

É nesse contexto que nasce a idéia de que a política é uma necessidade, de que a política em sentido amplo é apenas um meio para se alcançarem fins mais elevados situados fora dela e

A Promessa da Política ◆ *Introdução* na *Política*

de que ela deve, portanto, justificar-se em termos desses fins. Surpreende aqui que o paralelo que acabamos de descrever – em que a liberdade acadêmica parece tomar o lugar da política e a pólis parece estar para a Academia como a vida doméstica para a pólis – já não prevalece. Pois a vida doméstica (e as tarefas de sustentação da vida que ela implica) jamais se justificou como um meio para alcançar certos fins – como se, para dizê-lo em termos aristotélicos, a "vida" em si mesma fosse um meio para a "boa vida" somente possível na pólis. Isto não era possível nem necessário, porque a categoria meios/fins não se aplica à esfera da própria vida. O objetivo da vida e de todas as atividades laborais a ela relacionadas é, obviamente, a sua própria manutenção, e o impulso de laborar para sustentar a vida não está fora dela, mas faz parte do processo vital que nos obriga a laborar como nos obriga a comer. Em termos de meios e fins, a relação entre casa e pólis não é a de que a sustentação doméstica da vida é um meio para se alcançar o objetivo mais elevado da liberdade política, mas a de que o controle das necessidades práticas da vida e do labor escravo dentro da casa é o meio pelo qual o homem se torna livre para a atividade política.

Foi precisamente essa libertação por meio da dominação – libertação da minoria, que desfruta da liberdade de filosofar dominando a maioria – o que Platão propôs na figura do rei-filósofo, que não foi assumida por nenhum filósofo posterior e não teve jamais qualquer impacto político. A fundação da Academia, porém – precisamente por não ter tido como objetivo primordial o treinamento para a vida política, como nas escolas de sofistas e oradores –, revelou-se extraordinariamente importante para aquilo que ainda hoje entendemos por liberdade. Platão talvez acreditasse que a Academia pudesse algum dia conquistar e governar a pólis. Mas sua única conseqüência efetiva, para os sucessores de Platão e os filósofos subseqüentes, foi que a Academia garantiu à minoria o espaço institucionalizado de uma liberdade entendida desde o começo como contraposta à liberdade da praça do mercado. Ao mundo das falsas opiniões e dos discursos enganosos se deveria opor o seu correlato, o mundo da verdade e do discurso compatível com a verdade, a ciência da dialética em oposição à arte da retórica. O que prevaleceu, e ainda hoje define nossa idéia de liberdade acadêmica, não foi a esperança platônica de uma pólis governada pela Academia, ou de uma política moldada pela filosofia, mas uma academia distanciada da pólis, por assim dizer uma *a-politia*, ou indiferença em relação à política.

A questão crucial nesse contexto não é tanto o conflito entre a pólis e os filósofos, mas o mero fato de que essa diferença entre as duas esferas, que parecia propiciar uma solução temporária ao conflito, não podia durar, precisamente porque o espaço da minoria e de sua liberdade, embora também um espaço público, não privado, talvez não pudesse cumprir as funções próprias de um espaço político, incluindo todos que fossem aptos para desfrutar a liberdade. A minoria, onde quer que tivesse se isolado da maioria – na indiferença acadêmica ou no governo oligárquico –, acabou dependendo manifestamente da maioria, particularmente nas questões da vida em comum que requeriam ação concreta. No contexto de uma oligarquia platônica, essa dependência pode significar que a maioria é obrigada a cumprir as ordens da minoria –

isto é, a tomar para si todas as ações concretas —, caso em que a dependência da minoria é superada por sua dominação da mesma forma como o comando da casa e dos escravos permitia ao homem livre superar sua dependência das necessidades práticas da vida e basear sua liberdade na força bruta. Se a liberdade da minoria é de natureza puramente acadêmica, então ela manifestamente depende da disposição do corpo político de garantir a sua liberdade. Em ambos os casos, a política já nada tem a ver com liberdade, não sendo, portanto, política no sentido grego. Ela agora se ocupa de tudo que assegura a existência da liberdade – ou seja, da administração e provisão das necessidades práticas da vida em tempos de paz e da defesa em tempos de guerra. Nesse caso, a esfera da liberdade da minoria não apenas tem dificuldade de se manter em contraposição à esfera da política, que é determinada pela maioria, mas também passa a depender dela para poder existir. A existência simultânea da pólis é uma necessidade vital da academia, quer em sua versão platônica, quer, mais adiante, como universidade. A conseqüência, no entanto, é que a política é em geral rebaixada à tarefa de sustentáculo da vida no espaço público da pólis. Por um lado, ela é uma necessidade que se contrapõe à liberdade; por outro, o pré-requisito da própria liberdade. Ao mesmo tempo, aqueles aspectos da política que eram originalmente – isto é, no auto-entendimento da pólis – fenômenos marginais agora se tornam centrais nessa mesma esfera. A provisão das necessidades práticas da vida e a defesa não ocupavam o centro da vida política da pólis, mas eram políticas somente no sentido verdadeiro da palavra, isto é, na medida em que as decisões concernentes não eram decretadas de cima, mas decididas pela discussão e pela persuasão. Mas isso era precisamente o que já não importava, uma vez que a justificação da política era agora assegurar a liberdade da minoria. O importante era que as questões da existência sobre as quais a minoria não tinha controle era tudo que restava à política. É verdade que alguma conexão entre política e liberdade é preservada, mas as duas passam a estar apenas conectadas, não igualadas. A liberdade como objetivo último da política impõe limites à esfera da política; o critério para a ação dentro dessa esfera já não é a liberdade, mas a competência e a eficácia na provisão das necessidades práticas da vida.

A degradação da política nas mãos da filosofia, conhecida desde a época de Platão e Aristóteles, depende inteiramente da separação entre maioria e minoria. Esta tem exercido uma extraordinária influência, demonstrável até a nossa época, sobre todas as respostas teóricas à questão do significado da política. Politicamente, porém, tudo que ela conseguiu foi a *a-politia* das escolas filosóficas da Antigüidade e a liberdade acadêmica das nossas universidades atuais. Em outras palavras, seu impacto político sempre se limitou àqueles poucos para os quais a autêntica experiência filosófica, com sua irresistível urgência, é a questão fundamental — experiência que por sua própria natureza nos afasta da esfera política do viver e falar uns com os outros.

Mas esse efeito teórico não foi o fim de tudo; na verdade, essa noção prevalece ainda em nossa época no modo como a esfera política e os políticos definem a si próprios — que a política é e deve justificar-se por objetivos que estão acima e além dela, ainda que esses objetivos tenham, é claro, se tornado consideravelmente mais rasteiros ao longo do tempo. Por trás dessa noção estão a

A Promessa da Política ◈ *Introdução na Política*

rejeição e a redefinição cristãs da política, que embora superficialmente parecidas com a sua degradação platônica são na verdade muito mais radicais e assumiram formas muito diferentes. Pode parecer à primeira vista que o cristianismo primitivo apenas exigia que essa mesma, por assim dizer, liberdade acadêmica em relação à política que as escolas clássicas haviam reivindicado para si mesmas fosse aplicada a todos. E essa impressão é reforçada quando consideramos que sua rejeição da esfera público-política se deu *pari passu* com a fundação de um novo espaço, à margem do espaço político existente, onde os fiéis se reuniram primeiro como congregação, depois como igreja. Esse paralelismo só se realizou plenamente, porém, com o advento do Estado secularizado, no qual as liberdades acadêmica e religiosa aparecem intimamente ligadas enquanto o corpo político público garanta legalmente a ambas a liberdade em face da política. Na medida em que se entenda a política como exclusivamente ocupada do que é absolutamente necessário para que os homens vivam em comunidade de modo que se lhes possa outorgar, quer como indivíduos, quer como grupo social, uma liberdade que está além tanto da política como das necessidades da vida, justifica-se medir o grau de liberdade dentro de qualquer corpo político pela liberdade religiosa e acadêmica que ele tolera, isto é, pelo tamanho do espaço não político para a liberdade que ele contém e mantém.

As conseqüências políticas diretas da liberdade em relação à política, de que tanto se beneficia a liberdade acadêmica, podem reportar-se a experiências muito mais radicais em termos políticos do que aquelas dos filósofos. Para o cristãos não se tratava de que se devesse estabelecer um espaço para a minoria por oposição a um espaço para a maioria, ou fundar um espaço para todos contraposto ao espaço autorizado, mas de que um espaço público *per se*, fosse para a minoria ou para a maioria, era intolerável por ser público. Quando Tertuliano diz que "nada é mais estranho a nós, cristãos, do que o que diz respeito ao público" (*Apologeticus*, 38), a ênfase está, definitivamente, no "público". Com boa razão nos acostumamos a entender a recusa do cristianismo primitivo em participar dos assuntos públicos ora desde a perspectiva romana de uma divindade que rivaliza com os deuses de Roma, ora desde o ponto de vista cristão de uma expectativa escatológica exonerada de todo interesse por este mundo. Mas isso significa que deixamos de ver as verdadeiras inclinações antipolíticas da mensagem cristã e sua experiência subjacente do que é essencial para a vida em comum humana. Não resta dúvida de que na pregação de Jesus o ideal de bondade desempenha o mesmo papel que o ideal de sabedoria nos ensinamentos de Sócrates. Jesus rejeita ser chamado de "bom" por seus discípulos da mesma forma como Sócrates rejeita ser chamado de "sábio" por seus discípulos. Mas faz parte da natureza da bondade o fato de que ela deva se ocultar, que não deva aparecer no mundo como aquilo que é. Uma comunidade de pessoas que creia seriamente que todos os assuntos humanos devam ser conduzidos de acordo com a bondade; que não tenha, portanto, nenhum medo de ao menos tentar amar seus inimigos e retribuir o mal com o bem; que, em outras palavras, considere o ideal da santidade como seu padrão de comportamento, não apenas para salvar suas almas individuais, afastando-se da humanidade, mas também para

A Promessa da Política ◈ *Introdução* na *Política*

conduzir os assuntos humanos – uma tal comunidade não tem outra opção senão retirar-se da arena pública e evitar seus refletores. Ela tem de fazer seu trabalho com discrição, porque ser visto e ouvido gera inevitavelmente aquele brilho exterior em que toda a santidade instantaneamente se converte – por menos que queira – em hipocrisia.

Ao contrário dos filósofos, os primeiros cristãos não se afastaram da política para colocar-se inteiramente à margem dos assuntos práticos humanos. Tal afastamento, que nos primeiros séculos depois de Cristo via como perfeitamente aceitáveis as formas mais extremadas de vida ermitã, estaria em flagrante contradição com a pregação de Jesus e foi por isso considerada herética pela Igreja nascente. O que aconteceu na verdade foi que a mensagem cristã preceituava um modo de vida no qual os assuntos práticos humanos eram inteiramente excluídos da arena pública e transferidos para a esfera pessoal existente entre um e outro homem. Era próprio da situação histórica que essa esfera interpessoal, por estar em manifesta oposição à arena público-política, fosse identificada e talvez confundida com privacidade. Durante toda a Antigüidade greco-romana, a privacidade foi entendida como única alternativa à arena pública, de tal maneira que o aspecto distintivo desses espaços era o contraste entre o que queria se mostrar ao mundo, deixando-o transparecer em público, e o que só podia existir em recolhimento e devia, por conseguinte, permanecer oculto. Politicamente, o fator crucial foi que o cristianismo buscou o recolhimento e desde esse recolhimento pretendeu controlar o que anteriormente haviam sido assuntos públicos. Os cristãos não se contentam em realizar

HANNAH ARENDT

ações caridosas que vão além da política; eles afirmam explicitamente que "praticam a justiça", e, tanto na visão judaica como na cristã, fazer donativos é uma questão de justiça mais do que de caridade – salvo que tais atos não devem aparecer aos olhos dos homens e não podem ser vistos por eles, mas permanecer tão ocultos que a mão esquerda não sabe o que faz a direita – isto é, o agente é proibido de contemplar seu próprio feito (Mateus 6:1 ss.).

Aqui não precisamos analisar em detalhe como pôde, no curso da história, o caráter consciente e radicalmente antipolítico do cristianismo ter sido exitosamente transformado de modo a tornar possível uma espécie de política cristã. À parte a necessidade histórica que acompanhou o colapso do Império Romano, isto foi obra de um único homem, Agostinho, precisamente porque nele sobreviveu uma extraordinária tradição de pensamento romano. A reinterpretação da política que se deu aqui é de capital importância para toda a tradição da civilização ocidental, e não só para a tradição da teoria e do pensamento, mas também para o marco no qual se deu a história política real. Até Agostinho, nem o próprio corpo político abraçava a visão de que a política é um meio para se alcançarem fins mais elevados e a liberdade um aspecto da política somente na medida em que existam certas áreas que esta deva libertar de seu controle. Hoje, porém, a liberdade em relação à política já não é um assunto da minoria, mas da maioria, que não deve nem precisa se preocupar com os assuntos de governo, ao mesmo tempo que recai sobre a minoria o ônus de preocupar-se com o indispensável ordenamento político dos assuntos práticos humanos. Mas essa carga ou ônus não provém, como em Platão e os filósofos, da condição

A Promessa da Política ◈ *Introdução na Política*

humana fundamental da pluralidade, que vincula a minoria à maioria, o indivíduo a todos os demais. Ao contrário, essa pluralidade é afirmada, e a motivação que compele a minoria a assumir o ônus de governar não é o medo de ser governada por outros piores do que eles. Agostinho reivindica explicitamente que a vida dos santos se desenrole no seio de uma "sociedade" e, ao forjar a idéia de uma *civitas Dei*, um Estado de Deus, supõe que a vida humana é também politicamente determinada por condições não terrenas – embora deixe aberta a questão de se os assuntos políticos ainda serão um ônus no outro mundo. Em todo caso, o motivo de assumir-se o ônus da política terrena é o amor ao próximo, não o temor a ele.

Essa transformação do cristianismo gerada pelo pensamento e pelas ações de Agostinho foi o que em última instância colocou a Igreja em posição de secularizar a saída cristã para o recolhimento, a ponto de os fiéis constituírem dentro do mundo um espaço público totalmente novo, religiosamente definido, que, embora público, não era político. A natureza pública desse espaço dos fiéis – o único em que, durante toda a Idade Média, foi possível acomodarem-se necessidades humanas especificamente políticas – foi sempre ambígua. Este era primordialmente um espaço de reunião, o que significa não simplesmente um edifício onde as pessoas se reúnam, mas um espaço construído com o objetivo expresso de congregá-las. E, para que o verdadeiro conteúdo da mensagem cristã fosse preservado, não poderia ser um espaço de aparências, de exibição. Foi quase impossível evitar isso, pois qualquer espaço público, constituído pela reunião de muitas pessoas, se estabelecerá por natureza como um espaço de

HANNAH ARENDT

exibição. A política cristã sempre se defrontou com uma dupla tarefa: primeiro, a de assegurar que o espaço não político onde se reúnem os fiéis esteja ele próprio a salvo da influência externa mesmo quando influencia a política secular; segundo, a de impedir que o lugar de reunião se convertesse em lugar de exibição e acabasse transformando a Igreja em mais um poder secular, terreno. O que se viu foi que esse estado de ligação com o mundo, que é intrínseco a qualquer espaço físico e propicia tanto a aparência quanto a exibição, é muito mais difícil de combater do que qualquer reivindicação secular ao poder proveniente do exterior. Quando a Reforma conseguiu eliminar de suas igrejas tudo que era ligado à aparência e à exibição, fazendo delas lugares de reunião para aqueles que viviam, conforme o espírito dos Evangelhos, recolhidos do mundo, o caráter público desses espaços eclesiásticos desapareceu também. Mesmo que não tivesse ocorrido a secularização de toda a vida pública na esteira da Reforma, muitas vezes vista como o que lhe deu o ritmo, e mesmo que como resultado dessa secularização a religião não tivesse se tornado um assunto privado, a Igreja Protestante teria sido constrangida a assumir a tarefa de providenciar um substituto para a cidadania clássica – tarefa que a Igreja Católica com toda a certeza conduziu durante vários séculos após a queda do Império Romano.

O que quer que possamos dizer sobre essas alternativas e possibilidades teóricas, o fundamental é que com o fim do período clássico e o estabelecimento de um espaço público eclesiástico, a política secular permaneceu ligada tanto às necessidades da vida que resultam da vida comunitária do homem quanto à proteção oferecida por um reino mais elevado, que até o fim da Idade

A Promessa da Política ◈ *Introdução na Política*

Média permaneceu tangível e espacialmente presente na forma de igrejas. A Igreja precisava da política, tanto da política terrena dos poderes seculares quanto da política religiosamente orientada no interior de sua própria esfera eclesiástica, para poder se manter na terra e se afirmar neste mundo – isto é, como Igreja visível, em contraste com a Igreja invisível cuja existência, sendo somente uma questão de fé, era inteiramente intocada pela política. E a política precisava da Igreja – não apenas da religião, mas também da existência espacial, tangível, das instituições religiosas – para provar sua justificação e legitimação superior. O que mudou com o advento da época moderna não foi a função concreta da política; não se outorgou subitamente à política uma nova dignidade toda própria. O que mudou foram as arenas para as quais a política parecia necessária. A esfera religiosa refugiou-se na esfera privada, ao passo que a esfera da vida e de suas necessidades práticas, que na Antigüidade como na Idade Média fora considerada a esfera privada por excelência, ganhou uma nova dignidade e adentrou a arena pública em forma de sociedade.

Aqui devemos fazer uma distinção entre a democracia igualitária do século XIX – para a qual a participação de todos no governo, sob quaisquer formas, é um sinal categórico da liberdade de um povo – e o despotismo esclarecido do começo da era moderna, que acreditava que a "autonomia e a liberdade [de um povo] consiste em se ter o governo de leis pelas quais as vidas e os bens possam ser absolutamente seus: não se trata de participar do governo, isso não lhe diz respeito".[52] Em ambos os casos, o

---

[52] Palavras do rei Carlos I da Inglaterra antes de sua decapitação. (N.O.)

objetivo do governo, em cujo campo de atividade se aloca a política daqui em diante, é proteger a livre produtividade da sociedade e a segurança do indivíduo em sua vida privada. Qualquer que seja a relação entre cidadão e Estado, a liberdade e a política se mantêm definitivamente separadas, e o ser livre no sentido de atividade positiva livremente desenvolvida é agora confinado a uma esfera que trata das coisas que, por natureza, não têm como ser compartilhadas por todos, a saber: a vida e a propriedade, coisas que são, mais do que quaisquer outras, especificamente nossas. O novo fenômeno de um espaço social e de energias produtivas já não individuais, mas sociais, ampliou enormemente essa esfera da propriedade pessoal, a esfera do *idion* – com o qual os gregos achavam uma idiotice perder tempo. O que absolutamente não muda, porém, é o fato de que as atividades indispensáveis à conservação da vida e da propriedade, ou mesmo ao melhoramento da vida e ao aumento da propriedade, são questões de necessidade, não de liberdade. O que a época moderna esperava de seu Estado, e o que esse Estado realizou de fato em ampla medida, foi a liberação dos homens para desenvolverem suas energias socialmente produtivas, para produzirem em comum os bens necessários a uma vida "feliz".

Essa moderna concepção de política, na qual o Estado é visto como uma função da sociedade, um mal necessário em prol da liberdade social, tem prevalecido na teoria e na prática sobre a noção inteiramente distinta da soberania do povo, ou da nação, inspirada pela Antigüidade e tantas vezes manifestada em todas as revoluções da era moderna. Somente nessas revoluções, da americana e francesa no século XVIII à húngara no passado recente, estabeleceu-se um vínculo direto entre a idéia de participar do governo e a idéia de ser livre. Mas, pelo menos até agora, essas revoluções – e a experiência direta das possibilidades inerentes à ação política por elas proporcionadas – se mostraram incapazes de estabelecer um novo sistema de governo. Desde a ascensão do Estado-Nação, a opinião prevalecente tem sido a de que a obrigação do governo é defender a liberdade da sociedade contra os inimigos internos e externos, pela força, se necessário. A participação dos cidadãos no governo, sob quaisquer formas, tem sido vista como necessária à liberdade somente porque o Estado, que necessariamente há de ter à sua disposição os meios de força, deve ter o seu uso controlado pelo governo. Existe também a idéia de que o estabelecimento de uma esfera de ação política, quaisquer que sejam os seus limites, gera poder e de que a liberdade só pode ser protegida por meio da supervisão constante do exercício desse poder. O que hoje entendemos por governo constitucional, seja monárquico ou republicano, é essencialmente um governo controlado pelos governados e limitado em seus poderes e quanto ao uso da força. Não resta dúvida de que esses limites e controles existem em nome da liberdade, para a sociedade e para o indivíduo. A idéia é limitar tanto quanto possível e necessário a esfera do governo para que a liberdade se realize além do alcance do governo. Não se trata tanto, pelo menos não primordialmente, de tornar possível a liberdade de agir e a de ser politicamente ativo. Estas seguem sendo prerrogativas do governo e dos políticos profissionais que se oferecem, pela via indireta do sistema partidário, às pessoas como seus delegados e que representam os seus interesses junto ao Estado e, eventualmente, contra ele. Em outras palavras, mesmo na era moderna considera-se que a relação entre política e liberdade é tal que a política é um meio, e a liberdade o seu fim mais elevado. A relação em si não mudou, embora o conteúdo e alcance da liberdade tenham sofrido uma extraordinária mudança. É por isso que a questão do significado da política é hoje geralmente respondida no marco de categorias e conceitos inusitadamente antigos e, talvez por essa razão, inusitadamente apreciados. E isso se dá apesar de a era moderna diferir de todas as anteriores tão decisivamente em seu aspecto político quanto em seus aspectos intelectual e material. O simples fato da emancipação das mulheres e da classe trabalhadora – ou seja, de segmentos da humanidade que nunca haviam podido mostrar-se na vida pública – confere um aspecto radicalmente novo a todas as questões políticas.

A definição da política como meio para se alcançar a liberdade como um fim que lhe é exterior só se aplica em um grau muito limitado na era moderna, apesar de reiteradamente postulada. De todas as respostas modernas à questão do significado da política, é ela que está mais intimamente ligada à tradição da filosofia política ocidental; e, no contexto do pensamento a respeito dos estados nacionais, sua mais clara manifestação é um princípio fundamental para todos eles, originalmente identificado por Ranke: a primazia da política externa. Muito mais característica, porém, do caráter igualitário das modernas formas de governo e da emancipação dos trabalhadores e das mulheres – expressão política de seu aspecto mais revolucionário – é a definição do Estado fundada na primazia da política interna, segundo a qual "o Estado, como possuidor da força, [é] uma instituição indispen-

A Promessa da Política ◈ *Introdução* na *Política*

sável à vida da sociedade" (Theodor Eschenburg, *Staat und Gesellschaft in Deutschland*, p. 19). Embora na verdade os proponentes dessas duas visões — a de que o Estado e a política são instituições indispensáveis à liberdade e a de que o Estado e a política são instituições indispensáveis à vida — mal tenham consciência disso, essas duas teorias são irreconciliavelmente opostas. Faz uma imensa diferença postular-se a liberdade ou a vida como o mais elevado de todos os bens — o critério pelo qual se há de conduzir e julgar toda a ação política. Considerando-se a natureza mesma da política e que ela, apesar de todas as suas permutações, surgiu na pólis e ainda vive sob sua tutela, a vinculação entre política e vida resulta em uma contradição interna que cancela e destrói o que há de especificamente político na política.

A mais óbvia expressão dessa contradição é o fato de que sempre foi prerrogativa da política exigir daqueles que nela se engajam o sacrifício de suas vidas sob certas circunstâncias. Pode-se também, é claro, entender essa exigência no sentido de o indivíduo ser convocado a sacrificar a sua vida em prol da vida da sociedade, e isso de fato acontece num contexto que pelo menos estabelece um limite para o risco que corremos: ninguém pode ou deve arriscar a própria vida se desse modo põe em risco a vida da humanidade. Retornaremos a essa relação, da qual só tomamos plena consciência quando passamos a ter à nossa disposição a possibilidade de dar fim à humanidade e à totalidade da vida orgânica no planeta. Na verdade, não nos foram transmitidos categorias e conceitos políticos que, quando medidos em relação a essa recente possibilidade, não se mostrem teoricamente obsoletos e praticamente inaplicáveis, precisamente porque em certo

HANNAH ARENDT

sentido o que está hoje em causa pela primeira vez na política externa é a própria vida, a sobrevivência da humanidade.

Ao vincular a liberdade à sobrevivência da humanidade não nos livramos, porém, da antítese entre liberdade e vida, centelha que primeiro gerou toda a política e ainda é a medida de toda virtude especificamente política. Podemos até afirmar, justificadamente, que o fato de a política contemporânea se preocupar com a existência nua e crua de todos nós é o mais claro sinal do estado calamitoso em que se encontra o mundo – calamidade que ameaça livrar o mundo não só da política, como também de tudo mais. Pois o perigo que recai sobre aquele que se aventura na política – onde, se tudo vai bem, a própria vida é a última coisa com que ele precisa se preocupar – não se transmite à vida da sociedade, da nação ou do povo em benefício do qual ele sacrificaria a sua própria. Só o que corre perigo é a liberdade, a sua própria e a do grupo ao qual pertence, e, com ela, a segurança de um mundo estável em que vive esse grupo ou país, construído pelo trabalho de gerações para proporcionar um ambiente confiável e duradouro a toda ação e discurso, que são as atividades verdadeiramente políticas. Em condições normais, isto é, aquelas que prevaleceram na Europa desde a Antigüidade romana, a guerra era de fato a continuação da política por outros meios, o que significa que ela podia ser evitada se um dos oponentes decidisse aceitar as exigências do outro. Essa aceitação poderia dar-se à custa da liberdade, mas não da vida.

Como todos sabemos, essas condições não mais existem hoje. Olhando para trás, elas parecem o próprio paraíso perdido. O mundo em que vivemos, mesmo não sendo uma mera deriva-

A Promessa da Política ◈ *Introdução na Política*

ção do período moderno nem um processo automático intrínseco a ele, provém não obstante do solo da modernidade. Em termos políticos, isso significa que tanto a política interna, cujo fim mais elevado era a própria vida, quanto a política externa, que tinha a liberdade como bem mais elevado, viam como seu real conteúdo o uso da força bruta e as ações que a empregavam. O fundamental, em última análise, era que o Estado se organizava como o "possuidor da força" – quer fosse o seu objetivo último determinado pela vida ou pela liberdade. A questão do sentido atual da política, porém, diz respeito à adequação ou inadequação dos meios públicos de força utilizados para tais fins. O que traz à tona essa questão é o mero fato de que a força bruta, cuja função é proteger a vida e a liberdade, tornou-se tão monstruosamente poderosa que ameaça não apenas a liberdade, mas também a vida. Tornou-se evidente que é a força bruta dos países que põe em questão o processo vital da humanidade inteira e que, em conseqüência disso, a resposta já por si altamente ambígua que o mundo moderno deu ao problema do significado da política tornou-se ela própria duplamente questionável.

O monstruoso crescimento dos meios de força e destruição foi possível não apenas devido às inovações tecnológicas, mas também porque o espaço público-político tornou-se ele próprio uma arena de força, tanto na autopercepção teórica do mundo moderno quanto em sua brutal realidade. Por essa exclusiva razão pôde o progresso tecnológico tornar-se, primordialmente, o progresso das possibilidades de destruição mútua em larga escala. Dado que o poder surge em todos os lugares onde as pessoas atuam concertadamente e dado que as ações concertadas

HANNAH ARENDT

ocorrem fundamentalmente na arena política, o poder potencial inerente a todos os assuntos humanos fez-se sentir num espaço dominado pela força. Como resultado disso, poder e força aparecem como idênticos, e, nas condições modernas, este é de fato o caso, em ampla medida. Mas, no que toca às suas origens e significados intrínsecos, poder e força não são idênticos, mas opostos em certo sentido. Onde quer que a força, que é um fenômeno do indivíduo ou da minoria, se combine com o poder, o que só é possível no seio da maioria, o resultado é um monstruoso aumento da força potencial. Embora derivada do poder de um espaço organizado, a força cresce e se desenvolve, como toda força potencial, às expensas do poder.

Desde a invenção das armas atômicas, a questão política capital de nosso tempo é o papel que deve ter a força e/ou como o uso dos meios de força pode ser excluído da arena internacional. Mas o fenômeno do predomínio da força às expensas de todos os demais fatores políticos é mais antigo: surgiu na Primeira Guerra Mundial, com as imensas batalhas mecanizadas na frente ocidental. Cabe notar que esse desastroso novo papel da força, que se desenvolveu automaticamente a partir de si mesmo e cresceu sem parar entre todos os litigantes, pegou de surpresa países, políticos e uma opinião pública totalmente despreparados. E o crescimento da força na esfera público-governamental deu-se de fato, por assim dizer, por trás daqueles que atuavam nessa esfera – durante um século inteiro que se pode contar entre os mais pacíficos ou, digamos, menos violentos da história. Não foi sem boa razão que o mundo moderno – que com uma determinação jamais vista considerou a política como um simples meio de

A Promessa da Política ◈ *Introdução* na *Política*

preservação e promoção da vida da sociedade e se empenhou, conseqüentemente, em reduzir ao mínimo essencial as prerrogativas políticas – passou a acreditar que podia lidar com o problema da força melhor do que todas as épocas anteriores. E ele logrou, de fato, a exclusão quase total da força bruta, da dominação imediata do homem sobre o homem, da esfera da vida social em constante expansão. A emancipação da classe trabalhadora e das mulheres – as duas categorias de seres humanos subjugadas à força ao longo de toda a história pré-moderna – claramente representa o ponto alto desse desenvolvimento.

Deixemos de lado, por ora, a questão de se esse decréscimo de força bruta na vida da sociedade deve ser realmente igualado a um ganho de liberdade humana. Em termos da nossa tradição política, em todo caso, não ser livre pode significar uma entre duas coisas. Não se é livre quando se está sujeito à força de outro, mas também, em um sentido mais original, quando se está subjugado pelas necessidades básicas da vida. O labor é a atividade que corresponde à coerção por meio da qual a própria vida nos obriga a atender a essas necessidades. Em todas as sociedades pré-modernas, o indivíduo podia libertar-se desse trabalho coagindo outros a trabalhar para ele, isto é, por meio da força e pela dominação. Na sociedade moderna, o trabalhador não está sujeito à força bruta nem à dominação; ele é coagido pela necessidade direta inerente à própria vida. Aqui, portanto, a necessidade substitui a força, mas a pergunta permanece: é mais fácil resistir à coação da força bruta ou à coação da necessidade? Além do mais, o desenvolvimento global da sociedade – pelo menos até que ele chegue ao ponto em que a automação extinga de fato o labor – segue um movimento uniforme no rumo de transformar todos os seus membros em "laboradores", seres humanos cuja atividade, qualquer que seja, estará primordialmente voltada para a satisfação das necessidades da vida. Também nesse sentido, o único resultado até aqui da exclusão da força bruta da vida da sociedade foi deixar um espaço incomparavelmente maior do que jamais existiu à necessidade que a vida impõe a todo mundo. A necessidade, não a liberdade, governa a vida da sociedade; e não é por acaso que o conceito de necessidade veio a dominar todas as modernas filosofias da história, onde o pensamento moderno buscou encontrar orientação filosófica e autocompreensão.

Esse deslocamento da força, quer do espaço privado da vida doméstica, quer da esfera semipública da sociedade, foi realizado de um modo totalmente consciente. Para que o indivíduo pudesse viver o dia-a-dia sem recurso à força, foi necessário o aumento da força empregada pela mão pública, pelo Estado, cujo uso da força, assim se acreditava, podia ser mantido sob controle desde que explicitamente definido como um simples meio de se alcançar o fim maior da vida em sociedade, a saber: o livre desenvolvimento das energias produtivas. Nunca ocorreu à mentalidade moderna que os meios de força bruta podiam eles próprios se tornar "produtivos" – isto é, crescer da mesma forma (e em medida ainda maior) que as demais energias produtivas na sociedade – porque a verdadeira esfera da produtividade estava associada à sociedade, e não ao Estado. O Estado era considerado um fenômeno improdutivo e, em casos extremos, parasitário por natureza. Justamente por limitar-se a força à esfera do Estado, por sua vez sujeito, nos governos constitucionais, ao controle da

A Promessa da Política ◈ *Introdução na Política*

sociedade através do sistema partidário, acreditava-se que a força fora reduzida a um mínimo que permaneceria constante.

Sabemos que o exato oposto se deu. A época que era vista como a mais pacífica e menos violenta conduziu diretamente ao maior e mais horrendo desenvolvimento dos meios de força. O paradoxo é apenas aparente. O que ninguém contou foi com a combinação específica de força e poder que só pode surgir na esfera pública do Estado, porque somente nela os homens se reúnem e geram poder. Não faz diferença quão estritamente se definam as prerrogativas dessa esfera, quão precisamente uma constituição e outros controles lhe imponham limites; o fato de ela ser uma arena público-política gera poder; e esse poder há de terminar seguramente em desastre se, como nos tempos modernos, estiver focado exclusivamente na força bruta, uma vez que essa força foi transferida para fora da esfera privada do indivíduo e para dentro da esfera pública da maioria. Por absoluta que fosse a força que o senhor de uma casa dos tempos pré-modernos exercia sobre a sua família, definida em sentido amplo — e ela com certeza era grande o suficiente para que se possa rotular tal casa como um regime despótico no pleno sentido da palavra —, essa força era, não obstante, sempre limitada ao indivíduo que a exercia; uma força totalmente impotente, estéril em termos econômicos e políticos. Por desastroso que fosse o exercício dessa força para aqueles a ela sujeitos no âmbito da casa, os meios de força não poderiam jamais prosperar sob tais condições. Não poderiam tornar-se um perigo para todos porque não havia o monopólio da força.

Já observamos quão antiga e venerável é a noção de que a política é uma esfera de meios cujos fins e parâmetros devem ser buscados fora dela. Não obstante, aquilo com que estamos lidan-

HANNAH ARENDT

do aqui e que se tornou tão dúbio nos desenvolvimentos recentes são aquelas mesmíssimas noções que, embora originalmente questões periféricas à política – isto é, a força bruta às vezes necessária para a defesa da política e as medidas de sustentação da vida que precisam estar asseguradas para que a liberdade política seja possível –, passaram agora ao centro de toda a atividade política pela aplicação da força como meio de se alcançar o fim tido como mais elevado de sustentar e organizar a vida. A crise está no fato de que a arena política agora ameaça precisamente o que no passado aparecia como a sua única justificação. Nessa situação, a questão do significado da política é ela própria alterada. A pergunta já não é: Qual o significado da política? A pergunta de longe mais relevante que fazem a si mesmas e aos outros as pessoas mundo afora que se sentem ameaçadas pela política, dentre as quais as melhores são justamente as que dela se afastam conscientemente, é: A política ainda tem algum significado?

Subjazem a tais perguntas as visões brevemente esboçadas acima sobre o que é de fato a política. Elas mudaram muito pouco no transcurso dos séculos. A única mudança real foi que o que era originalmente a substância dos juízos baseados em experiências imediatas e legítimas – por exemplo, o julgamento e condenação da política com base nas experiências dos filósofos, dos cristãos, assim como a correção desses juízos e a justificação limitada da política – há muito se converteu em preconceitos. Os preconceitos, que passaram a exercer um papel cada vez maior e mais legítimo na arena público-política, são um reflexo das coisas que compartilhamos uns com os outros automaticamente e sobre as quais já não formamos juízos, porque não temos mais reais opor-

A Promessa da Política ◈ *Introdução* na *Política*

tunidades de experimentar. Todos esses preconceitos – preconceitos legítimos, não simples tagarelice – são juízos formados no passado. Ninguém pode viver sem eles. Uma vida cabalmente livre de preconceitos demandaria uma vigilância sobre-humana, um estar permanente preparado para confrontar e ser confrontado pela totalidade do mundo real, como se todo dia fosse o primeiro ou o Último Dia da criação. Preconceitos não são disparates. Precisamente por sua legitimidade intrínseca é que só se pode arriscar confrontá-los quando eles já não cumprem sua função, ou seja, quando já não servem para aliviar o indivíduo que julga do peso de certa parte da realidade. Mas é precisamente nesse ponto, quando entram em conflito com a realidade, que os preconceitos começam a se tornar perigosos e as pessoas, cujo pensamento já não se sente protegido por eles, começam a enobrecê-los e convertê-los em base daquele gênero de perversões da teoria que costumamos chamar de "ideologias" ou "visões de mundo". De nada adianta opor uma ideologia derivada de um preconceito a uma visão de mundo antagônica corrente. O que adianta é tentar substituir os preconceitos por juízos. Desse modo, somos inevitavelmente reconduzidos aos juízos contidos nos preconceitos e, daí, às experiências que eles contêm e das quais primeiro derivaram.

Os preconceitos que, na crise atual, se opõem a uma compreensão teórica do real significado da política envolvem quase todas as categorias políticas com que estamos acostumados a pensar, sobretudo a categoria meios/fins, para a qual a política tem um objetivo situado fora dela, mas também a noção de que a substância da política é a força bruta e, finalmente, a convicção de que a dominação é o conceito central da teoria política. Todos esses juízos e preconceitos provêm de uma desconfiança na política que tem, seguramente, a sua justificação. Mas, em nosso preconceito atual contra a política, essa velha desconfiança transformou-se ainda uma vez mais. Desde a invenção da bomba atômica, nossa desconfiança baseia-se no medo bastante justificado de que a política e os meios de força à sua disposição possam destruir a humanidade. Desse medo surge a esperança de que os homens caiam em si e livrem o mundo da política, não da humanidade. E essa esperança é não menos justificável do que o medo: a noção de que a política existe sempre e em todo lugar onde haja seres humanos é ela própria um preconceito, e o ideal socialista de uma humanidade sem Estado – que para Marx significa sem política – não é absolutamente utópico. É simplesmente apavorante. Infelizmente, Marx era muito melhor historiador do que teórico e em suas teorias ele muitas vezes apenas expressava e punha sob um foco conceitual mais nítido tendências históricas que podiam ser objetivamente demonstradas. A atrofia da esfera política é uma dessas tendências objetivamente demonstráveis da era moderna.

É da natureza do nosso tema – em que sempre lidamos com os muitos e o mundo que surge entre eles – que nossa discussão nunca deva desconsiderar a opinião pública. De acordo com a opinião pública, porém, a questão do significado da política hoje foi abrasada pela ameaça que a guerra e as armas atômicas representam para a humanidade. É lógico, portanto, que prossigamos a nossa discussão com uma reflexão sobre a questão da guerra.

A Promessa da Política ◈ *Introdução na Política*

A Questão da Guerra

Quando a primeira bomba atômica caiu sobre Hiroshima, preparando o caminho para o fim inesperadamente rápido da Segunda Guerra Mundial, uma onda de horror percorreu o mundo. Na época não se podia saber quão justificável era esse horror. Ao arrasar uma cidade inteira, uma única bomba realizara em poucos minutos o que o emprego sistemático de ataques aéreos precisaria de semanas ou meses. O bombardeio de Coventry deixara claro para os especialistas e os maciços bombardeios das cidades alemãs para o mundo inteiro que, uma vez mais, tal como no mundo antigo, a guerra podia não apenas dizimar um povo inteiro, como também transformar em deserto o mundo em que se vivia. A Alemanha já estava em ruínas, sua capital transformada em uma montanha de escombros, mas no marco da guerra moderna e, portanto, na esfera dos assuntos humanos, ou melhor, inter-humanos, que é do que trata a política, a bomba atômica da Segunda Guerra Mundial foi — ainda que representasse algo absolutamente novo na história da ciência — nada mais do que o ponto culminante, atingido, por assim dizer, mediante um breve salto ou curto-circuito, rumo ao qual os acontecimentos já vinham de toda forma se movendo num ritmo cada vez mais acelerado.

Além disso, o uso de meios de força para destruir o mundo e aniquilar a vida humana não é novo nem horrível, e as pessoas que sempre acreditaram que a condenação categórica da força equivale em última análise à condenação da política em geral só deixaram de estar certas nos últimos anos, mais exatamente desde a invenção da bomba de hidrogênio. Na destruição do mundo, nada é destruído, exceto uma estrutura feita por mãos humanas, e a força bruta requerida corresponde precisamente à violência inescapavelmente inerente a todos os processos produtivos humanos. Os meios de força necessários à destruição são, por assim dizer, feitos à imagem e semelhança das ferramentas de produção, ambos sempre presentes no instrumental técnico de uma época. O que os homens produzem pode ser destruído pelos homens; o que os homens destroem pode ser reconstruído. A capacidade de destruir e a capacidade de produzir se equilibram. A energia que destrói o mundo e o violenta é a mesma que está em nossas mãos e por meio da qual violentamos a natureza e destruímos coisas naturais – uma árvore, por exemplo, que nos fornece a madeira com que fabricamos objetos de madeira – para construir nosso mundo.

A proposição de que a capacidade de destruir e a capacidade de produzir se equilibram não é, porém, incondicional. Ela só é válida para o que os homens produzem, não para a esfera menos tangível, embora não menos real, das relações humanas que provêm da ação em sentido amplo. Voltaremos a esse tema mais adiante. O decisivo na situação atual é que, no mundo real das coisas, o equilíbrio entre destruição e reconstrução só pode ser mantido enquanto a tecnologia envolvida lidar puramente com a produção, o que não é mais o caso desde a descoberta da energia atômica, embora ainda vivamos basicamente num mundo definido pela Revolução Industrial. Mas mesmo nesse mundo feito pelo homem já não lidamos somente com coisas naturais que reaparecem transformadas em outras coisas; lidamos também

A Promessa da Política ◈ *Introdução* na *Política*

com processos naturais que os homens criam imitando a natureza e introduzem diretamente no mundo humano. É característico desses processos que eles, tais como os motores de combustão interna, se dêem primordialmente na forma de explosões, o que em termos históricos significa na forma de catástrofes, cada explosão e catástrofe empurrando o processo para adiante. Quase todos os aspectos da nossa vida são hoje marcados por esse processo, em que explosões e catástrofes não resultam em nossa ruína, mas constituem um progresso incessante impelido por essas mesmas explosões – neste contexto devemos desconsiderar, por enquanto, o valor ambíguo desse tipo de progresso. Em termos de política, esse progresso pode ser mais bem apreciado pelo papel que a derrota catastrófica da Alemanha desempenhou na sua conversão no mais moderno e avançado país da Europa, enquanto outros ficaram para trás, seja por não estarem tão completamente moldados pela tecnologia quanto os Estados Unidos, onde o ritmo do processo de produção e consumo torna supérfluas as catástrofes, seja por não terem passado por uma destruição tão evidente como a França, por exemplo. Essa moderna tecnologia e o processo para o qual ela arrastou o mundo humano não rompem o equilíbrio entre produção e destruição. Ao contrário, parece que, no processo, tais capacidades interrelacionadas passaram a ser ainda mais inextricavelmente ligadas, de modo que produção e destruição, mesmo quando realizadas em grande escala, revelam-se como duas fases diferentes, mas quase indistinguíveis, de um processo contínuo em que – para tomar um exemplo do dia-a-dia – a demolição de uma casa é apenas a primeira etapa da construção de outra e até a construção de uma casa nova, com sua vida útil rigorosamente calculada, é parte de um processo incessante de demolição e reconstrução. Tem-se duvidado freqüentemente, com alguma razão, de que os homens, vivendo em meio a um processo por eles mesmos desencadeado, que conduz a inevitáveis catástrofes, possam continuar sendo senhores e mestres do mundo que construíram e dos assuntos humanos. E o mais desanimador em tudo isso é a ascensão de ideologias totalitárias nas quais o homem vê a si próprio como expoente do processo catastrófico por ele mesmo desencadeado, com a função essencial de servi-lo e ajudar na sua aceleração. Apesar dessa inquietante correspondência, não devemos esquecer que essas são apenas ideologias e que mesmo as energias da natureza que o homem pôs a seu serviço são ainda calculadas em cavalos-vapor, isto é, em unidades baseadas na natureza e tomadas diretamente de seu ambiente. Os êxitos do homem em explorar a natureza para duplicar e centuplicar a sua força pode ser visto como violação, ao menos por quem compartilha a visão bíblica de que o homem foi criado para cuidar da Terra e servi-la, não o contrário. Mas à parte quem está servindo quem, ou quem está destinado a servir por decreto divino, não se pode negar que a energia humana, seja aplicada à produção ou ao labor, é um fenômeno natural; que a força bruta existe como possibilidade dentro dessa energia e é ela própria natural; e, finalmente, que o homem, enquanto está lidando somente com forças naturais, permanece na esfera terrena, natural, à qual pertencem sua força e ele próprio, como ser orgânico. Nada disso foi alterado pelo fato de ele juntar sua força às energias extraídas da natureza para produzir um mundo que é totalmente não-natural — isto

A Promessa da Política ◈ *Introdução na Política*

é, algo que sem ele nunca teria chegado a existir por meios "naturais". Dito de outro modo, enquanto as capacidades de produzir e destruir se equilibrarem, tudo seguirá mais ou menos como sempre, e o que as ideologias totalitárias têm a dizer sobre a escravização do homem pelo processo que ele próprio desencadeou é, no final das contas, um espectro refutado pelo fato de que os homens são senhores do mundo que construíram e ainda mestres do potencial destrutivo que criaram.

Uma mudança em tudo isso só foi possível com a descoberta da energia atômica, ou melhor, com a invenção de uma tecnologia impulsionada pelos processos da energia nuclear. Os processos por ela desencadeados não são naturais, não ocorrem naturalmente na Terra e são aqui trazidos para produzir um mundo ou destruí-lo. Colocando sob seu controle processos que provêm do universo que o rodeia, o homem já não atua como ser orgânico natural, mas como ser que, apesar de só poder viver nas condições da Terra e de sua natureza, é capaz de alcançar o universo. Essas energias universais não podem ser medidas em cavalos-vapor nem em qualquer outro padrão natural e, como são de natureza não terrena, podem destruir a natureza na Terra da mesma forma como os processos naturais manipulados pelos homens podem destruir o mundo construído pelos homens. O horror que varreu a humanidade quando ela tomou conhecimento da primeira bomba atômica foi o horror de uma energia que veio do universo e é sobrenatural no mais verdadeiro sentido da palavra. A amplitude da devastação de edifícios e avenidas, mesmo o número de vidas humanas destruídas, só foi relevante porque, ao desencadear morte e destruição em escala nunca vista, essa fonte de energia recém-descoberta teve um impressionante poder simbólico desde o seu nascimento.

Esse horror muito rapidamente se misturou e foi logo eclipsado por uma não menos justificada – e àquela altura muito mais apropriada – indignação com o fato de essa nova arma, cuja superioridade era ainda absoluta naquele momento, ter sido testada sobre cidades populosas quando poderia ter sido explodida à guisa de demonstração, com efeito político não menor, num deserto ou região desabitada. Essa indignação também antecipou em parte algo que hoje sabemos ser a monstruosa verdade e que não é mais negado pelo estado-maior de nenhuma grande potência: uma vez deflagrada a guerra, ela será inevitavelmente travada pelas partes em conflito com todas as armas à sua disposição. Isto é inevitável, uma vez que o objetivo da guerra já não for limitado, que ela termine não com um tratado de paz entre os governos beligerantes, mas com uma vitória cujo objetivo é a total destruição política, e mesmo física, do inimigo. Essa possibilidade foi apenas insinuada na Segunda Guerra Mundial. Implícita na exigência de que a Alemanha e o Japão se rendessem incondicionalmente, ela só foi percebida em toda a sua terribilidade quando as bombas atômicas jogadas sobre o Japão demonstraram subitamente ao mundo inteiro que as ameaças de destruição total não eram palavras vazias, já que os meios de realizá-las estavam realmente à mão. Hoje ninguém duvida de que, como resultado lógico dessa possibilidade, uma terceira guerra mundial dificilmente terminaria em outra coisa que não a aniquilação do perdedor. Estamos já tão escravizados pela guerra total, que não conseguimos imaginar uma guerra entre a Rússia e os Estados Unidos em

A Promessa da Política ◈ *Introdução na Política*

que a Constituição norte-americana ou o atual regime russo sobrevivam à derrota.[53] Mas isso significa que uma guerra futura não se dará por conquista ou perda de poder, por fronteiras, por mercados de exportação ou *Lebensraum*, isto é, por coisas que podem ser obtidas por meio da discussão política e sem o recurso à força. Significa que a guerra deixou de ser a *ultima ratio* de negociações e seus objetivos determinados no ponto em que estas se rompiam, de modo que as ações militares supervenientes não eram senão a continuação da política por outros meios. O que está hoje em questão é algo que nunca poderia ser, é claro, objeto de negociação: a mera existência de países e seus povos. É neste ponto – em que a guerra não mais supõe como dada a coexistência de partes hostis e já não busca apenas pôr fim ao conflito pela força – que ela deixa verdadeiramente de ser um meio de política e, como guerra de aniquilação, começa a cruzar a fronteira estabelecida pela política e a aniquilar a própria política.

O conceito disso também que agora se chama "guerra total" originou-se, como sabemos, com os regimes totalitários aos quais ela está inextricavelmente ligada; a guerra de aniquilação é a única guerra apropriada a um sistema totalitário. A guerra total foi originalmente proclamada por países sob regime totalitário que, ao fazê-lo, impuseram inevitavelmente o seu próprio princípio de ação ao mundo não totalitário. Uma vez que um princípio de tamanho alcance vem ao mundo, é claro que é praticamente impossível limitá-lo, por exemplo, a um conflito entre países

---

[53] Quando Arendt escreveu estas linhas, era a grave a ameaça de guerra entre os Estados Unidos e a URSS. (N.O.).

totalitários e não totalitários. Isto ficou claro quando a bomba atômica, originalmente produzida contra a Alemanha de Hitler, foi jogada sobre o Japão. Um dos motivos de indignação foi o fato de que o Japão, embora uma potência imperialista, não era um regime totalitário.

Comum ao horror que se estendeu além de toda consideração política e moral e à indignação que era ela própria uma reação política e moral imediata foi a percepção do real significado da guerra total e a consciência de que ela era agora um fato consumado, não apenas para os países sob regimes totalitários e os conflitos por eles criados, mas também para o mundo todo. O extermínio de povos inteiros e a destruição total de civilizações — que, pelo fato de essas coisas já não acontecerem no coração do mundo civilizado pareciam impossíveis em princípio desde os dias de Roma e de fato durante os últimos três ou quatro séculos da era moderna — foram trazidos de um só golpe à sombria esfera do mais que possível. E embora tenha surgido como resposta a uma ameaça totalitária — dado que seguramente nenhum desses cientistas teria pensado em produzir a bomba atômica se não temesse que a Alemanha de Hitler a construísse e usasse — essa possibilidade se convertera instantaneamente em uma realidade que tinha muito pouco a ver com o que a havia gerado.

Aqui, talvez pela primeira vez na era moderna, mas de maneira alguma na história registrada e lembrada, os limites inerentes à ação violenta foram ultrapassados — limites que declaravam que a destruição causada pela força bruta deve ser sempre parcial, afetando apenas certas partes do mundo e tirando somente um certo número, como quer que se determine esse

A Promessa da Política ◈ *Introdução* na *Política*

número, de vidas humanas, mas nunca aniquilando um país ou um povo inteiro. Mas são fatos freqüentes na história a destruição do mundo de um povo inteiro, a derrubada dos muros de sua cidade, o massacre dos homens e a venda do resto da população no mercado de escravos, ainda que nos últimos séculos da era moderna as pessoas preferissem acreditar que tais coisas não mais aconteceriam. Nós sempre soubemos mais ou menos explicitamente que este era um dos poucos pecados mortais da política. Esse pecado mortal, ou, dito de outro modo, essa transgressão dos limites inerentes à ação violenta, consiste em duas coisas. Primeiro, o massacre já não se trata de que morram mais ou menos pessoas, mas sim o povo inteiro e sua constituição política, que contêm em si mesmos um potencial – uma intenção, no caso da constituição – de imortalidade. Segundo, e estreitamente ligado ao anterior, a violência se aplica aqui não apenas a coisas que foram produzidas, que também nasceram por meio da força em algum momento e podem, portanto, ser reconstruídas por meio da força, mas também a uma realidade histórica e política alojada nesse mundo de produtos, realidade que não pode ser reconstruída por não ser ela própria um produto. Quando um povo perde a sua liberdade política, perde a sua realidade política, ainda que consiga sobreviver fisicamente.

O que perece, nesse caso, não é um mundo resultante da produção, mas um mundo de ação e discurso criado por relações humanas, um mundo que nunca se acaba e que – embora composto de matéria efêmera, palavras fugazes e feitos logo esquecidos – é de uma tenacidade tão intensa e resistente, que, sob certas circunstâncias, como no caso do povo judeu, pode sobreviver durante séculos à perda de um mundo fabricado, palpável. Isto, porém, é a exceção; em geral, esse sistema de relações estabelecido pela ação, no qual o passado continua vivendo na forma de uma história que segue contando e sendo contada, só pode existir no mundo produzido pelo homem, nidificando em suas pedras até também elas falarem e, falando, testemunharem, mesmo que tenhamos de desenterrá-las primeiro. Todo esse mundo verdadeiramente humano, que em sentido estrito forma a esfera política, pode, sim, ser destruído pela força bruta, mas não surgiu da força, e seu destino inerente não é perecer pela força.

Esse mundo de relações seguramente não surge da força ou da energia do indivíduo, mas do coletivo, e é de sua reunião que surge o poder, um poder diante do qual mesmo a maior força individual é impotente. Esse poder pode ser enfraquecido, como pode ser renovado, por todo tipo de fatores; mas só pode ser destruído para sempre pela força bruta, se essa força for total e não deixar pedra sobre pedra, indivíduo junto a indivíduo. Ambas as possibilidades são inerentes aos regimes totalitários, que não se satisfazem em intimidar o indivíduo isolado, mas lançam mão também do terror sistemático para destruir todas as relações inter-humanas. O equivalente desse terror é a guerra total, que não se satisfaz em destruir alvos militares estrategicamente importantes, mas se propõe a destruir — porque tecnologicamente hoje ela pode se propor a destruir — todo o mundo surgido entre os seres humanos.

Seria relativamente fácil demonstrar que as teorias políticas e os códigos morais da civilização ocidental sempre tentaram excluir a guerra de aniquilação de seu arsenal de ferramentas

A Promessa da Política ◈ *Introdução* na *Política*

políticas; e talvez ainda mais fácil provar que essas teorias e exigências se revelaram muito pouco eficazes. Estranhamente, é à natureza de tais coisas – que num sentido amplo concernem ao comportamento civilizado que o homem exige de si próprio – que se aplica algo dito certa vez por Platão: a poesia, com suas imagens e modelos, "educa a nossa progênie enobrecendo os milhares de feitos de nossos ancestrais" (*Fedro*, 245a). Na Antiguidade, pelo menos em termos puramente políticos, o mais grandioso objeto desses enobrecimentos pedagógicos foi a Guerra de Tróia, cujos vencedores e perdedores eram vistos por gregos e romanos como seus respectivos ancestrais. E assim eles se tornaram os "povos gêmeos" da Antiguidade, como Mommsen costumava chamá-los, pelo fato de suas existências históricas estarem ligadas a um mesmo empreendimento original. A guerra dos gregos contra Tróia, que resultou numa destruição tão absoluta daquela cidade, que até tempos recentes era possível acreditar que ela nunca acontecera, provavelmente ainda hoje pode ser considerada a mãe de todas as guerras de aniquilação.

Ao contemplar, pois, o significado político da guerra de aniquilação que uma vez mais nos ameaça, permitamo-nos primeiro pensar nesses exemplos remotos e seus enobrecimentos – acima de tudo porque, enobrecendo essa guerra, gregos e romanos, de acordo sob muitos aspectos e em desacordo com igual freqüência, também definiram – para si mesmos e portanto em certa medida para nós – o que a política realmente significa e que lugar ela deve ter na história. Primeiramente, pois, é de crucial importância que o canto de Homero não se cale a respeito do homem vencido, que testemunhe tanto em favor de Heitor quan-

HANNAH ARENDT

to de Aquiles e que, embora estivessem ambas irrevogavelmente predeterminadas por decreto dos deuses, a vitória dos gregos e a derrota dos troianos não fizessem de Aquiles o maior e de Heitor o menor, a causa grega mais justa e a autodefesa de Tróia menos justa. Homero celebra essa guerra de aniquilação, já velha de séculos por essa época, de modo a desfazer, em certo sentido – isto é, no sentido da rememoração poética e histórica –, essa aniquilação. A extraordinária imparcialidade de Homero não é objetividade destituída de juízos de valor no sentido moderno, mas perfeita isenção em face de interesses particulares e completa independência em relação ao julgamento da história; em contraste com a história, ele depende do julgamento dos envolvidos e de seu conceito de grandeza. Sua imparcialidade está na origem de toda a historiografia, e não apenas ocidental. O que entendemos por história nunca existira antes em nenhum lugar, tampouco nenhuma história foi escrita desde então que não tenha sido influenciada ao menos indiretamente pelo exemplo de Homero. Encontramos a mesma idéia em Heródoto quando ele afirma querer impedir que "grandiosos e maravilhosos feitos, alguns realizados por helenos, outros por bárbaros, sejam relegados ao esquecimento" (I,i) – idéia que, como certa feita observou corretamente Burckhardt, "nunca teria ocorrido a um egípcio ou a um judeu" (*Griechische Kulturgeschichte*, III, p. 406).

Como bem sabemos, o esforço grego para transformar guerras de aniquilação em guerras políticas nunca foi tão profundo quanto na recordação histórica e no resgate decididamente poético, por Homero, dos que foram derrotados e destruídos; em

A Promessa da Política ◈ *Introdução na Política*

última análise, foi a incapacidade de operar essa transformação que levou as cidades-estado gregas à ruína. A pólis grega definiu a política de uma dada maneira e escolheu um caminho diverso quando se tratou da guerra. Como já vimos, os gregos formaram a pólis ao redor da ágora homérica, lugar onde os homens livres se reuniam e conversavam, e assim centrando tudo que era verdadeiramente "político" – isto é, o que pertencia à polis e era por conseguinte negado aos bárbaros e demais indivíduos não livres – nesse mundo de reunir-se, estar juntos, falar sobre as coisas uns com os outros; essa arena existia sob o signo da divina *Peithō*, o poder de persuadir e influenciar, que reinava entre os iguais e determinava todas as coisas sem recurso a força ou coação. A guerra e a força bruta que trazia consigo eram, por outro lado, inteiramente excluídas daquilo que era verdadeiramente político, que surgia e era válido entre os cidadãos da pólis. Nas relações com outros Estados e cidades-estado, a pólis como um todo agia com força e, portanto, "antipoliticamente" aos seus próprios olhos. Em conseqüência, e necessariamente, essa ação militar invalidava a igualdade básica dos cidadãos, que não eram governantes nem súditos. Como não se pode travar a guerra sem comando e obediência, assim como as decisões militares não podem estar sujeitas ao debate e à persuasão, a guerra pertencia, na visão dos gregos, a uma esfera não-política. O que hoje entendemos por política externa pertencia a essa mesma esfera. Aqui, a guerra não é a continuação da política por outros meios, e sim o oposto. A negociação e a conclusão de tratados são entendidas meramente como a continuação da guerra por outros meios, os meios da astúcia e do engano.

HANNAH ARENDT

A influência de Homero no desenvolvimento da pólis grega não se esgotou, porém, no que de fato era somente a exclusão negativa da força da arena política, cuja conseqüência foi simplesmente que a guerra continuou a ser travada, como antes, segundo o princípio de que o mais forte faz o que pode e o mais fraco padece o que deve (cf. Tucídides, v, "O Diálogo dos Mélios"). O pleno efeito da descrição homérica da Guerra de Tróia pode ser visto na forma como a pólis incorporou o conceito de luta à sua forma organizacional, como atividade não apenas legítima mas também, em certo sentido, a mais elevada atividade em comum dos homens. Aquilo que geralmente se chama de espírito agonal dos gregos – e que sem dúvida nos ajuda a explicar (se é que tais coisas podem ser explicadas) o fato de encontrarmos nos poucos séculos da época áurea da Grécia uma concentração de gênio em todos os campos intelectuais maior e mais importante do que em qualquer outra época – não é simplesmente a luta para se provar, sempre e em todo lugar, o melhor, tema de que fala o próprio Homero e que de fato tinha tal significado para os gregos, que o verbo para ele em seu idioma, *aristeuein* (ser o melhor), pode ser entendido não simplesmente como esforçar-se, mas também como exercer uma atividade que constitui a própria vida. O protótipo da rivalidade entre os homens era ainda o combate entre Heitor e Aquiles, que, independentemente de quem ganha ou perde, dá a cada um a oportunidade de se mostrar tal como é, ou seja, de vir à realidade para se tornar totalmente real. O mesmo se dá com a guerra entre gregos e troianos, que pela primeira vez dá a ambos a oportunidade de realmente se mostrarem. Ela espelha o enfrentamento dos deuses, o que não apenas

A Promessa da Política ◈ *Introdução* na *Política*

dá à luta que está sendo travada na terra o seu verdadeiro significado, mas também revela claramente que em ambos os lados há um elemento de divindade, mesmo que um deles esteja condenado a perecer. A guerra contra Tróia tem dois lados, os quais Homero vê pelos olhos dos gregos não menos do que pelos dos troianos. Essa forma homérica de mostrar que tudo que tem dois lados só na luta aparece como realmente é também está por trás da afirmação de Heráclito de que "a guerra é o pai de todas as coisas" (fragmento B53). Aqui, a força bruta da guerra com todo o seu horror provém diretamente da força e do poderio dos homens, que só podem exibir suas energias intrínsecas quando algo ou alguém se lhes opõe e põe à prova o seu valor.

Dois elementos que aparecem quase indiferenciados em Homero — a força pura dos grandes feitos e o poder irresistível das grandes palavras que os acompanham e regem a reunião dos homens que os vêem e ouvem — aparecem mais tarde claramente separados nas competições atléticas, que proporcionavam aos gregos a única oportunidade de se reunir para admirar exibições de força não violenta, e nos desafios de oratória e nas intermináveis trocas verbais que aconteciam na própria pólis. Nestes últimos, o duplo aspecto das coisas que em Homero é inerente ao combate homem a homem só se dá na esfera do discurso, onde toda vitória pode se mostrar tão equívoca quanto a de Aquiles e toda derrota tão louvável quanto a de Heitor. Desafios de oratória não se limitam, porém, aos dois lados assumidos pelos oradores, que se revelam como indivíduos nos lados que assumem, porquanto todo discurso, por mais "objetivo" que se pretenda, revela também inevitavelmente o seu orador, de um modo que, ape-

HANNAH ARENDT

sar de difícil de definir, faz parte de sua natureza ineludível. Aqui, a mesma bilateralidade manifestada por Homero em seu poema sobre a Guerra de Tróia assume a tremenda multiplicidade dos temas abordados, que, discutidos por muitos na presença de tantos outros, são trazidos a público e obrigados, por assim dizer, a revelar todos os seus aspectos. Dado que somente nessa multiplicidade pode um mesmo tema aparecer em sua plena realidade, o que se deve ter em mente é que todo tema tem tantos lados e podem aparecer sob tantas perspectivas quantas são as pessoas que o discutem. O espaço público-político, para os gregos um espaço comum a todos (*koinon*), onde os cidadãos se reúnem, é a esfera na qual todas as coisas são primeiro reconhecidas em sua multilateralidade. Essa capacidade de ver a mesma coisa primeiro de lados opostos e depois de todos os lados – capacidade que se baseia, em última análise, na imparcialidade de Homero, única na Antigüidade, tão apaixonada que não foi superada mesmo em nossa época – também se manifesta em alguns truques dos sofistas, cuja importância para que o pensamento humano se libertasse das restrições dogmáticas nós subestimamos ao condená-los, junto com Platão, por razões morais. Sua extraordinária habilidade de argumentação teve, no entanto, importância secundária na bem-sucedida criação, pela pólis, de uma esfera política. O decisivo não é que se possam torcer argumentos e inverter proposições, mas que se adquiriu a capacidade de *ver*, de fato, as coisas de diferentes lados – isto é, politicamente –, daí resultando que as pessoas compreendiam como assumir as muitas perspectivas, proporcionadas pelo mundo real, desde as quais um mesmo objeto pode ser considerado e no qual cada

A Promessa da Política ◈ *Introdução* na *Política*

um deles aparece, apesar de sua unicidade, segundo uma grande diversidade de pontos de vista. Isto é consideravelmente mais do que apenas colocarmos de lado os nossos interesses pessoais, que resulta num ganho meramente negativo; sem falar que, ao cortar laços com nossos interesses, corremos o risco de perder nossos vínculos com o mundo e nosso apego por seus objetos e pelos assuntos que sucedem nele. A capacidade de ver uma coisa de vários pontos de vista permanece no mundo humano; é a mera troca do ponto de vista que nos foi dado pela natureza pelo de outra pessoa, com a qual compartilhamos o mesmo mundo, de que resulta uma real liberdade de movimento em nosso mundo mental, paralela à nossa liberdade de movimento no mundo físico. Ser capaz de persuadir e influenciar os outros, que era como os cidadãos da pólis interagiam politicamente, pressupunha um tipo de liberdade que não estava irrevogavelmente atada, mental ou fisicamente, à própria posição ou ponto de vista.

O singular ideal grego, parâmetro, portanto, de uma atitude que é especificamente política, está na *phronēsis*, a percepção do homem político (o *politikos*, não o estadista, que nem sequer existia nesse mundo),54 que tem tão pouco a ver com a sabedoria, que Aristóteles a definiu explicitamente como contraposta à sabedoria dos filósofos. Essa percepção política não significa outra coisa senão a visão mais ampla possível de todas as posições e pontos de vista possíveis desde os quais uma questão pode ser vista e julgada. Nos séculos seguintes, quase ninguém menciona a *phronēsis*, para Aristóteles a virtude cardeal do homem

---

54 O *Político* de Platão, antes citado, em grego é chamado *Politikos*. (N.O.)

político. Só voltamos a encontrá-la em Kant, que, na discussão do senso comum como capacidade de julgamento, a chama de "mentalidade alargada" e a define explicitamente como capacidade de "pensar do ponto de vista do outro" (*Crítica do Juízo*, § 40). Infelizmente, essa virtude política por excelência quase não exerce, como é característico em Kant, nenhum papel em sua filosofia política, isto é, em seu desenvolvimento do imperativo categórico; a validade do imperativo categórico provém de "se pensar de acordo com o eu-mesmo", e a razão como legisladora não pressupõe os outros, somente um eu não contraditório consigo mesmo. Na verdade, na filosofia de Kant a verdadeira capacidade política não é a razão legisladora, mas o juízo, que numa mentalidade alargada tem o poder de sobrepujar as suas próprias "condições privadas subjetivas".[55] No caso da pólis, o homem político, pela excelência que o distinguia, era também o homem mais livre; sua capacidade de considerar todos os pontos de vista dava-lhe maior liberdade de movimento.

Deve-se ter em mente também que a liberdade do homem político dependia, definitivamente, da presença de outros iguais. Uma coisa só se pode revelar sob muitos aspectos na presença de pares que a considerem segundo suas várias perspectivas. Onde quer que a igualdade de outros e de suas opiniões particulares tenha sido eliminada, como numa tirania, em que tudo e todos são sacrificados ao ponto de vista do tirano, ninguém é livre nem

---

[55] Em 1970, Arendt ministrou aulas sobre o que chamava de a filosofia política "não escrita" de Kant. Cf. H. Arendt, *Lectures on Kant's Political Philosophy*, org. R. Beiner (Chicago: University of Chicago Press, 1982). (N.O.)

A Promessa da Política ◈ Introdução na *Política*

capaz de uma percepção política, nem mesmo o próprio tirano. Além disso, essa liberdade do homem político, que em sua forma mais elevada equivalia ao discernimento, tem pouco ou nada a ver com a nossa liberdade da vontade, a *libertas* romana ou o *liberum arbitrium* cristão – tão pouco que o idioma grego nem sequer tem uma palavra para qualquer dessas duas noções. Em isolamento, indivíduo algum jamais é livre; ele só pode se tornar livre quando adentra a pólis e lá entra em ação. A liberdade, antes de poder se tornar um signo de honra outorgado a um homem ou a um tipo de homens – os gregos, por exemplo, por oposição aos bárbaros –, é um atributo do modo como os seres humanos se organizam e nada mais. Seu lugar de origem não é o interior do homem, o que quer que seja esse interior, tampouco a sua vontade, o seu pensamento ou os seus sentimentos, mas o espaço entre os seres humanos, que só pode surgir quando diferentes indivíduos se juntam e só pode continuar existindo enquanto eles permanecerem juntos. A liberdade tem um espaço, e quem nele for admitido é livre; quem dele for excluído não é livre. O direito de admissão, conseqüentemente a própria liberdade, era uma possessão que determinava a vida do homem não menos do que a riqueza e a saúde.

Para o modo grego de pensar, a liberdade tinha, portanto, raízes num lugar, ao qual estava ligada e pelo qual era delimitada, um espaço de liberdade cujas fronteiras coincidiam com os muros da cidade, da pólis ou, mais exatamente, de sua ágora. Fora desses limites estavam, primeiro, o território estrangeiro onde se podia não ser livre, porque já não se era cidadão, ou melhor, um homem político; e, segundo, a residência particular, onde se podia também não ser livre por lá não haver os iguais que constituíam, exclusivamente, o espaço da liberdade. Esta última é também de grande importância para o conceito romano, muito diverso, do que constitui a política, os assuntos públicos, a *res publica* ou república. A família, para os romanos, era a tal ponto um espaço de não liberdade, que Mommsen, como vimos, traduziu a palavra *familia* por "servidão". Havia, porém, duas razões para essa servidão. A primeira era que o *pater familias* governava essa grande casa – onde esposa, filhos e escravos constituíam a *familia* – como verdadeiro monarca, ou déspota, o que o deixava sem os iguais ante quem pudesse aparecer em liberdade. A segunda era que uma casa governada por um homem não propiciava espaço para a luta e a rivalidade, porque ela devia formar uma unidade passível de só ser rompida por interesses, posições e pontos de vista conflitantes. E, nesse caso, a multiplicidade de aspectos – onde ser capaz de circular livremente é a substância essencial do ser livre, do agir e falar em liberdade – estava automaticamente eliminada. Em suma, a falta de liberdade era um pré-requisito da unidade indivisa tão essencial à vida em família quanto eram a liberdade e a luta à vida coletiva na pólis. Isso faz a arena livre da política parecer uma ilha, o único lugar onde o princípio da força bruta e da coação foi excluído das relações humanas. Tudo que está fora desse pequeno espaço – a família por um lado e as relações da pólis com outras unidades políticas por outro – permanece sujeito ao princípio da coação e do direito do mais forte. Na visão da Antigüidade, portanto, o *status* do indivíduo era tão absolutamente dependente do espaço em que ele se movia, que um homem que, como o filho adulto de um pai

A Promessa da Política ◈ *Introdução* na *Política*

romano, "fosse sujeito ao seu pai (...) podia também, como cidadão, estar em posição de comand[á-lo]" (Mommsen, p. 71).

Retornemos ao nosso ponto de partida. Procurávamos refletir sobre como a guerra de aniquilação de Tróia foi enobrecida por Homero e como os gregos foram capazes de lidar com o elemento aniquilador da força bruta, que destrói tanto o mundo como a esfera política. É como se os gregos separassem a luta – sem a qual nem Aquiles nem Heitor jamais teriam vindo à luz e conseguido provar quem eram – do âmbito militar da guerra, que é o lugar de origem da força bruta, assim transformando a luta em elemento integrador da pólis e da esfera política. Ao mesmo tempo, quaisquer preocupações com a sorte dos vencidos e subjugados de todas as guerras em curso eram deixadas aos poetas e historiadores, donde podemos observar também que suas obras, por sua vez, embora não os feitos que as inspiraram, se tornaram parte da pólis e de sua política tal como se deu com as estátuas de Fídias e outros artistas, cujas obras se tornaram necessariamente tangíveis, componentes mundanos da esfera público-política, muito embora eles próprios, dadas as suas ocupações, não fossem considerados iguais ou cidadãos livres. Mas foi a figura de Aquiles, em seu incessante esforço de distinguir-se, de ser sempre o melhor e obter glória imortal, que se converteu em padrão distintivo do grego em sua pólis como tipo humano. A necessária presença da maioria em geral e de muitos iguais em particular – isto é, a ágora como espaço homérico de reunião – pôde se tornar realidade no caso da campanha contra Tróia apenas porque muitos "reis", isto é, homens livres que viviam no isolamento de suas casas, se associaram num grande empreendimento, que, para cada um deles, era a única forma de obter a glória tão longe de sua pátria e dos limites de sua casa. Essa homérica reunião de heróis estava agora despida do que em seu tempo fora seu caráter estritamente aventuroso. A pólis está firmemente ligada à ágora de Homero, mas esse lugar de reunião é agora permanente, não o acampamento de um exército que se dispersará depois de cumprida a tarefa e terá de esperar séculos até que chegue um poeta para conceder-lhe o que ele reivindica, com base em seus grandes feitos e palavras, ante os deuses e os homens — fama imortal. Mas, como sabemos pelas palavras de Péricles relatadas por Tucídides, a pólis, agora em seu auge, esperava engajar-se nessa mesma luta sem recurso à força bruta e sem poetas e bardos para assegurar-lhe a fama, que é o único meio pelo qual os mortais se tornam imortais.

Os romanos eram o povo gêmeo dos gregos, primeiro porque atribuíam sua origem como povo ao mesmo evento, a Guerra de Tróia, segundo porque se consideravam descendentes não de Rômulo, mas de Enéias, da mesma forma como os gregos se acreditavam descendentes dos aqueus. Deduziam, pois, conscientemente, a própria existência política de uma derrota, da qual veio a fundação de uma nova cidade em solo estranho — não a fundação de algo novo e inaudito, mas a re-fundação de algo antigo, a fundação de uma nova pátria e um novo lar para os *penates*, os deuses da família real de Tróia, que Enéias resgatou antes de fugir pelo mar, junto com seu pai e seu filho, para o Lácio. A questão aqui era, como diz Virgílio, em sua versão final dos enobrecimentos gregos, sicilianos e romanos da saga de Tróia, desfazer a derrota de Heitor e a destruição de Tróia: "Um outro Páris acen-

A Promessa da Política ◈ *Introdução na Política*

de um outro fogo para outra vez incendiar Pérgamo" (*Eneida,*
viii, 321 seg.). Esta é a tarefa de Enéias, e, se tal tarefa é o ponto
fundamental, então o verdadeiro herói da saga não é Aquiles, mas
Heitor, que durante dez longos anos negou aos dânaos a sua vitória. Mas não é isso o crucial. O crucial é que nesta repetição da
Guerra de Tróia em solo italiano invertem-se as relações do
poema de Homero. Se Enéias é o sucessor de Páris e Heitor, o
fogo que ele acende é uma vez mais por uma mulher, mas não a
adúltera Helena, e sim Lavínia, sua noiva, e assim como Heitor
ele se depara com a cólera implacável de um Aquiles, ou seja, de
Turnus, que assim se identifica explicitamente: "Diga a Príamo
que aqui, também, há um Aquiles" (*Eneida,* ix, 742), mas, uma vez
iniciada a batalha, Turnus (Aquiles) foge, e Enéias (Heitor) o persegue. E assim, da mesma forma como, na versão de Homero,
Heitor obviamente não pôs a fama e a glória acima de tudo, mas
"tombou na batalha, protetor dos altares de sua família", também,
no caso de Enéias, o que o leva a se afastar de Dido não é a perspectiva de conquistar a glória mediante grandes feitos, dado que "a
dor e o esforço não valem o louvor" (*Eneida,* ix, 232 ss.), mas a
lembrança de seu filho e seus descendentes, sua preocupação com
a própria reputação e a continuação de sua linhagem, o que para os
romanos significava a garantia da imortalidade terrena.

A narrativa das origens políticas de Roma em Tróia e na guerra
que a devorou – primeiro na forma de saga tradicional, depois
conscientemente enobrecida sob formas ainda mais ricas – é, com
certeza, um dos mais fantásticos e notáveis acontecimentos da história do Ocidente. É como se uma realidade plena e consumada
tivesse se estabelecido ao lado da ambigüidade e imparcialidade

poéticas e espirituais do poema de Homero, como se algo que nunca fora realizado na história e aparentemente não pudesse se realizar tivesse enfim se realizado: a plena justiça para com a causa dos derrotados, não no julgamento da posteridade, que sempre foi capaz de dizer, como Catão, *"victrix causa diis placuit sed victa Catoni"* (a causa do vitorioso agradou aos deuses, mas a do derrotado agradou a Catão),[56] mas no curso da própria história. Já constitui novidade bastante que Homero cante a glória dos vencidos e mostre num poema laudatório que um mesmo acontecimento pode ter dois lados e que o poeta não tem o direito de usar a vitória de um deles para derrubar e matar, por assim dizer, o outro lado uma segunda vez. É fácil entender como pode a auto-interpretação de um povo tornar-se parte essencial de sua realidade ao lembrarmos que os romanos, como sucessores dos troianos, em seu primeiro embate documentado com os gregos, aliaram-se aos ílios, tribo com a qual eram relacionados. Mas ainda mais surpreendente é que esse tipo de coisa tenha se consumado no mundo real. Pois é como se no começo da história do Ocidente houvesse uma guerra que corresponde à definição de Heráclito de "o pai de todas as coisas" por ter obrigado um único acontecimento a aparecer na história segundo seus dois aspectos originalmente opostos. Desde então, não há nada no mundo sensível ou histórico-político que tenha assumido plena realidade para nós como coisa ou acontecimento antes que todos os seus aspectos tenham sido descobertos, todos os seus lados revelados, e isso é reconhecido e expresso desde todos os pontos de vista possíveis dentro do mundo humano.

---

[56] Lucano, *Farsália*, I, 128. (N.O.)

A Promessa da Política ◈ *Introdução* na *Política*

Talvez somente desde essa perspectiva romana, na qual se reacende o fogo para reverter uma aniquilação anterior, podemos entender o que é verdadeiramente uma guerra de aniquilação e por que, bastante à parte quaisquer considerações morais, não se lhe pode conceder um lugar na política. Se é verdade que uma coisa *é* real nos mundos sensível e histórico-político se pode revelar-se e ser percebida de todos os lados, então sempre deve haver uma pluralidade de indivíduos e povos e uma pluralidade de posições para tornar possível a realidade e assegurar a sua continuidade. Em outras palavras, o mundo só vem a ser se existem perspectivas; só existe como ordem de coisas mundanas se é visto ora de um jeito, ora de outro, a qualquer dado momento. Se um povo ou país, ou mesmo um grupo humano específico, que apresenta uma visão singular do mundo surgida da posição particular que nele ocupa – posição que, como quer que tenha surgido, não pode ser prontamente reproduzida – é aniquilado, não se trata meramente do perecimento de um povo, de uma nação ou mesmo de um dado número de indivíduos, mas da destruição de uma parte do nosso mundo comum, de um aspecto do mundo que se nos revelou até agora e nunca mais voltará a se revelar. Conseqüentemente, a aniquilação não apenas representa o fim de um mundo, mas também leva com ela aquele que aniquila. Estritamente falando, a política não diz respeito tanto aos seres humanos quanto ao mundo que surge entre eles e perdura além deles. A política, na medida em que se torna destrutiva e causa o fim de mundos, destrói e aniquila a si mesma. Dito de outra forma, quanto mais existirem no mundo povos que mantêm entre si relações particulares, mais mundos haverá para se formar entre eles e maior e mais rico o mundo será. Quanto mais pontos de vista existirem dentro de uma nação para a partir dos quais ver o mesmo mundo que abriga e se apresenta igualmente a todos, mais importante e aberta ao mundo essa nação será. Se, por outro lado, um cataclismo legar à Terra um único país e as coisas nesse país chegarem ao ponto em que todos vejam e entendam tudo a partir da mesma perspectiva, vivendo em total unanimidade, o mundo terá chegado ao seu fim no sentido histórico-político. Esses humanos sem mundo que restassem na Terra teriam em comum conosco pouco mais do que as tribos isoladas que viviam tranqüilamente suas vidas nos novos continentes quando foram descobertas pelos exploradores europeus, tribos que os europeus arrastaram para o mundo humano ou erradicaram sem a mínima consciência de que eles, também, eram seres humanos. Em outras palavras, seres humanos no verdadeiro sentido do termo só podem existir onde existe um mundo, e um mundo no verdadeiro sentido do termo só pode existir ali onde a pluralidade da raça humana é mais do que a mera multiplicação de uma única espécie.

Por isso é de grande importância que essa repetição em solo italiano da Guerra de Tróia, à qual a nação romana remete a sua existência histórica e política, não terminasse outra vez na aniquilação dos vencidos, mas em uma aliança e um tratado. Definitivamente não era uma questão de avivar as velhas chamas, de meramente retornar ao antigo resultado, mas de inventar um novo desfecho para a guerra deflagrada. O tratado e a aliança,

A Promessa da Política ◈ *Introdução na* Política

tanto em suas origens como no rico sentido que os romanos lhes imprimiram, se ligam estreitamente à guerra entre nações e, de acordo com o modo romano de pensar, representam a continuação natural, por assim dizer, de toda guerra. Também aqui há algo de homérico, talvez até anterior ao momento em que Homero deu às sagas troianas a sua forma poética final. Há aqui a consciência de que mesmo o mais hostil dos embates entre povos faz surgir algo que só a eles é comum, precisamente porque – como disse certa vez Platão – "assim como o faz o fazedor, sofre também o sofredor" (*Górgias*, 476d), o que é exatamente o caso, de modo que o fazer e o sofrer, quando acabam, podem se tornar os dois lados do mesmo acontecimento. Mas isso significa que o próprio acontecimento já se transformou, de um conflito, em outra coisa que primeiro se revela ao cantar laudatório do poeta ou ao olhar retrospectivo do historiador. Politicamente, porém, o embate hostil que faz parte do conflito só pode continuar sendo um embate entre povos se a batalha for interrompida antes da aniquilação do vencido e dela surgir um outro tipo de embate. Todo tratado de paz, mesmo que não seja propriamente um tratado, mas um *diktat*, implica um novo ordenamento, não somente das coisas da forma como existiam antes da deflagração das hostilidades, mas também das coisas surgidas em seu transcurso e compartilhadas por fazedores e sofredores. Essa transformação da aniquilação direta em algo diferente e duradouro já está presente na imparcialidade de Homero, que pelo menos não permite que pereçam a glória e a fama do vencido e vincula para sempre o nome de Aquiles ao de Heitor. Para os gregos, no entanto, tal

HANNAH ARENDT

transformação dos embates hostis foi exclusivamente limitada à poesia e à memória, não produzindo efeitos políticos diretos.

Não se trata meramente de que tratado e aliança sejam, historicamente, conceitos políticos fundamentais de origem romana; é igualmente verdadeiro que ambos são profundamente estranhos à mentalidade grega e ao seu entendimento do que pertence à esfera política da pólis. O que aconteceu quando os descendentes de Tróia chegaram ao solo italiano foi, nem mais nem menos, o desenvolvimento da política no lugar exato onde ela atingira o seu limite e chegado a seu fim entre os gregos. Com os romanos, a política se desenvolveu não entre os cidadãos de mesmo *status* dentro de uma cidade, mas entre povos estranhos e não equiparados que se encontraram pela primeira vez na batalha. É verdade, como já observamos, que a luta, e com ela a guerra, marcou o começo da existência política também dos gregos, mas apenas na medida em que estes se tornavam o que eram por meio do conflito e depois se reuniam para preservar sua natureza. Para os romanos, a luta veio a ser o meio pelo qual eles reconheciam tanto a si próprios como aos seus oponentes. Terminada a batalha, eles não se recolhiam ao interior de suas muralhas para estar consigo mesmos e sua glória, mas, ao contrário, ganhavam algo novo, uma nova arena política assegurada por um tratado de paz pelo qual os inimigos de ontem se convertiam nos aliados de amanhã. Em termos políticos, o tratado de paz que vincula as duas nações propicia o surgimento de um novo mundo entre eles ou, mais precisamente, garante a continuação de um novo mundo compartilhado, surgido de seu encontro na batalha, onde feitos e sofrimentos geraram uma mesma coisa.

A Promessa da Política ◈ *Introdução na Política*

A solução da questão da guerra – quer seja ela em sua origem uma idéia romana ou tenha surgido mais tarde, na contemplação e enobrecimento da guerra troiana de aniquilação – é a origem do conceito de direito e da extraordinária importância que o pensamento político romano deu ao direito e à formulação de leis. A *lex* romana, coisa muito diferente e até oposta ao que os gregos conheciam como *nomos*, na verdade significa "laço duradouro" e passou rapidamente a significar "contrato", quer entre cidadãos privados, quer, como tratados, entre nações. Conseqüentemente, uma lei é algo que vincula os seres humanos, criada não por um *diktat* ou um ato de força, mas por meio da concordância recíproca. A formulação da lei, esse laço duradouro que se segue à violência da guerra, resulta ela própria de propostas e contrapropostas, isto é, do discurso, que para gregos e romanos estava no centro de toda a política.

A diferença crucial, porém, é que somente para os romanos a atividade legislativa, e com ela as próprias leis, pertence à esfera da política, ao passo que para os gregos a atividade do legislador era tão radicalmente desconectada das atividades e assuntos verdadeiramente políticos dos cidadãos no interior da pólis, que o legislador nem sequer tinha de ser um cidadão da cidade, mas podia ser trazido de fora para realizar essa tarefa, da mesma forma como se encomendavam a escultores e arquitetos as demandas da cidade. Em contraste, a lei romana das Doze Tábuas, ainda que se baseie aqui e ali em modelos gregos, não foi trabalho de um único homem, mas um contrato entre duas frações em luta, os patrícios e os plebeus, que exigiu a aprovação da população inteira, o *consensus omnium*, ao qual a historiografia romana atribuiu "um papel singular"[57] na formulação das leis. É relevante para a natureza contratual do direito o fato de que essa lei básica – que remonta à fundação da nação romana, o *populus Romanus* – não unificou as partes conflitantes simplesmente apagando a distinção entre patrícios e plebeus. Muito ao contrário: a proibição expressa – embora mais tarde revogada – de casamentos entre patrícios e plebeus tornou essa separação ainda mais explícita do que era antes. Só o estado de hostilidade existente entre eles foi posto de lado, mas para a mentalidade romana o que fez desse ajuste uma questão legal foi que, daí em diante, um contrato, um laço duradouro, passou a vincular mutuamente patrícios e plebeus. A *res publica*, a vida dos assuntos públicos, que surgiu desse contrato e evoluiu dentro da República Romana, localizava-se nesse espaço intersticial entre partes anteriormente *hostis*. Aqui, portanto, a lei é algo que estabelece novas relações entre os homens e, ao vincular os seres humanos entre si, não o faz no sentido de lei natural, em que todos reconhecem as mesmas coisas como boas e más sobre a base de uma voz de consciência implantada, por assim dizer, pela natureza, ou como mandamentos baixados de cima e obrigatórios para todos, mas no sentido de um acordo entre partes contratuais. E, da mesma forma como um tal acordo só pode existir se os interesses de ambos os lados forem reconhecidos, a lei romana básica trata de "criar uma lei comum que leva em conta ambas as partes" (Altheim, p. 214).

---

[57] Franz Altheim, *Römische Geschichte II*, 232. (N.O.)

A Promessa da Política ◈ *Introdução na Política*

Para avaliar corretamente a extraordinária fecundidade política do conceito romano de lei – bastante à parte considerações morais, que devem ficar em lugar secundário neste nosso estudo – devemos revisar brevemente o entendimento grego, bastante diverso, do que é originalmente a lei. Para os gregos, a lei não é nem acordo nem contrato; ela não surge entre os homens pela via do intercâmbio de palavras e ação e não pertence, portanto, à arena política; a lei é essencialmente concebida por um legislador, e sua existência precede o seu ingresso na esfera política. Como tal, ela é pré-política, mas no sentido de ser constitutiva de toda a ação e toda a interação políticas ulteriores. Tal como as muralhas de uma cidade, às quais Heráclito certa vez a comparou, que têm de ser primeiro construídas para que possa existir uma cidade identificável por sua forma e limites, a lei determina o caráter de seus habitantes, excetuando-os e tornando-os distinguíveis dos habitantes de todas as outras cidades. A lei é uma muralha instituída e erigida por um único homem, dentro da qual se cria a esfera política real onde os homens circulam livremente. É também por isso que Platão invoca Zeus, o guardião das fronteiras e dos marcos, antes de propor a promulgação de leis para uma nova cidade a ser fundada. O que importa é a delimitação de fronteiras, não a formação de vínculos e laços. A lei é, por assim dizer, algo por meio de que a pólis ingressa em seu viver, algo que ela não pode abolir sem perder sua identidade e cuja violação é um ato de *hybris*, a transgressão de um limite interposto à própria vida. A lei não é válida fora da pólis; seu poder vinculante só se aplica ao espaço que ela encerra e delimita. Mesmo para Sócrates, infringir a lei e ultrapassar as fronteiras da pólis são, literalmente, a mesma coisa.

HANNAH ARENDT

O fundamental é que a lei – embora defina o espaço no qual os homens convivem sem usar a força – tem em si algo de violento tanto em sua origem quanto em sua natureza. Ela nasce da produção, não da ação; o legislador se parece com o arquiteto e construtor da cidade, não com o *politikos* e cidadão. A lei produz a arena onde se dá a política e contém em si mesma a força violenta inerente a toda produção. Como coisa fabricada, ela existe em oposição a tudo que veio à luz naturalmente e não precisa da ajuda dos deuses ou dos homens para poder existir. Tudo que não é natural e não nasceu por si mesmo contém uma lei segundo a qual foi produzido, cada tipo de coisa corporificando a sua própria lei, e essas leis não guardam entre si mais relações do que a que existe entre os produtos de cada lei. "Uma lei", diz Píndaro num famoso fragmento (N° 48 [Boeckh]) citado por Platão em *Górgias*, "é o rei de todos, mortais e imortais, e ao criar justiça ela exerce um poder tremendo com força esmagadora." Para seus súditos, essa força se expressa na autoridade das leis: elas são senhoras e comandantes da pólis, onde ninguém tem o direito de das ordens aos seus pares. As leis são, portanto, pai e déspota num só, como explica Sócrates a seu amigo em *Crito* (50e-51b). Não é só porque o despotismo prevalecia nas famílias da Antigüidade e determinava a relação entre pai e filho que a expressão "pai e déspota" era comum, mas também porque a lei gerava o cidadão, isto é, de modo análogo a como o pai gerava o filho (ou era, de todo modo, o pré-requisito para a existência política do filho como seu pai o era para a sua existência física), e aparecia, por conseguinte, como responsável, de acordo com a visão geral da pólis, embora não de Sócrates e Platão, pela educação da cidadania. Dado,

A Promessa da Política ◈ *Introdução na Política*

porém, que, diferentemente da relação entre pai e filho, a obediência à lei não tem nenhum fim natural, ela pode também ser comparada à relação entre senhor e escravo, de modo tal que nessa relação com a lei – isto é, com os limites dentro dos quais ele era livre e isso circunscrevia o espaço de sua liberdade – o cidadão da pólis era "filho e escravo" durante toda a sua vida. Assim puderam os gregos, que não estavam sujeitos às ordens de ninguém dentro da pólis, advertir os persas a não subestimarem a sua eficácia no combate, pois todos temiam a lei da sua pólis da mesmíssima forma como os persas temiam o seu rei.

Como quer que interpretemos essa concepção grega da lei, para eles a lei não nunca poderia servir para que se construíssem pontes entre nações ou entre comunidades políticas dentro de uma mesma nação. A lei da metrópole não bastava mesmo no caso da fundação de uma nova colônia; a fundação de uma nova pólis demandava um legislador, um *nomothetēs* sem o qual a nova esfera política não podia ser dada por firmemente estabelecida. É óbvio que, sob tais condições básicas, a construção de um império estava totalmente fora de questão – mesmo depois de as Guerras Médicas terem despertado na Grécia uma espécie de consciência nacional helênica, a consciência de compartir uma língua e uma estrutura política comuns. A unificação de toda a Hélade poderia ter salvado a nação grega da ruína, caso em que a verdadeira natureza grega teria sido também arruinada.

Talvez possamos melhor avaliar o hiato entre essa noção de lei como único e irrestrito comandante da pólis e o conceito romano recordando que Virgílio descreveu os latinos, à chegada de Enéias, como povo que "sem grilhões nem leis (...) por vontade

HANNAH ARENDT

própria se mantém fiel aos costumes de seu deus mais antigo" (*Eneida*, vii, 203-4). A lei surge porque um tratado deve agora ser firmado entre os habitantes originais e os recém-chegados. Roma é fundada sobre a base desse tratado, e, se sua missão é "colocar toda a orbe sob sua lei" (*Eneida*, iv, 231), isso significa nada mais que incorporar a orbe inteira a um sistema de tratados, tarefa para a qual esse povo estava especialmente qualificado por derivar de um tratado a sua própria existência histórica.

Para expressá-lo em categorias modernas, teríamos de dizer que para os romanos a política começa como política externa, ou seja, precisamente aquilo que a mentalidade grega excluíra totalmente da política. De modo análogo, embora a esfera política só tenha podido surgir e perdurar entre os romanos no marco da lei, isto só se deu a partir do encontro de diferentes nações. Esse encontro se dá na forma de uma guerra – a palavra latina *populus* significava originalmente "contingente de tropas" (Altheim, ii, p. 71) – que não é o fim, mas o início da política, ou ainda, de uma nova esfera política surgida de tratados de paz e alianças. É esse, portanto, o significado da "clemência" romana tão famosa na Antiguidade, *parcere subiectis*, a indulgência para com o vencido por meio da qual Roma organizou primeiro as regiões e povos da Itália e depois suas possessões fora da Itália. Nem mesmo a destruição de Cartago nega esse princípio, uma vez que ela foi exercida no mundo político – isto é, nunca destruir, mas expandir sempre e concluir novos tratados. O que foi destruído no caso de Cartago não foi uma potência militar à qual, depois da vitória de Roma, Cipião ofereceu condições tão inusitadamente favoráveis, que o historiador moderno é obrigado a se perguntar se ele agia

A Promessa da Política ◈ *Introdução na Política*

em seu próprio interesse ou no de Roma (Mommsen, i, p. 663), tampouco uma potência comercial concorrente no Mediterrâneo. Foi destruído, acima de tudo, "um governo que nunca honrava a sua palavra e jamais perdoava", encarnando assim um princípio político anti-romano contra o qual a diplomacia romana era impotente e que teria destruído Roma se esta não a tivesse destruído primeiro. Isto, ou algo parecido, é o que Catão devia ter em mente, no que foi seguido pelos historiadores modernos ao justificarem a destruição de uma cidade que, nos parâmetros do mundo de então, era a única rival de Roma ainda existente.

Seja qual for a validade dessa justificativa, o fundamental em nosso contexto é que ela não correspondia ao pensamento romano e não podia prevalecer entre os historiadores romanos. Genuinamente romano teria sido permitir que a cidade inimiga sobrevivesse como adversária, como tentou fazer Cipião, o Velho, depois de sua vitória sobre Aníbal. Genuinamente romano era lembrar o destino dos ancestrais, como fez Emiliano Cipião, destruidor de Cartago, ao desatar em lágrimas sobre as ruínas da cidade e pressagiar o fim de Roma citando Homero: "Chegará o dia em que a sagrada Ílion perecerá, / o próprio Príamo e o povo do rei lanceiro" (*Ilíada*, iv, 164 seg.; vi, 448 seg.) Por fim, caracteristicamente romano foi ver essa vitória, que destruiu uma cidade e fez de Roma uma potência mundial, como o começo do seu próprio fim – como quase todos os historiadores romanos até Tácito tenderam a fazer. Em outras palavras, genuinamente romano era reconhecer que o antagonista da sua própria existência, precisamente quando esse antagonista como tal se revelava na guerra, devia ser poupado e mantido vivo – não por compaixão, mas em prol da expansão de Roma, o que doravante incluiria tal força estranha em uma nova aliança. Essa idéia moveu os romanos a serem, a despeito de seu próprio interesse imediato, decididos defensores da liberdade e independência da Grécia, mesmo quando tal conduta parecia absoluta insensatez dado o estado de coisas que imperava nas cidades gregas. Eles não o fizeram por desejo de reparar os próprios pecados contra Cartago, mas por ver o caráter grego como autêntica contraparte de Roma. Para os romanos, era como se Heitor se encontrasse novamente com Aquiles e lhe oferecesse uma aliança quando a guerra terminasse. O problema, infelizmente, é que a essa altura Aquiles já estava velho e rabugento.

Seria um erro aplicarem-se aqui padrões morais e ver isso como se impulsos éticos tivessem invadido o espaço das considerações políticas. Entre as cidades com que Roma se enfrentou, Cartago foi a primeira a rivalizar com seu próprio poder e, além disso, a encarnar um princípio oposto ao seu. Pela primeira vez, o princípio político romano de firmar tratados e construir alianças encontrou um limite, mostrando que não era aplicável em qualquer circunstância. Para compreendê-lo, devemos ter em conta que as leis com as quais Roma organizou as regiões da Itália e depois os países do mundo não eram meros tratados no sentido que damos ao termo, mas visavam a um laço duradouro, que era a implicação fundamental de uma aliança. Desses aliados de Roma, desses *socii*, a quase totalidade dos quais constituída de inimigos um dia derrotados, surgiu a *societas* romana, que não era absolutamente uma sociedade, mas uma comunidade cooperativa que favorecia relações entre parceiros. O que os romanos buscavam

A Promessa da Política ◈ *Introdução na* Política

não era tanto o domínio de Roma sobre povos e terras, um *Imperium Romanum*, que como sabemos desde Mommsen caiu sobre eles e lhes foi impingido quase que contra a vontade, mas uma *societas Romana*, um sistema de alianças infinitamente ampliável no qual povos e terras fossem aliados de Roma não apenas por meio de tratados temporários e renováveis, mas também se tornassem eternos aliados. O fracasso de Roma no caso de Cartago se deu porque, neste caso, só teria sido possível firmar-se um tratado entre dois iguais – uma espécie de coexistência, para dizê-lo em termos modernos –, mas isso estava acima das possibilidades do pensamento romano.

Isto não se deu por acaso nem por obtusidade de Roma. O que os romanos de fato não conheciam e, dada a experiência original que do início ao fim inspirou a sua existência política, não tinham como conhecer eram precisamente as características próprias da ação que haviam inspirado os gregos a lhe colocar limites por meio do *nomos* e interpretar a lei não como laço e relação, mas como limite circundante que não devia ser transposto por ninguém. É inerente à ação, que por sua própria natureza sempre cria relações e laços à medida que se estende no mundo, a falta de moderação, aquilo que Ésquilo chamou de "insaciabilidade". Esta só pode ser limitada pelo *nomos*, pela lei no sentido grego da palavra. Para a mentalidade grega, essa falta de moderação não está no descomedimento do homem que age, nem em sua *hybris*, mas no fato de que as relações surgidas por intermédio da ação são e devem ser de um tipo tal que continue a se estender ilimitadamente. Como ligação entre homens de ação, toda relação estabelecida pela ação resulta em uma rede

249

de laços e relações em que se criam novas ligações, se altera a constelação de relações existentes e assim por diante, com um alcance cada vez mais amplo, movimentando e interconectando muito mais do que o agente que iniciou a ação jamais poderia imaginar. A esse impulso para o ilimitado os gregos contrapunham o *nomos*, que restringia a ação àquilo que acontece entre os homens no interior da pólis; e, quando, como era inevitável, a ação arrastava a pólis para questões situadas além de seus limites, estas eram remetidas de volta à pólis. É assim que, para o modo de pensar grego, a ação se torna antes de mais nada política, o que equivale a dizer vinculada à pólis e, portanto, à mais elevada forma de vida humana em comum. O *nomos* limita as ações, impedindo-as de se dissolverem num sistema de relações imprevisível e em contínua expansão, e desse modo lhes dá a sua forma duradoura fazendo de cada uma um feito que em sua grandeza — isto é, em sua inigualável excelência — pode ser lembrado e preservado. E assim o *nomos* se converte em uma força contrária à transitoriedade de tudo que é mortal, tão singularmente vivenciada na época da tragédia grega, à transitoriedade da palavra oral e ao momento fugaz do feito realizado. O preço pago pelos gregos pelo poder conformador de seu *nomos* foi a sua incapacidade de construir um império. Não há dúvida de que toda a Hélade pereceu, em última instância, devido ao *nomos* das *poleis*, as cidades-estado, que, apesar de terem proliferado como colônias, não puderam jamais se unir numa aliança permanente. Mas podemos dizer de maneira igualmente justificada que os romanos também foram vítimas de sua *lex*, que, embora os tenha levado a estabelecer vínculos e alianças duradouros aonde quer

A Promessa da Política ◈ *Introdução na Política*

que fossem, era em si mesma ilimitada e por isso os obrigou a, contra a sua vontade – ausentes mesmo toda vontade de poder ou sede de autoridade –, governar o mundo inteiro, um domínio que, uma vez conquistado, só poderia colapsar. Chega a dar a impressão de estar na natureza das coisas que o que pereceu para sempre com a queda de Roma foi o eixo de um mundo e com ele a possibilidade especificamente romana de centrar o mundo inteiro ao seu redor. Mas hoje, quando pensamos na ruína de Atenas, a suposição imediata é que não foi o ponto central de um mundo que desapareceu para sempre, mas o ápice das potencialidades humanas dentro do mundo.

O preço pago pelos romanos por sua capacidade sem precedente de formar alianças e expandir continuamente seus laços duradouros não foi apenas a criação de um império que se expandiu além de todos os limites e acabou levando à queda de sua cidade e da Itália que ela governava; politicamente menos catastrófico, mas espiritualmente não menos funesto, foi o preço pago pela perda da imparcialidade grega e homérica, do sentido da grandeza e da máxima excelência onde quer que ocorressem e sob todas as suas formas e do desejo de imortalizar a grandeza por meio de sua celebração. A historiografia e a literatura romanas são exclusivamente romanas de um modo como jamais foram gregas a literatura e a historiografia gregas, mesmo em seu declínio. Para os romanos, tratava-se sempre de registrar a história de sua cidade e de tudo que fosse diretamente relacionado a ela, ou seja, ao seu crescimento e expansão pós-fundacional: *ab urbe condita*; ou, como em Virgílio, de narrar o que levou à fundação da cidade, os feitos e as viagens de Enéias: *dum conderet*

HANNAH ARENDT

urbem (*Eneida*, i, 5). Em certo sentido, pode-se dizer que os gregos, que destruíam seus inimigos, foram historicamente mais justos e nos transmitiram muito mais sobre eles do que os romanos, que convertiam os inimigos em aliados. Mas, tomado em sentido moral, esse juízo é errado. Pois os romanos vencedores compreendiam muito bem a dimensão moral da derrota e se perguntavam, pela boca dos inimigos vencidos, se eles próprios não eram "rapaces conquistadores do mundo cuja sede de destruição já não conseguia encontrar terras que submeter" e se sua obsessão pela formação de alianças e pela adesão dos demais aos laços eternos da lei não significariam também que eles eram "o único entre todos os povos a perseguir tão apaixonadamente o vazio quanto a abundância". De todo modo, desde a perspectiva dos vencidos é possível que aquilo que os romanos chamavam de "governo" fosse sinônimo de pilhagem e roubo e que a legendária *pax Romana* fosse apenas um outro nome para o deserto que deixavam atrás de si (Tácito, *Agrícola*, 30). Mas, por mais marcantes que possam ser esses e outros comentários quando comparados à moderna historiografia patriótica e nacionalista, a visão oposta que eles trouxeram à tona é, na verdade, apenas o lado oposto de qualquer vitória vista em termos humanos: o lado do vencido como vencido. A idéia de que pudesse existir outra entidade absolutamente diferente, mas equiparável a Roma em grandeza e, portanto, digna de ser lembrada na história – idéia com a qual Heródoto começa a sua história das Guerras Médicas –, era inteiramente estranha aos romanos.

Quaisquer que fossem as limitações de Roma a esse respeito, não há dúvida de que o conceito de política externa – de *política*

A Promessa da Política ◈ *Introdução* na *Política*

nas relações exteriores – e conseqüentemente da idéia de uma ordem política além das fronteiras do próprio país ou cidade, é de origem exclusivamente romana. A politização romana do espaço entre os povos marca o começo do mundo ocidental – na verdade, ela criou o mundo ocidental como *mundo*. Houve muitas civilizações antes de Roma, algumas extraordinariamente grandes e ricas, mas o que havia entre elas não era um mundo, somente um deserto através do qual, quando as coisas iam bem, teciam-se laços formados por linhas tênues, caminhos incertos em meio ao descampado. Quando as coisas não iam bem, o deserto se expandia em conseqüência de guerras que arrasavam quaisquer mundos existentes. Estamos tão acostumados a entender a lei e a justiça nos termos dos Dez Mandamentos, como preceitos e proibições cujo único propósito é exigir obediência, que freqüentemente nos esquecemos do aspecto espacial das leis. Toda lei cria, antes de tudo, um espaço no qual é válida, espaço que é o mundo no qual podemos nos mover em liberdade. O que está fora desse espaço é sem lei e, mais precisamente, sem mundo; no que respeita à comunidade humana, fora desse espaço tudo é deserto.

A natureza das ameaças com que se defrontam as políticas interna e externa desde a ascensão dos regimes totalitários é tal que leva ao desaparecimento do que essas políticas têm de verdadeiramente político. Se as guerras voltarem a ser guerras de aniquilação, a natureza especificamente política da política externa tal como praticada desde os romanos desaparecerá, e as relações entre os países retornarão a um desenvolvimento que não conhece lei nem política, que destrói um mundo e deixa atrás de si um deserto. Pois o que é destruído numa guerra de aniquilação é

HANNAH ARENDT

consideravelmente mais do que o mundo do inimigo vencido; é sobretudo o interstício, o espaço que existe entre as partes conflitantes e seus povos, o território que, tomado como um todo, forma o mundo terrestre. Já observamos que o que foi destruído por mãos humanas pode ser novamente produzido por mãos humanas, mas essa afirmação não se aplica a esse mundo intersticial, que não deve sua criação à produção, mas à ação humana. O mundo das relações que surgem da ação — a atividade política essencial do homem — é consideravelmente mais difícil de destruir do que o mundo manufaturado das coisas, do qual seu construtor ou fabricante segue sendo o único mestre e senhor. Uma vez destruído esse mundo de relações, as leis da ação política, cujos processos só a muito custo podem efetivamente ser revertidos, são substituídas pela lei do deserto, que, como um ermo entre os homens, desencadeia processos devastadores que trazem consigo o mesmo descomedimento inerente às ações humanas livres que estabelecem relações. A História está cheia de tais processos de devastação e é difícil encontrar um exemplo em que eles puderam ser detidos antes de arrastar um mundo inteiro, com toda a sua riqueza de relações, ao seu ruinoso destino.

A Política Ainda Tem Algum Significado?

A época das guerras e das revoluções que Lenin previu para este século, e na qual estamos de fato vivendo, transformou, numa escala verdadeiramente sem precedentes, os acontecimentos políticos em fator básico do destino pessoal de todos os indiví-

A Promessa da Política ◇ *Introdução na Política*

duos. Mas em todos os lugares onde tal destino se desdobrou com plena força, onde os seres humanos foram arrastados pelo turbilhão dos acontecimentos, o resultado foi a calamidade. E não há consolo para a calamidade que a política trouxe às pessoas, nem para a calamidade ainda maior com que ela hoje ameaça a humanidade inteira. As guerras do século XX não são "tempestades de aço" (Jünger) que purgam a atmosfera política, tampouco "a continuação da política por outros meios" (Clausewitz); são catástrofes monstruosas que podem transformar o mundo num deserto e o planeta em matéria sem vida. As revoluções, por sua vez – se as considerarmos seriamente, tal qual Marx, como as "locomotivas da história" ("As Lutas de Classe na França de 1848 a 1850") –, tudo que conseguiram demonstrar com alguma clareza é que esse trem da história corre velozmente na direção do abismo e que elas, longe de serem capazes de evitar a calamidade, só fazem aumentar assustadoramente a velocidade com que ela se aproxima.

As guerras e revoluções, não o funcionamento dos governos parlamentares e dos aparatos partidários da democracia, moldaram as experiências políticas básicas do século XX. Ignorá-las equivale a não viver no mundo no qual vivemos de fato. Dados esses acontecimentos, dadas as duras realidades que tais incursões causaram em nosso mundo e que ainda podemos testemunhar todos os dias, aqueles que conduzem os assuntos de governo e a regulação dos assuntos humanos entre as catástrofes, por melhor que façam, são como o cavaleiro que atravessou o lago de Constança: ocorre-nos a idéia de que somente aqueles que, por quaisquer razões, não são particularmente versados nas experiências políticas básicas de nossa época estão em condições de suportar o ônus de correr riscos sobre os quais sabem tão pouco quanto sabia o cavaleiro sobre as condições do gelo sob as patas de seu cavalo.[58]

O que as guerras e revoluções têm em comum é o fato de estarem sob o signo da força bruta. Se as experiências políticas básicas de nossa época são a guerra e a revolução, isto significa que nos movemos essencialmente num campo de experiências violentas que nos induzem a equiparar ação política com violência. Tal equiparação pode se revelar fatal, porque, nas condições atuais, sua única conseqüência possível é tornar a ação política algo sem sentido, o que é absolutamente compreensível, dado o imenso papel que a violência tem, de fato, desempenhado na história de todos os povos da raça humana. É como se, no horizonte da nossa experiência, a única coisa que contasse fosse o somatório das experiências que os homens têm tido com a política.

Uma das características mais notáveis da ação violenta é que ela requer, além de meios materiais, a introdução nas relações humanas de instrumentos destinados a coagir ou matar. Esses instrumentos constituem o arsenal dos meios de força, que, como todos os meios, visam a determinados fins. Em caso de defesa, o fim pode ser a autopreservação; em caso de ataque, pode ser a conquista ou a dominação. Em caso de revolução, o fim pode ser a destruição, ou mesmo a restauração, da velha ordem política ou a construção de uma nova. Esses fins não são o mesmo que

---

[58] Arendt alude a uma lenda alemã em que um cavaleiro galopa inadvertidamente sobre as águas congeladas e cobertas de neve do lago de Constança. Quando informado do perigo que correra, ele cai, literalmente, morto de medo. (N.O.)

A Promessa da Política ◇ *Introdução na Política*

objetivos, que é o que a ação política sempre busca; os objetivos da política nunca são mais do que diretrizes e diretivas pelas quais nos orientamos e que, como tais, não são inflexíveis, dado que as condições de sua concretização mudam constantemente por lidarmos com outros indivíduos que têm seus próprios objetivos. É só quando se introduz a força bruta, com seu arsenal de meios, no espaço entre as pessoas – onde até aqui nada transitou exceto o discurso, que é destituído de meios tangíveis – que os objetivos da política se tornam fins, sendo estes tão solidamente definidos quanto o molde em que é produzido qualquer objeto físico e que, como ele, determinam a escolha dos meios e os justificam e até santificam. Quando uma ação política que não está sob o signo da força bruta deixa de atingir seus objetivos – o que sempre acontece na realidade –, isso não a torna inútil nem destituída de significado. Ela não pode ser despropositada, porque nunca teve um "propósito", isto é, um fim, mas visou somente a objetivos, com maior ou menor êxito; e não é destituída de significado, porque no vaivém da troca de discursos – entre indivíduos e povos, entre Estados e países – esse espaço em que tudo o mais acontece é primeiro criado e depois sustentado. O que na linguagem política se chama "ruptura de relações" é o abandono desse espaço intersticial, que toda ação violenta destrói primeiro para depois aniquilar os que vivem fora dele.

Na política, portanto, há que se diferenciarem os fins, os objetivos e o significado. O significado de uma coisa, por oposição ao seu fim, está sempre contido na própria coisa, e o significado de uma atividade só pode existir enquanto dura a atividade. Isto vale para todas as atividades, como para todas as ações, quer elas persigam ou não um fim. O contrário se dá com os fins; um fim só começa a se tornar realidade quando a atividade que o produziu tiver sido concluída – da mesma forma como a existência de qualquer objeto produzido começa no momento em que seu produtor lhe deu o toque final. Os objetivos pelos quais nos orientamos estabelecem os parâmetros pelos quais tudo que se faz deve ser julgado; eles ultrapassam, ou transcendem, o que é feito no mesmo sentido em que toda régua transcende o que ela deve medir. Os objetivos das ações têm em comum com os fins o fato de residirem fora da ação e terem existências independentes de quaisquer ações empreendidas; e têm em comum com o significado das ações o fato de serem muito menos tangíveis que os fins, embora possam, ao contrário do significado, continuar a existir depois da conclusão de quaisquer ações particulares. Se fosse certo que a ação política persegue fins e deve ser julgada de acordo com a sua conveniência, se seguiria que a ação política se ocupa de coisas que não são políticas em si mesmas, mas superiores à política, assim como todos os fins devem ser superiores aos meios por via dos quais são alcançados. Seguir-se-ia que a ação política cessaria uma vez alcançados os seus fins e que a política em geral – que já não seria senão o meio mais adequado, isto é, conveniente, de se alcançarem os fins não-políticos que são a sua única razão de ser – a certa altura desapareceria por completo da história humana. E finalmente, no contexto da ação conveniente, onde nada conta salvo a realização dos fins fixos postulados, a força bruta sempre desempenhará um papel de primeira ordem.

Além desses três elementos de toda ação política – o fim que ela persegue, o objetivo que tem em mente e pelo qual se orienta

A Promessa da Política ◈ *Introdução na Política*

e o significado que se revela no curso da ação – existe um quarto elemento, que, embora nunca seja a causa direta da ação, é o que a coloca em movimento. Seguindo a discussão de Montesquieu sobre os sistemas de governo em *O Espírito das Leis*, proponho chamar este quarto elemento de o "principio de ação". Em termos psicológicos, poder-se-ia dizer que se trata da convicção fundamental compartilhada por um grupo de pessoas. Há um bom número de tais convicções fundamentais que desempenharam um papel no curso de ações políticas e chegaram até nós através da história, embora Montesquieu só conheça três: a honra nas monarquias, a virtude nas repúblicas e o medo sob as tiranias. A esses princípios podemos, sem dúvida, acrescentar a fama, tal como a conhecemos no mundo de Homero; a liberdade, como encontrada no período clássico de Atenas; a justiça; e até a igualdade, se por isso entendermos a crença no valor inato de todo ser humano. A extraordinária importância de todos esses princípios reside em que eles não apenas levam os seres humanos a agir, mas são também a fonte que alimenta continuamente as suas ações. Para evitar mal-entendidos, devemos primeiro tratar de uma dificuldade, que não é simplesmente a de que os princípios inspiradores da ação variam com os vários sistemas de governo e os diferentes períodos da história. O que é um princípio de ação em dada época pode em outra ser um objetivo pelo qual a ação se orienta ou mesmo um fim que ela busca. Fama imortal, por exemplo, só foi um princípio de ação no mundo de Homero, mas seguiu sendo durante toda a Antigüidade um dos objetivos pelos quais as pessoas se orientavam e julgavam suas ações. Para tomar outro exemplo, a liberdade pode ser um prin-

HANNAH ARENDT

cípio, como na pólis ateniense; pode ser um parâmetro pelo qual os súditos de uma monarquia avaliam se o rei excedeu os limites do seu poder; e, em tempos de revolução, pode facilmente se tornar um fim que os revolucionários crêem poder perseguir diretamente.

Quando, à luz do perigo a que os acontecimentos expuseram a humanidade, nos perguntamos se a política ainda tem algum significado, estamos também levantando — em termos vagos e sem levar em conta seus vários possíveis significados — várias outras questões. As perguntas que acompanham a pergunta que foi o nosso ponto de partida são: primeiro, terá a política afinal algum propósito, algum fim? E esta pergunta significa: os fins que a ação política pode buscar valem os meios que, sob certas circunstâncias, precisam ser empregados para alcançá-los? Segundo, existirão, dentro da esfera política, objetivos pelos quais podemos nos orientar com segurança? Se sim, não serão seus parâmetros totalmente ineficazes e, portanto, utópicos? Será que todo empreendimento político, uma vez colocado em movimento, não deixa de se importar com objetivos e parâmetros e passa a seguir o curso que lhe é inerente, não podendo ser detido por nada fora dele? Terceiro, não será característico da ação política, pelo menos em nossa época, ser destituída de quaisquer princípios, de modo que, em vez de brotar das muitas fontes possíveis de comunidade humana e se alimentar dessas profundidades, ela se aferra oportunisticamente à superfície dos acontecimentos cotidianos e se deixa jogar em várias direções, de modo que o que se alardeia hoje sempre contradiz diretamente o que

A Promessa da Política ◈ *Introdução* na *Política*

aconteceu na véspera? Não terá a ação chegado ao absurdo e enterrado os princípios, ou fontes, que um dia talvez a tenham colocado em movimento?

Essas são as perguntas que inevitavelmente se apresentam a quem quer que comece a refletir sobre a política em nossa época. Da forma como se apresentam, porém, essas perguntas não podem ser respondidas; são, em certa medida, perguntas retóricas, exclamatórias melhor dizendo, necessariamente presas ao campo de experiência do qual surgiram, por sua vez definido e delineado por nossas categorias e noções de força bruta. É da natureza dos fins justificar os meios necessários para alcançá-los. Mas quais fins justificariam meios que, sob certas circunstâncias, podem destruir a humanidade e toda a vida orgânica na Terra? É da natureza dos objetivos limitar tanto os fins quanto os meios, assim protegendo a ação do perigo do descomedimento que sempre lhe é inerente. Mas, se é assim, então os objetivos já falharam, uma vez que uma ação voltada para determinado fim se tornou sem sentido. Do contrário nunca teríamos chegado ao ponto de colocar à disposição da ação política os meios de força hoje disponíveis às grandes potências e, num futuro não muito distante, presumivelmente a todos os Estados soberanos.

O horizonte de experiência extraordinariamente estreito que nos foi deixado aberto para a política em proporção com as experiências de nosso século talvez em nenhum outro lugar se revele mais claramente do que no fato de estarmos automaticamente preparados para questionar o significado da política no momento em que nos convencemos de que a ação não tem fim nem objetivo. A questão dos princípios de ação não mais impregna o nosso pensamento sobre a política, pelo menos desde que a questão de quais formas de Estado e de governo melhor representam a vida em comum dos homens caiu no esquecimento – ou seja, desde as décadas da Revolução Americana, no fim do século XVIII, com sua vívida discussão sobre as possíveis vantagens e desvantagens da monarquia, da aristocracia e da democracia e/ou algum sistema de governo que combinasse elementos monárquicos, aristocráticos e democráticos numa república. E de fato a pergunta sobre o significado da política – isto é, sobre aqueles elementos duradouros e memoráveis que só se revelam em nosso viver e agir politicamente juntos – praticamente nunca mais foi feita seriamente desde a Antigüidade clássica. Perguntamo-nos sobre o significado da ação política, mas nos referimos aos seus objetivos e seus fins e o chamamos de significado somente por não mais acreditarmos que a política tenha algum significado em sentido literal. É devido à nossa inexperiência que tendemos a misturar os vários elementos possíveis da ação e a considerar que distinções tais como fins e objetivos, princípio e significado são inúteis, salvo como exercício de sutilezas.

Nossa relutância em fazer tais distinções não impede, é claro, que diferenças factuais autênticas se façam sentir no mundo real; apenas nos impede de entender adequadamente o que está de fato acontecendo. Os objetivos, fins e significados das ações têm tão pouco em comum, que, no curso de uma mesma ação, podem estar desencontrados a ponto de os atores se verem imersos em graves conflitos e os historiadores, cuja tarefa é relatar com exa-

A Promessa da Política ◈ *Introdução na Política*

tidão o que de fato aconteceu, em intermináveis discussões de interpretação. Assim, o único significado que uma ação baseada na força bruta pode revelar e tornar visível no mundo é o seu imenso poder de compulsão no intercurso humano, e isso de maneira totalmente independente dos fins que o emprego dessa força pretenda alcançar. Mesmo quando o fim de tal ação é a liberdade, o significado nela contido é a coação pela violência. Esse conflito bastante real é a fonte das expressões paradoxais que conhecemos tão bem da história das revoluções, tais como obrigar os homens a serem livres ou, como sugeriu Robespierre, substituir o despotismo dos reis pela tirania da liberdade. A única coisa capaz de resolver de fato, ou pelo menos mitigar, esse conflito mortal entre significado e fins – conflito igualmente inerente às guerras como às revoluções – é um objetivo. Pois o objetivo de toda força é a paz – o objetivo, não o fim, dado que é por meio do objetivo que devemos julgar os usos individuais da força, aplicando a máxima de Kant (em *Paz Perpétua*) de que na guerra não devemos permitir que aconteça nada que torne impossível a paz subseqüente. O objetivo não está contido na própria ação, mas, ao contrário dos fins, também não se situa no futuro. Para ser realizável, ele deve estar sempre no presente, precisamente durante todo o tempo em que ainda não foi realizado. Em caso de guerra, a função do objetivo é obviamente conter a força; ao fazê-lo, porém, o objetivo entra em conflito com os fins para os quais os meios de força foram mobilizados, dado que esses fins poderiam ser melhor e mais rapidamente alcançados dando-se rédea solta aos meios ou, dito de outra forma, empregando-os em harmonia com os fins. A fonte do conflito entre objetivos e fins é o

HANNAH ARENDT

fato de estar na natureza dos fins reduzir tudo que está a seu serviço a simples meios e rejeitar como inútil qualquer coisa que não lhes sirva. Dado, porém, que na ação violenta tudo se faz em termos da categoria meios/fins, é claro que uma ação que não reconheça o objetivo da paz – e as guerras desencadeadas pelos regimes totalitários substituem o objetivo da paz pelo da conquista ou dominação do mundo – sempre se provará superior, sem dúvida, no campo de batalha da força bruta.

Como a maior parte da nossa experiência com a política foi obtida no campo de batalha da força bruta, é absolutamente natural que entendamos a ação política segundo categorias como coagir e ser coagidos, dominar e ser dominados, uma vez que é nelas que o verdadeiro significado de toda a violência se revela. Estamos inclinados a considerar a paz, que tem por objetivo colocar a força em seu lugar e conter seu impulso destrutivo, como algo que provém de uma esfera exterior à política para colocá-la sob controle; da mesma forma, somos inclinados a saudar os períodos de paz, que até existiram em meio às catástrofes de nosso século, como intervalos de cinco ou dez anos em que a política nos permitiu tomar fôlego. Ao cunhar a expressão "a primazia da política externa", o que Ranke tinha em mente era provavelmente que, para o estadista, as fronteiras seguras e as relações entre os países têm de estar acima de todas as demais preocupações, dado que disso depende a mera existência de um Estado ou país. Foi necessária a Guerra Fria, ou assim podemos ser tentados a pensar, para nos ensinar o real significado da primazia da política externa. Se a única preocupação relevante da política é a política externa, ou o perigo sempre à espreita nas

A Promessa da Política ◈ *Introdução na Política*

relações entre os países, isso significa, nem mais nem menos, que a máxima de Clausewitz de que a guerra é a continuação da política por outros meios foi invertida; agora a política nada mais é do que a continuação da guerra, no transcurso da qual os meios de força são periodicamente substituídos pelos da astúcia. E quem poderia negar que a corrida armamentista sob a qual vivemos ao menos sugere que a máxima kantiana de que na guerra não se deve fazer nada que torne impossível a paz subseqüente foi também invertida, ou seja, vivemos uma paz em que nada pode deixar de ser feito para impedir uma guerra futura.

EPÍLOGO

O moderno crescimento da ausência-de-mundo, a destruição de tudo que há *entre* nós, pode ser também descrito como a expansão do deserto. O fato de vivermos e nos movermos num mundo-deserto foi primeiramente percebido por Nietzsche, também o primeiro a se equivocar em seu diagnóstico. Como quase todos que vieram depois dele, Nietzsche acreditava que o deserto está em nós, assim se revelando não apenas um dos primeiros habitantes conscientes do deserto, mas também, por essa mesma razão, uma vítima de sua mais terrível ilusão. A moderna psicologia é a psicologia do deserto: quando perdemos a faculdade de julgar — sofrer e condenar — começamos a achar que há algo errado conosco por não conseguirmos viver sob as condições da vida no deserto. Na pretensão de nos "ajudar", a psicologia nos ajuda a nos "adaptarmos" a essas condições, tirando a nossa única esperança, a saber: que nós, que não somos do deserto, embora vivamos nele, podemos transformá-lo num mundo humano. A psicologia vira tudo de cabeça para baixo: precisamente porque sofremos nas condições do deserto é que ainda somos humanos e ainda estamos intactos; o perigo está em nos tornarmos verdadeiros habitantes do deserto e nele passarmos a nos sentir em casa.

O maior perigo é que no deserto há tempestades de areia e que o deserto não é sempre plácido como um cemitério, onde tudo, afinal, continua sendo possível, mas pode criar um movimento próprio. Essas tempestades são movimentos totalitários cuja principal característica é serem extremamente bem ajustados às condições do deserto. Na verdade, elas não contam com nada mais e parecem, conseqüentemente, a mais adequada forma política de vida no deserto. Tanto a psicologia, o exercício de adaptação da vida humana ao deserto, quanto os movimentos totalitários, as tempestades de areia em que falsas ou pseudo-ações irrompem subitamente da quietude, colocam em risco iminente as duas faculdades humanas que nos permitem transformar pacientemente o deserto, e não a nós mesmos: as faculdades conjugadas da paixão e da ação. É verdade que nas mãos dos movimentos totalitários ou das adaptações da psicologia moderna nós sofremos menos; perdemos a faculdade de sofrer e com ela a virtude da resistência. Só quem é capaz de padecer a paixão de viver sob as condições do deserto pode reunir em si mesmo a coragem que está na base da ação, a coragem de se tornar um ser ativo.

As tempestades de areia ameaçam, além do mais, até mesmo os oásis do deserto sem os quais nenhum de nós poderia resistir, ao passo que a psicologia apenas procura nos tornar tão habituados à vida no deserto, que já não mais sentimos necessidade de oásis. Os oásis são as esferas da vida que existem independentemente, ao menos em larga medida, das condições políticas. O que deu errado foi a política, a nossa existência plural, não o que podemos fazer e criar em nossa existência no singular: no isolamento do artista, na solidão do filósofo, na relação intrinsecamente sem-mundo entre seres humanos tal como existe no amor e às vezes na amizade – quando um coração se abre diretamente para o outro, como na amizade, ou quando o interstício, o mundo, se incendeia, como no amor. Sem a incolumidade desses oásis não conseguiríamos respirar, coisa que os cientistas políticos deveriam saber. Se aqueles que têm de passar suas vidas no deserto, tentando fazer isso e aquilo preocupados com as condições do próprio deserto, não souberem usar os oásis, tornar-se-ão habitantes do deserto mesmo sem a ajuda da psicologia. Em outras palavras, os oásis, que não são lugares de "relaxamento", mas fontes vitais que nos permitem viver no deserto sem nos reconciliarmos com ele, secarão.

O perigo oposto é muito mais comum. Seu nome usual é *escapismo*: escapar do mundo do deserto, da política, para... o que quer que seja, é uma forma menos perigosa e mais sutil de arruinar os oásis do que as tempestades de areia que ameaçam exteriormente, por assim dizer, a sua existência. No afã de escapar, levamos a areia do deserto para os oásis – assim como Kierkegaard, no afã de escapar da dúvida, levou a própria dúvida para a religião ao dar o salto para a fé. A falta de resistência, a incapacidade de reconhecer e padecer a dúvida como uma das condições fundamentais da vida moderna, introduz a dúvida na única esfera onde ela jamais deveria entrar: a esfera religiosa, estritamente falando, a esfera da fé. Este é apenas um exemplo que mostra o que pode nos suceder no afã de escapar do deserto.

A Promessa da Política ◈ *Epílogo*

Pelo fato de arruinarmos os oásis vitais quando vamos a eles com o propósito de escapar deles, às vezes é como se tudo conspirasse para generalizar as condições do deserto.

Também isto é uma ilusão. Em última análise, o mundo humano é sempre o produto do *amor mundi* do homem, um artifício humano cuja potencial imortalidade está sempre sujeita à mortalidade daqueles que o constroem e à natalidade daqueles que vêm viver nele. É uma eterna verdade o que disse Hamlet: "O mundo está fora dos eixos; Ó que grande maldição / Eu ter nascido para trazê-lo à razão!" Neste sentido, na sua necessidade de iniciantes para que ele possa começar de novo, o mundo é sempre um deserto. Mas da condição de não-mundo que veio à luz na era moderna – que não deve ser confundida com a condição cristã de *outro*-mundo – proveio a pergunta de Leibniz, Schelling e Heidegger: por que existe alguma coisa em vez de nada? E das condições específicas de nosso mundo contemporâneo, que nos ameaça não apenas com o nada, mas também com o ninguém, talvez surja a pergunta: por que existe alguém em vez de ninguém? Estas perguntas podem parecer niilistas, mas não são. Ao contrário, são perguntas antiniilistas feitas numa situação objetiva de niilismo em que o nada e o ninguém ameaçam destruir o mundo.[59]

---

[59] NOTA: Este texto é a conclusão de um curso intitulado "A História da Teoria Política", que Arendt ministrou na Universidade de Berkeley, Califórnia, na primavera de 1955.

ÍNDICE

academia, 157
Academia, 187-190
ação,
   arbitrária, 175-176
   coletiva, 184, 190-191, 195, 249-250, 262
   discurso vs., 180-181, 205, 221-222, 243
   princípio de, 112, 116-117, 258-262
   significado e, 31
Acton, Lorde, 151
aei on (eterno), 131
aequatio intellectus et rei, 23
"afirmações apodícticas", 15
agathos (bem), 50-52
agonal, 187
ágora (praça do mercado), 174, 188, 233
Agostinho, santo, 103, 107, 196
Agrícola (Tácito), 252
Alemanha,
   bombardeios contra a, 213
   desenvolvimento econômico da, 214

Alexandria, 101
Altheim, Franz, 242n, 242, 246
amizade, 57, 268
   elemento político da, 59-60
   visão de Aristóteles da, 62, 63
amor, 35, 197, 269
amor mundi (amor pelo mundo), 37, 269
Anaxágoras, 90
ancestrais, 96
Andrômaca, 95
aneu logou (sem palavras), 173
Aníbal, 247
animal laborans, 129
"animal racional", 66
animal rationale, 108, 128
aniquilação, 163
antagonismo de classe, 138-139
Antígona, 181
antiniilismo, 269
anti-semitismo, 12
antítese, 123
apolitia (indiferença), 69
Apologeticus (Tertuliano), 194
Apologia (Platão), 47

HANNAH ARENDT

Aquiles, 91, 95, 224, 226, 233, 239, 248

arch—e (governo), 91-92, 134, 143

Arendt, Hannah,
    ação tal como compreendida por, 9, 18, 31
    como pensadora "difícil", 21-24
    crescente desilusão com Marx, 15-16
    materiais para o trabalho sobre Marx preparados por, 71, 15
    metáfora do deserto de, 34-37
    primeiros interesses em filosofia, 22
    seminários sobre "Experiência Política" dados por, 24-26
    significado das experiências políticas clarificados por, 9-12
    sobre "lacuna" em Origens, 12-13
    tradição diferenciada da história por, 30-33
    ver também obras específicas

aristeuein (ser o melhor), 226

aristocracia, 173, 262

Aristóteles,
    amizade na visão de, 62, 63
    como filósofo, 45, 49, 101, 103, 128, 131
    distinção de classes por, 142
    filosofia política de, 22, 46, 58-59, 69, 131, 133, 134, 169-170, 189, 192
    história na visão de, 92
    Platão comparado a, 81, 103, 131, 134
    virtude como conceito de, 67

artistas, 35, 50, 184, 267

assassinato, 65, 221

"astúcia da razão", 125

Atenas, 29, 47-52, 69, 71, 161, 188, 251, 259

autoridade,
    política e, 19-20, 95-99
    religião, 122
    responsabilidade e, 127
    tradição e, 7, 95-99, 101, 106, 121-122, 124

bárbaros, 170, 173, 224, 231

Barrow, R. H., 97

Bíblia, 83-84, 89, 97, 104-105, 253

biologia, 144

bios politikos, 103, 136

bios th-eor-etikos (estilo de vida), 81, 103, 126, 131, 136-138

boa vontade, 164

bolchevismo, 12, 14-15, 36

bom, 164

bomba atômica, 9n, 25, 34, 158, 160, 163, 165, 206, 213-219

bomba de hidrogênio, 214

bondade, 194

Bossuet, Jacques, 104

Burckhardt, Jacob, 85, 92-93, 224

burguesia, 141

Burke, Edmund, 117, 183

Canovan, Margaret, 23n

Capital, O (Marx), 139n

capitalismo, 121, 171

caridade, 196

Carlos I, rei da Inglaterra, 199n

Cartago, 247-249

casa, lar, 94-95, 99, 172, 177, 189, 191, 208, 232

casamento, 241

castigo, 68

Catão, o Velho, 236, 247

cavaleiro do lago de Constança, 255

chr—esimon (benéfico), 50

Christ and Time (Cullmann), 89

Cícero, 32, 95, 100, 132, 133, 136

cidadania, 98, 114, 174, 188, 198, 241-242, 244

cidades, muralhas das, 243

ciência,
    filosofia e, 78-79, 144
    nuclear, 25, 33, 213-214

ciências sociais, 121

cinismo, 238

Cipião, o Velho, 247

civilização ocidental
    declínio da, 85-86
    surgimento da, 96, 100-101, 236

civilização romana, 88, 93-97, 122, 137, 175, 176-177
    como potência mundial, 247-254
    cristianismo e, 194-197, 198
    família na, 232, 235
    fundação da, 182, 223, 234-239, 247-248
    guerras da, 220
    leis da, 34, 95, 240-241, 248, 250, 253
    patrícios vs. plebeus na, 242
    período republicano da, 34, 242
    queda da, 251-254
    tratados e alianças da, 34, 237-243, 249, 252-254

vida pública vs. privada na, 188-189, 191, 195, 232

civitas, 94-95

civitas Dei, 103, 135, 197

civitas terrena, 103, 107, 135

classe laboriosa, 128, 129, 134, 189, 202, 207-208

classe trabalhadora, *ver* classe laboriosa

Clausewitz, Carl von, 255, 265

clemência, 246

coação, 124, 177, 186, 207, 232, 256

colonização, 96, 238, 245

combate homem a homem, 227-228

communitas (comunidade), 136

competição, 232

competições atléticas, 227

comportamento, modos de, 158

compulsão, 156, 172

Condição Humana, A (Arendt), 17, 19, 52n

consciência, 63-68

consensus omnium, 242

conservadorismo, 122, 163

Constantino, 97

Constituição norte-americana, 219

constituições, 187, 208-209

construção de casas, 215-216

contradição, 203

contratos, 241

coragem, 177

corpo político, 115, 140, 196

corpo vs. alma, 71

correspondência, teoria da, 23

Coventry, ataque aéreo a, 213

creatura Dei (semelhança de Deus), 128

Cristianismo, 89, 96-98, 102-109, 114-115, 120, 122, 125
  criação humana no, 147
  influência política do, 196-199
  no mundo secular, 135, 197-198
  outro mundo no, 269
  reunião pública para, 196-199
Crítica do Juízo (Kant), 230
Crito (Platão), 48, 244
Cullmann, Oscar, 89
culpa, 105
Cumas, 94

Dânaos, 235
Darwin, Charles, 124
De officiis (Cícero), 102
De res publica (Cícero), 95
Décima Primeira Carta (Platão), 180
dedução coercitiva, 124
democracia, 117, 150, 173, 262
Denktagebuch (Arendt), 147n
desenvolvimento econômico da
  Europa Ocidental, 215
deserto, lei do, 34-36, 252, 254, 266-269
déspotas esclarecidos, 174
despotismo, 85-86, 263
  doméstico, 209, 232, 244
  esclarecido, 174
  regime burocrático como, 149
determinismo, 130, 183
Deus, 64, 83-84, 96-97, 104
  contemplação de, como "medida
  de todas as coisas", 122
  estado de, 196-197
  família criada por, 145

homem criado por, 145, 147
  igualdade perante, 114
  mandamentos de, 10
  poder de, 116
  unicidade de, 109
deuses, 183, 223
  brigas de, 227
  domésticos, 94, 234-235
  em Homero, 94, 223
  romanos, 96, 194
Dez Mandamentos, 253
dialegesthai (debater alguma coisa
  com alguém), 54-57
dialética, 54, 119, 122
"Diálogo dos Mélios, O" (Tucídides), 226
diktats, 241
Discours sur l'histoire universelle
  (Bossuet), 104
discurso,
  ação vs., 36-37, 180-181, 205, 221-222, 243
  liberdade de, 172, 185, 187
  ver também lexis; logos; oratória,
  oradores
ditadura, 175
Divina Providência, 104, 106, 125
dominação global, 149
donativos, 196
doxa (opinião), 48, 55-57, 61-63, 68-69, 73, 77
Doze Tábuas, 241
dz—oon politikon (ser político), 79

economia, 121, 129, 150-151, 209
Édipo, 68

educação, 245

Egito, 224

Eichmann, Adolf, 21

Eichmann em Jerusalém (Arendt), 21

eidos (modelo), 109

eikos (provável), 55

"Elementos Totalitários no Marxismo" (Arendt), 7

Emiliano Cipião, 247

Enéias, 234, 245, 251

Eneida (Virgílio), 94, 235, 246

energia atômica, 215, 216-218

Engels, Friedrich, 124, 129, 141

Entre o Passado e o Futuro (Arendt), 18, 21

Epicteto, 117

epist-em-e (conhecimento), 76

era moderna, 85-86, 101, 134-135, 156, 157, 163, 199

política na, 200-212, 266-269

guerras na, 205-212

ermitãos, 195

escapismo, 267-269

escatologia, 194

Eschenburg, Theodor, 203

escolástica, 102-103

escravidão, 29, 72, 99, 114, 130, 142, 171, 173, 176-177, 191, 245

espaço,

força e, 206-208

legal, 253

social, 200

espaço eclesiástico, 198-199

espécie, 166-167

esperança, 148, 212

espontaneidade, 107, 167, 181-182, 184

Espírito das Leis, O (Montesquieu), 86, 259

esprit général, 113

esquecimento, 104-105

Ésquilo, 249

Estado e a Revolução, O (Lenin), 140

Estados nacionais, 150-151, 162, 200-201

historiografia dos, 252

Estados Unidos,

desenvolvimento tecnológico dos, 215

preconceito nos, 153

relações com a URSS, 218-219, 265

estética, 154

ética, 63-64

Ética (Platão), 54

Ética a Nicômano (Aristóteles), 58

eu-mesmo,

acordo com, 230

conhecimento do, 60-62

Europa Ocidental, 86, 150-151, 168, 175, 205, 237

colonização pela, 238

desenvolvimento econômico da, 215

desenvolvimento histórico da, 12-13, 86

Eutífron (Platão), 37n

Evangelhos, 104-105, 196, 198

evolução, 124, 166

exércitos, 149

"Experiências Políticas no Século XX" (Arendt), 24-25

exploração, 238

"externalidades", 160

falsa infinita (falsidades ilimitadas), 55

fama, 224, 235, 259

família, 94, 143, 144-145, 176-179, 209

na civilização romana, 231-232, 235

familia, 232

Farsália (Lucano), 236

Fausto (Goethe), 122

fé, 165, 268

Fédon (Platão), 47

Fedro (Platão), 223

felicidade, 200

Fídias, 233

filosofia,

análise marxiana da, 124-125

análise na, 22-23

causalidade na, 103-104

ciência e, 78, 144

desenvolvimento da filosofia grega, 45, 87, 98-103, 136-137

dúvida e, 102

influência política da, 12, 33, 50-51, 70-75

medieval, 102-104

origem da, 76-84, 101-102

pós-platônica, 69

romana, 100

senso comum vs., 74, 80, 83

teologia e, 144

tradição ocidental da, 45-46, 82-83

ver também filosofia política

Filosofia do Direito (Hegel), 45n

filosofia grega, desenvolvimento da, 45, 87, 99-103, 136

filosofia política,

parâmetros absolutos na, 49

Aristóteles, de, 22, 46, 57-59, 131, 132-133, 134, 170, 189, 192

desenvolvimento da, 46

fundamentos da, 92-101

Hegel, de, 74, 75, 80, 104, 113, 137, 143

história da, 118-130

mudança efetuada por, 124-130

não escrita de Kant, 230n

natureza do homem na, 156-161

Platão, de, 15, 22, 28-31, 46, 49, 52, 72-75, 82-83, 104, 111, 122, 131-132, 134, 143, 144, 161, 168, 187-192

Sócrates, de, 52-53, 60, 65-66

tradição da, 9-10, 14, 28, 70, 85-109, 122, 131-143, 201-202

filósofos,

auto-investigação por parte dos, 60-63

como amantes do saber, 50

como governantes, 51, 134

como membros de comunidades, 49, 58-59, 62-64, 69

"moscardos", 57

política evitada por, 70, 82-83, 131-135, 146, 190, 210

pré-socráticos, 66

verdade como objetivo dos, 68-69, 80-84

vida contemplativa dos, 125, 133-137, 143, 268

ver também filósofos específicos

força,

    bruta, 205-212, 213, 221-222, 225, 253, 255, 257, 264

    poder comparado com, 205-212

forças policiais, 150-151, 186, 203, 205, 242, 264-265

forma autêntica, 13

fortuna, 181

França, 215

fronteiras, 34-35, 243

Fundação John Simon Guggenheim, 12

Fundação Rockefeller, 19

gêmeos idênticos, 109

glória, 31, 91, 92, 235

gn—othi sauton (conhece-te a ti mesmo), 60-63

Goethe, Johann Wolfgang von, 85, 86, 122

Górgias, 239, 244

gosto, 155, 156

governo,

    análise marxiana do, 139-143

    burocracia de, 127, 149

    constitucional, 187, 208-209, 219, 221

    dominação de classe no, 138o142, 149, 172

    filósofos no, 70-71, 75-76, 99

    igualdade no, 115-116

    legislativo, 241-242

    liberdade e, 172, 199-201

mundial, 149

    na vida pública, 99, 197, 200-201

    natureza do, 110-111

    poder do, 205-212

    regulação pelo, 255-256

grandeza, 92-93, 235

"grandeza histórica", 93

Grécia,

    cidades-estado da, 33-34, 46, 50, 58, 93-95, 108, 126, 132, 168, 170, 176, 179, 185, 187, 190, 191, 225, 231, 232, 240, 244-246, 250, 259

    colônias da, 245, 250

    destruição da, 245-246, 251

    história da, 90-91, 94-96, 98-103, 108, 180-181, 222-229

    influência sobre Roma, 33-34, 101, 102, 223, 233-241, 246, 251

    tradições da, 98-103, 105, 222-229

    vida política da, 33-34, 172, 174, 180-186

    vida pública vs. vida privada na, 56, 99, 143, 183-185, 188, 195, 228, 233

grego (idioma), 177, 226, 230

Griechische Kulturgeschichte (Burckhardt), 224

guerra, 172, 180

    aniquilação na, 32, 213-222, 223, 224, 233-241

    bombardeios, 213, 218-220

    "continuação da política por, 32, 226, 246, 255, 265

    como "pai de todas as coisas", 227, 236

HANNAH ARENDT

necessidade da, 213-254

negociações na, 218-220, 238-242, 264-265

objetivos da, 218-220

política, 225

rendição incondicional na, 218-220

total, 32, 205-212, 218-220, 222, 223

"guerra de todos contra todos", 115, 146

Guerra de Tróia, 34, 94, 222-229, 231-240

Guerra do Peloponeso, 90

Guerra Fria, 13n, 264

Guerra Mundial, Primeira, 25, 163, 206

Guerra Mundial, Segunda, 25, 212-220

guerra nuclear, 9n, 25, 34, 158, 160, 163, 165, 205-206, 212-219

Guerras Médicas, 245

Hamlet, 269

Hannah Arendt: A Reinterpretation of her Political Thought (Canovan), 23n

hebreus, 87

ver também judeus, judaísmo

Hegel, Georg Wilhelm Friedrich:

"coruja de Minerva", conceito de, 45

filosofia política de, 74, 75, 81, 104, 113-114, 137, 138, 143

Marx comparado a, 32, 118-130, 137, 138, 143

Heidegger, Martin, 16, 22, 31n, 102, 269

Heitor, 95, 224, 226, 233, 239

Hélade, 245

Helena, 235

Heráclito, 187, 227, 236, 243

Hércules, 183

Herder, Johann Gottfried von, 113

Heródoto, 91, 92, 180, 224, 252

heroísmo, 91, 92-93, 178, 183, 222-229, 235

hipocrisia, 195

Hiroshima, bombardeio de, 213

história,

absoluto na, 118-130

antiga, 32, 167, 198-199, 222-229, 232

catástrofes na, 158, 159-160, 161, 163, 204, 215, 238, 255-256

começos na, 165

consciência na, 89-91

correntes subterrâneas da, 14, 85-86

crises na, 155

das idéias, 121, 124

desenvolvimento da, 18, 175-176, 236

espiritual, 32, 89

estudo da, 157, 233

evidência da, 221-222

fim da, 118

forças da, 150

imparcialidade na, 224, 239-240

julgamento da, 26, 224

lei da, 139-140

"locomotivas" da, 255

A Promessa da Política ◈ *Índice*

milagres na, 165-167, 168
mudança radical e, 88
necessidade da, 146, 175-176
pessimismo e, 85
política, 146, 174-175, 236
preconceitos na, 153-155
tradição e, 31-33, 88, 95-98, 143
"História da Teoria Política, A"
(Arendt), 269n
Hitler, Adolf, 220
Hobbes, Thomas, 13n, 83, 114, 146
hoi polloi (multidão), 135
homem,
como "animal político", 170, 231
extermínio do, 213-222
natureza criativa vs. natureza
destrutiva do, 205, 213-218
natureza do, 157-161
relações do, 214, 221-222, 238-
243, 254
Homero, 34, 90, 92, 102, 133, 179,
180, 222-229, 235, 239, 247, 259
homines religiosi, 106
homo faber, 108, 128, 129
honra, 112
hybris, 243

Idade Média, 97, 197, 199
"ideocracia", 29
ideologias, 26, 155, 211
idion, 185n, 200
Igreja Católica, 96-98, 197-199
igualdade, 30-31, 109, 114-116, 126,
146
no governo, 115-116
perante a lei, 173

perante Deus, 114
política e, 172-175, 178, 232
Ilíada (Homero), 247
Ílion, 236
imortalidade, 92, 221, 234, 235, 244,
259
imperativo categórico, 230
imperialismo, 150-151, 220
Império Persa, 245
Imperium Romanum, 249
"improbabilidades infinitas", 165-
167
individualismo, 136, 151, 177, 184,
187, 199, 231, 237
infinitude, 89
intelectualismo, 157, 160
"Introdução na Política" (Arendt),
8-10, 18-21, 144-265
ironia, 36
isasth—enai (igualação), 58
is—egoria, 179
isolamento, 230-231
isonomia (constituição livre), 173,
179

Japão, 25, 213, 218-220
Jaspers, Karl, 8, 16
Jenenser Realphilosophie (Hegel),
125
Jesus Cristo, 31, 47, 89, 97, 103,
104-106
Sócrates comparado a, 194
judeus, judaísmo, 12, 21, 87, 96, 151,
196, 221, 224
juízo,
faculdade de julgar, 266-269

HANNAH ARENDT

imparcial, 224, 244
liberdade e, 9-12, 26, 266
parâmetros de, 9-12
preconceito e, 151-161
razão e, 229-230
Jünger, Ernst, 255
justiça, prática da, 196
Kalon (belo), 51
Kant, Immanuel, 22, 31, 102, 104,
107, 125, 155, 167, 182, 263, 265
"filosofia política não escrita" de,
230n
"Karl Marx e a Tradição do
Pensamento Ocidental"
(Arendt), 8n
Kierkegaard, Søren Aabye, 17, 77
Kohn, Jerome, 7, 36
koinon (comum), 55, 228

labor, 17, 213-217
latinos, 245
Lavater, Johann Kaspar, 86
Lavínia, 235
Lebensraum, 219
Leibniz, Gottfried Wilhelm, 102, 269
leis, 67, 69
constitucional, 187
divina, 97
grega, 34, 139-140, 241, 245
igualdade perante a, 173
internacional, 241
limites estabelecidos pela, 243
natural, 11
obediência à, 244
poder e, 110-112, 117, 241

romana, 34, 95, 240-242, 248,
250, 253
universal, 139-140
Leis (Platão), 52, 55, 104, 109, 111
Lenin, 14, 126, 182, 254
Marx comparado a, 140
Leviatã (Hobbes), 13n
lexis (discurso), 75, 109
liberação, 171
liberalismo, 163
liberdade, 130, 146
acadêmica, 188, 193
como libertação, 171, 189, 199
constitucional, 187
de movimento, 184-185
espaço para, 232, 244
física, 229
governo e, 172, 199-201
independência e, 224
isolamento comparado a, 231
juízo e, 9-12, 25-26, 266
mental, 228-230
milagre da, 167
necessidade e, 1750176, 200
opinião e, 28, 181-182, 190
perigo e, 32-33, 204
política, 161-164, 171
proteção da, 205
religiosa, 193-194
restrição da, 190-191, 193, 196,
232
libertas, 231
liberum arbitrium, 231
Lógica (Hegel), 143
Logos (discurso), 66, 77
Lucas, Evangelho de, 104-105

Ludz, Ursula, 19
"Lutas de Classe na França de 1848 a
1850, As" (Marx), 255
Lutero, Martinho, 135

Madison, James, 135, 169
maiêutica (arte do parto), 56
maiores (ancestrais), 96
mal,
banalidade do, 20-21
destrutividade do, 34
Maquiavel, Nicolau, 82
Marx, Karl,
analisado por Hannah Arendt, 7,
12-18, 24
análise histórica de, 139-140, 212
como filósofo político, 10, 32-33,
83, 100, 137, 139-143
Hegel comparado a, 33, 118-130,
137, 138, 143
Lenin comparado a, 140
Platão comparado a, 142-143
marxismo, 7, 12-18, 120, 139-143,
175
materialismo, 59, 121
Mateus, Evangelho de, 105, 196
medo, 67-68, 112, 115, 116-117, 148,
197, 212
memória, 239
"mentalidade alargada", 230
metafísica, 102
Metafísica (Aristóteles), 101
metáforas, 73
misericórdia, 104
moderna, época, 85-86, 101, 134-
135, 155, 157, 163, 199

guerra na, 204-212
política na, 9, 200-212, 266-269
Moe, H. A., 13n, 15
Mommsen, Theodor, 177, 223, 231,
247, 249
monarquia, 110, 112, 113, 128, 143,
232, 233, 259, 262, 263
Montesquieu, Charles-Louis de
Secondat, barão de, 30-32, 86,
110-117, 138, 258, 259
moral
padrões/parâmetros de, 10
política e, 91
senso comum e, 86
mortalidade, 178
morte, 116
motor de combustão interna, 215
mulheres, emancipação das, 202,
207
mundo, destruição do, 212-222, 236
muralhas das cidades, 243

nacionalismo, 12
não-contradição, 28
natureza, 146, 165
energia na, 216-218
exploração da, 213-218
nazismo, 36
neo-aristotelismo, 103
neoplatonismo, 103
Nietzsche, Friedrich Wilhelm, 17, 22,
31, 79, 107, 119, 120, 135, 151
Platão comparado a, 121
niilismo, 156, 269
nomos (lei universal), 139-140, 241,
249-250

HANNAH ARENDT

nomothet—es (legislador), 245
nous (espírito filosófico), 77
Novo Testamento, 97, 10, 196
numen (caminhos sagrados), 95

obediência, 173, 225, 244
oligarquia, 173, 190-191
Olimpo, 96
ontologia, 36
opinião,
    liberdade e, 28, 181-182, 190
    verdade vs., 48, 54-58, 68-69,
    77, 79-84
    ver também doxa
Oráculo de Delfos, 52, 60
oratória, oradores, 190, 227-228
    ver também discurso
Origens do Totalitarismo (Arendt),
    7, 12, 13, 21
otium (lazer), 132, 171

pais, 232, 244
parasitário, fenômeno, 208
parcere subiectis (indulgência para
    com o vencido), 246
Páris, 235
Parmênides, 168, 187
partidos políticos, 150
pater familias, 232
pathos (algo que se padece), 77-78
patrícios, 242
patriotismo, 252
pax Romana, 96, 252
Paz Perpétua (Kant), 263
pecado, 135, 221
pecados mortais, 221

pedagogia, 223
peithein (persuadir), 47
Peith—o, 47, 225
pena de morte, 48
penates (deuses domésticos), 95,
    234
pensamento,
    ação vs., 12, 131, 136, 156
    complexidade do, 23
    compulsório, 156
    especulativo, 11
    preconceitos no, 148, 156
    unidade do, 23
"pensamento perspectivo", 120
perdão, 105
Pérgamo, 235
Péricles, 50, 69, 161, 179, 234
perigo, 178
persuasão, 48, 55-57, 191-192, 224-
    225
philia (amizade), 57, 59-60
    ver também amizade
philopsychia (apego à vida), 177
phron-esis (percepção política), 50,
    77, 229
phronimos (homem judicioso), 50
Píndaro, 92
Piper, Klaus, 19
Platão,
    Academia de, 187-190
    alma na concepção de, 71
    Aristóteles comparado a, 81, 103,
    131, 135, 192
    "caverna" de, 72-75, 103
    como filósofo, 22, 49, 81-82, 101-
    102, 103, 131, 143, 187, 189-190

diálogos de, 37n, 54, 57, 63, 88

escravidão na visão de, 99

filosofia política de, 15, 22, 28-29, 46, 48, 52, 72-75, 82-83, 104, 111, 121-122, 131-132, 134, 142, 144, 161, 168, 187-192

hierarquia de valores em, 119

idéias como conceito de, 28, 49, 51-52, 67, 73-75, 82, 100, 136, 187

    julgamento de Sócrates na visão de, 47-49, 80-81

    Marx comparado a, 143

    Nietzsche comparado a, 121

    poesia na visão de, 222

    Sócrates comparado a, 56-57

    Sócrates, relação com, 29-30, 77

plebeu, 240-242

pluralidade, 20, 29, 37, 63

pobreza, 140

poder,

    absoluto, 151, 207-209, 222

    abuso de, 86

    arbitrário, 126-127

    corrupção pelo, 151

    dominação e, 207-208

    Estado, de, 138-139, 162, 169, 201, 205-212

    força comparada a, 205-211

    manipulação do, 158

    militar, 205-212, 222-229

    não violento, 227

    natureza do, 110-111n

    uso do, 151, 201, 261-265

    violência como fundamento do, 138-139, 172, 187, 205-212, 221, 226

poesia, 31, 90, 133, 222-229, 233, 239

Poética (Aristóteles), 92

polis, 46, 50, 58, 68, 69, 91, 92, 244

política,

    abolição da, 149

    ação na, 28-33, 167-168, 256-258

    análise marxiana da, 118-130

    autoridade e, 96-99

    conceito aristotélico de, 170

    concepção platônica da, 168

    contemporânea, 260-265

    costume e, 86

    definição de, 144-147, 168-169, 172

    degradação da, 190-192

    destrutividade da, 236

    esferas pública vs. privada na, 168-169, 178, 183-185, 192-198, 200, 208-210

    espaço para, 157-161, 174-175, 188, 228, 231, 257

    evasão da, 158-159, 190-191, 192, 211-212, 267-269

    falta de significado da, 164

    fins vs. meios na, 209-211, 263-264

    fragilidade da, 22

    igualdade e, 172-175, 178, 232

    influência cristã na, 192-199

    instinto na, 118

    instituições da, 37, 203

    julgamento e, 151-161

    lazer e, 132, 133, 134, 171

    liberdade e, 161-165, 171

    medo e, 116-117

HANNAH ARENDT

moderna, 200-212, 266-269
natureza humana, na, 144-147
necessidade da, 169-171, 188-192, 203, 210-212
objetivos da, 133, 256-265
oposição à, 161, 167-168
parâmetros da, 187
pluralidade e, 9-21, 147
preconceitos e, 9, 148-161, 210-212
progresso na, 215
rejeição da, 190-191, 192, 195
relações familiares e, 144-145
relevância contemporânea da, 254-265
religião e, 192-199
revolucionária, 100, 124-125, 126
senso comum e, 87
significado da, 21-23, 161-212
termo, como, 91-92
Política (Platão), 92
político externa, 150-151, 185, 203, 226, 242, 264-265
Político, O (Platão), 111
politikos (homem político), 229, 244
populus Romanus (nação romana), 242
pós-pensamento , 46
pós-platônica, filosofia, 69
possuidor de força, 205
"povos gêmeos", 223
pragmatismo, 136

praxis (ação), 75, 92, 106, 109, 113, 125, 133, 143
predeterminação, 182-183
prejulgamentos, 9, 10, 155
Príamo, 235
processos inorgânicos, 166
produção, 214-215, 221-222, 243
produtividade, 129, 160-161, 163, 184, 199, 208-209
proletariado, 9, 141, 175
Protágoras, 51
protestantismo, 97, 120
pseudo-religiões, 165
pseudoteorias, 155
psicologia, 144, 160, 258-259

raciocínio dedutivo, 157
racionalismo, 66, 125
racismo, 12
Ranke, Leopold von, 202, 264
razão, raciocínio,
    dedutivo, 157
    julgamento e, 229-230
realidade,
    comum, 11-12
    histórica, 25
    multiplicidade da, 228-229
    perspectiva da, 25-26, 185
    relações na, 166, 214
Reforma, 97-98, 198
reinado, 144-145
reis, 128, 143, 233, 259, 263

reis-filósofos, 16, 134, 143, 189-190

religião, 46, 64, 192-199

  autoridade da, 121

  dúvida e, 268

  história e, 23-24, 89, 157, 233, 255

  liberdade e, 193-194

  milagres na, 164

  monoteísta, 108, 147

  tradição e, 95-98, 100-101, 106, 121-122

  ver também cristianismo; judeus; judaísmo

rendição incondicional, 218-220

república, 110, 114, 259

República (Platão), 52, 59, 72, 111, 134

res publica (república), 8, 231, 242

responsabilidade, 126-127

Responsabilidade e Julgamento (Arendt), 10n, 21

Retórica (Platão), 54

revolução, 9, 100, 124-125, 126, 200, 255-256

Revolução Americana, 100, 200, 262

Revolução de Outubro (1917), 127

Revolução Francesa, 86, 100, 182, 200

Revolução Húngara, 200

Revolução Industrial, 88-89, 214

Revolução Russa, 12, 14-15, 25

riqueza, acumulação de, 171

risco, 177

Robespierre, Maximilien, 263

Romans, The (Barrow), 51

Römische Geschichte (Mommsen), 177

Rômulo, 234

sabedoria, 194

Sagrada Família, 145

santidade, 194

santos, 197

Schelling, Friedrich Wilhelm Joseph von, 102, 269

schol—e (lazer), 132, 133, 134, 171

Selbstverständlichkeiten (plausibilidades), 102

servidão, 177, 232

Sétima Carta (Platão), 76, 183

significado, falta de, 164

síntese, 123

soberania, 200-201

Sobre a Revolução (Arendt), 18, 21

sobrenatural, 165-167, 217

sociedade,

  costume e, 85-86

  desenvolvimento da, 208-209

  indivíduos vs., 200

  preconceitos na, 153

  progresso da, 11

  recursos da, 163

  religião e, 197

  "sem classes", 126

societas (comunidade humana), 96, 248

socii (aliados), 96

Sócrates, 45-84

  escola de, 77

  "estados traumáticos" de, 77

HANNAH ARENDT

filosofia política de, 52-53, 60, 65-66
Jesus comparado a, 194
julgamento de, 28, 47-52, 70, 80-81
método filosófico de, 29, 36, 52-53, 56-58, 61-63, 68
observância das leis por, 244
opiniões investigadas por, 48, 55-57, 61-66
pena capital de, 48
Platão comparado a, 56-57
praça do mercado como fórum de, 56
Sofistas, 190, 228
solidão, 63-68, 81, 136
sophoi (sábios), 49, 52
Spinoza, Baruch, 133
Staat und Gesellschaft in Deutschland (Eschenburg), 203
Stalin, Joseph, 15
superstição, 165

Tácito, Cornélio, 247, 252
Tales de Mileto, 50
tecnologia, 25, 33, 214-217, 222
desenvolvimento da, 215
Teeteto (Platão), 76, 101
Tertuliano, 135, 194
tese, 123
Teses sobre Feuerbach, 124-125, 126
thaumadzein (espanto), 76-83, 101
the—orein (visão), 103
tirania, 110, 111, 112, 116-117
governo da, 127, 141, 174, 179
ver também despotismo; ditadura
Tocqueville, Alexis de, 83

Tomás de Aquino, santo, 103
totalitarismo,
aniquilação pelo, 218-220
desenvolvimento histórico do, 12-13
dominação global pelo, 123-130
ideologia do, 123-130
marxismo e, 7, 12-15
mau uso do poder pelo, 85-86
negação da liberdade pelo, 161-165, 175-176
origens do, 13-14, 123-130
psicologia do, 266-269
solidão abolida pelo, 67-68
violência como fundamento do, 116-117
trabalho, 17, 213-217
tradição,
autoridade e, 7, 96-99, 101, 106, 122, 124
da filosofia ocidental, 93, 102-103, 137-138, 146, 196
da filosofia política, 9-10, 14, 28, 170, 85-109, 122-123, 131-143, 201-202
história e, 88, 95-99, 143
judaico-cristã, 147, 253
na Grécia, 98-103, 105, 222-229
religião e, 95-98, 101, 106, 121-122
"Tradição e a época moderna, A" (Arendt), 18
tradição filosófica ocidental, 93, 102-103, 137-138, 145-146, 196
tradição judaico-cristã, 147, 253
tragédia, 105, 181, 250

A Promessa da Política ◈ *Índice*

"transvaloração dos valores", 120

Tucídides, 90, 92, 180, 226, 234

Turnus, 235

Ulisses, 95

União Soviética, 16, 219

universalidade, 156

unum verum (verdade única), 55

utopias, 99, 149, 162, 212, 260

valores, hierarquia de, 120

verdade,
    absoluta, 49, 55, 61, 119
    eterna, 54
    inerente, 59-60
    juízo e, 152-154
    opinião vs., 48-49, 54-57, 69, 77, 78-84
    platônica, 30-31, 48-49
    realidade como, 23
    tirania da, 30

verisimilia, 55

vida ,
    aniquilação da, 212-218
    em comum, 168-170, 188-191
    liberdade e, 205
    necessidades da, 189, 191, 192

orgânica, 165, 204

origens da, 165

política e, 203-204

preservação da, 162, 169

risco de, 177, 204

vida boa, 59, 76

Vida do Espírito, A (Arendt), 18, 20

vida orgânica, 165, 203

vida pública,
    governo na, 98-99, 197, 200-201
    vida privada vs., 189, 191, 195, 232

Virgílio, 34, 94, 234, 245, 251

virtude, 112, 113, 117
    como conceito aristotélico, 67
    política , 229-230

visões de mundo antitéticas, 211

vita activa, 103

vita contemplativa, 103

Volksgeist (espírito de um povo), 113

vontade, liberdade de, 167-168, 230

Weber, Max, 121

Weltgeist (espírito do mundo), 113, 119

zoologia, 144

Este livro foi impresso no
Sistema Digital Instant Duplex da Divisão Gráfica da
DISTRIBUIDORA RECORD DE SERVIÇOS DE IMPRENSA S.A.
Rua Argentina, 171 - Rio de Janeiro/RJ - Tel.: (21) 2585-2000